# 五峰山大桥施工安全卡控总结

中铁大桥局集团有限公司◎编著

U0932443

中国铁道出版社有限公司
CHINA RAILWAY PUBLISHING HOUSE CO., LTD.

**图书在版编目（CIP）数据**

五峰山大桥施工安全卡控总结 / 中铁大桥局集团有限公司编著. —北京：中国铁道出版社有限公司，2021.6

ISBN 978-7-113-27957-8

Ⅰ. ①五… Ⅱ. ①中… Ⅲ. ①公路桥 - 铁路桥 - 悬索桥 - 桥梁施工 - 安全管理 - 总结 - 镇江 Ⅳ. ① U448.1

中国版本图书馆 CIP 数据核字（2021）第 083862 号

书　　名：**五峰山大桥施工安全卡控总结**
作　　者：中铁大桥局集团有限公司

---

策划编辑：张卫晓
责任编辑：黎　琳　　　　　　　　　　**编辑部电话：**(010)51873065
封面设计：郑春鹏
责任校对：苗　丹
责任印制：高春晓

---

出版发行：中国铁道出版社有限公司（100054，北京市西城区右安门西街 8 号）
网　　址：http://www.tdpress.com
印　　刷：中煤（北京）印务有限公司
版　　次：2021 年 6 月第 1 版　2021 年 6 月第 1 次印刷
开　　本：787 mm×1 092 mm 1/16　印张：19.25　字数：388 千
书　　号：ISBN 978-7-113-27957-8
定　　价：86.00 元

---

**版权所有　侵权必究**

凡购买铁道版图书，如有印制质量问题，请与本社读者服务部联系调换。电话：（010）51873174

打击盗版举报电话：（010）63549461

# - 编审委员会 -

**主　　任：** 文武松　李晓峰

**副 主 任：** 季跃华　罗　兵　何志超　韦庆冬

**委　　员：** 陈　明　冯广胜　胡永生　汪芳进　张耀军
黄旺明　陆炳良　吴杰良　吴爱兵　叶庆旱
甄宗标　冯传宝　许兆军

**编审人员：** 刘　凯　冯　力　吴　磊　王成穆　田永强
沈　伟　张冬华　李文涛　王　瑞　李　浔
杭正雨　朱　文　何志远　张　涛　阮梦飞
宁朝新　杨柳青　牟　翔　杨忠勇　贾培喜
王艳峰　徐　胜　马俊胜　宋建国　张　琪
程孝康　张家伦　陶　俊　叶　苏　黄　诚
钱　健　史国宁　陈鹏飞　王元利　宋海涛
李奔琦　王振伟　余发东　张运入　高　昊
许新民　孙基福　宋宜强　罗奉有

# 序

安全是永恒的主题。对于工程建设而言，必须把安全生产作为一条不可逾越的红线，摆在更加突出的位置。

中铁大桥局作为建桥国家队，始终以“建桥铺路、造福人类”为企业使命，秉承“安全建桥、建安全桥”的安全理念，树牢安全发展理念，理清安全管理思路，创新安全管理措施，牢牢守住安全生产底线，用责任担当和科学管理，为社会提供了一批又一批安全优质的桥梁产品。五峰山大桥就是其中最新的优秀典范。

五峰山大桥是新建连镇铁路关键控制工程，是目前设计荷载和时速均为世界第一的公铁两用悬索桥，也是中国第一座高速铁路悬索桥，工程规模和施工难度都是史无前例的。为安全优质高效地建设好这座世界一流的大桥，中铁大桥局全体参建员工认真贯彻国铁集团“高标准、讲科学、不懈怠”和“六位一体”管理要求，坚持推行管理制度标准化、人员配备标准化、现场管理标准化、过程控制标准化的“四个标准化”管理思路，创新推广项目工序安全风险卡控管理，将人民利益至上的安全立场理念、生命安全至上的安全文化理念、科学发展为先的安全发展理念、制度建设为基的安全管理理念、执行落实为要的安全责任理念，贯穿于项目安全生产全方位、全过程，成功打造了平安工程、健康工程，向党和人民交出了一份满意的答卷。

总结是传承的前提、创新的基础。我们秉承传承创新的光荣传统，对五峰山大桥施工安全管理工作进行了全面总结，并汇编成册出版，供大家参阅。仅此作序。

中铁大桥局集团有限公司党委书记、董事长

中铁大桥局集团有限公司总经理 李晓峰

2021 年 5 月

# 前　言

新建连镇铁路北起连云港，经淮安、扬州、镇江，接入沪宁城际，西至南京，东至上海。它的建成，对于构建苏北快速铁路网，推动苏中苏南融合发展，推进宁镇扬同城化，加快长江三角地区一体化进程，以及对国家“一带一路”倡议和沿海开发战略的深入实施，具有十分重要的意义。作为连镇铁路淮镇段关键控制工程——五峰山大桥，规模宏大，堪称世界一流的大桥，是我国桥梁建设史上又一座辉煌的里程碑，是中铁大桥局在实现跨越式发展的新时代继沪苏通长江大桥之后又一次新的超越。

五峰山大桥举世瞩目，如火如荼的建设工地激情四射，生命就如同飞火流萤一样的美丽，责任与光荣同在！作为五峰山大桥参建者，努力实践科学化的安全之路，是我们大桥人昼夜思考的问题。坚决不能让白发苍苍的老母悲痛欲绝、弱妻幼子孤苦无助、企业的无形损失等在世界一流高速铁路悬索桥建设中显现。这一安全目标的实现需要广大参建者共同的努力。

五峰山大桥主桥为（84+84+1 092+84+84）m 钢桁梁公铁两用悬索桥。加劲梁采用板桁结合钢桁梁结构，桁高 16 m，节间距 14 m，主桁横向中心距 30 m。每根主缆索股长度约 2 000 m，重约 47.8 t，主缆挤圆后直径为 $\phi$1 300 mm。吊索与索夹采用销接式连接，索夹均采用上下对合型结构。4 号主塔墩位于镇江岸，采用群桩基础，承台为哑铃型，圆形承台直径为 40 m，设置 67 根直径 2.8 m 钻孔桩，桩底进入微风化岩层，桩长 50 ~ 120 m。承台厚 9.5 m，顶面高程 +7.0 m，中央系梁厚 9.4 m。主塔高 191 m，桥塔上、下横梁均为预应力混凝土箱型结构，下横梁为单箱双室截面，长 43.9 m，宽

11.2 m，高 13 m。上横梁长约 34.4 m，宽 8.3 m，采用单箱单室截面。南锚(扩大基础)采用底面平面尺寸 90 m×90 m 的地连墙扩大基础，持力层为弱风化的凝灰质砂岩。为实现这一总体目标，我们必须以现代管理理论和系统工程为指导，吸收借鉴国内外大型项目建设管理的先进经验和管理方法，探索新的管理手段和模式。项目创新推广超前策划全面落实项目工序安全风险卡控管理——安全卡控图，是项目部在各分部分项工程开工前，安质、技术人员对每道工序使用危险源辨识方法识别出安全卡控重点，然后将卡控重点与工艺流程图结合绘制而成。通过将安全卡控图制成标牌放置在作业点醒目位置，并要求班组长在每日开展班前会过程中对作业人员进行交底，促使作业人员作业过程中能够了解本工作安全控制要点；也通过卡控图的编制、宣贯、悬挂，使得各层管理人员熟练掌握工序卡控要点，在各环节通过检验验收、签证等手段严格进行把控，从而保证大桥建设全过程安全管理得到有效控制，努力打造平安工程、健康工程。

悬索桥施工安全卡控总结是我们在标准化管理方面所作的一次有益尝试，但由于编制时间匆促，还存在不少缺陷和急需改进的方面，敬请各位读者提出宝贵意见，我们将在以后的工作中不断改进和完善，使之真正成为大跨度悬索桥建设的“施工作业安全管理指导书”。

编　者

2021 年 4 月

# 目　录

## 第一篇　专　　项



## 第二篇　下 部 结 构

## 第三篇 上 部 结 构



## 第四篇 桥梁附属设施

# 第一篇

# 专　项

# 第一章

# 混凝土生产安全卡控总结

## 一、拌和站概况

混凝土拌和站布置有搅拌楼（$2\times180\ m^3/h+3\times120\ m^3/h$）、砂石料料仓、值班房、排水系统等。拌和站四周均安装围挡，实行封闭式管理。拌和站设粗、细集料仓，集料仓设雨棚、三面围墙，隔墙高 2.5 m。拌和站设置水泥罐、粉煤灰罐、矿粉罐。配料机采用地埋式，配料机、皮带运输机均采用彩钢瓦密闭。$2\times$HZS180+$3\times$HZS120 搅拌机混凝土理论日供应量可达 6 000 $m^3$，如图 1-1-1 所示。

图 1-1-1　混凝土工厂布置图

## 二、拌和站设备配置

拌和站配备以下设备：2 台强制 HZS180 型搅拌机、3 台强制 HZS120 型搅拌机、拌和楼、自动计量系统、操作间、料仓、料斗、上料输送系统、料罐、地磅、水泵、装载机、变压器、备用发电机组、配电柜等相关配套设施。

## 三、工序流程

准备阶段→原材料入罐→装载机上料→配料机、大倾角上料→拌和站控制→搅拌机拌和→混凝土出仓→混凝土出厂。

## 四、混凝土生产过程风险

混凝土生产过程中可能会发生触电、机械伤害、物体打击、高处坠落、车辆伤害、火灾等事故，如图 1-1-2 所示。

图 1-1-2　混凝土工厂布置图

## 五、各工序安全卡控要点

### （一）准备阶段卡控要点

（1）编制混凝土工厂建设方案，严格按照建设方案进行实施。

（2）混凝土工厂建设完成验收审批手续，特别水的排放满足水保验收要求，设置排水沟及三级沉淀池。混凝土粉料罐安装除尘设备。

（3）进场全体人员均经入场安全教育培训并考试合格后上岗。

（4）落实交接班记录及《班前“安全十分钟讲话”制度》。

（5）落实设备维修、保养检查制度。

（6）检查各用电设备，避免漏电、断电。

（7）检查应急电源是否到位。

（8）设置道路标识、警示标志、减速带、反光镜等道路设施。

### （二）原材料入罐安全卡控要点

（1）散装粉罐车进入厂区按厂区规划路线行驶，注意行车安全。

（2）散装粉罐车与储料罐要保持安全距离，设置防撞设施。

（3）上料软管保证质量，避免爆裂伤人。

（4）罐体要设置避雷、防风设施。

### （三）装载机上料安全卡控要点

（1）上料前检查装载机等设备水、油、电路及刹车制动系统。

（2）设置安全警示标识及警示带，防止碰撞料斗。

（3）装载机上料注意车前车后，确保安全行驶。

### （四）配料机、大倾角上料安全卡控要点

（1）皮带传送设备运行期间严禁维修。

（2）开启料斗及下料斗门时防止伤人。

（3）大倾角皮带输送机运行时严禁非专业人员走边梯，严禁下方站人。

### （五）拌和站控制安全卡控要点

（1）拌和机使用前必须全面检查，检查时须保证关闭电源、电工及维修人员协同作业，防止有人合闸。

（2）设备运转期间不允许维修，检查维修必须停机。

（3）打铃确认无异议方可开机。

（4）停机时，设备上锁，防止误操作。

（5）严格执行电工值班制度，防止触电。

### （六）搅拌机拌和安全卡控要点

防止人员进入主机皮带区域，避免机械伤害。

### （七）混凝土出仓卡控要点

（1）混凝土出仓后清洗主机，清洗污水倒入三级沉淀池，清洗过程中防止冲洗电机和布带接口，清洗完毕后关闭所有设备电源。

（2）车辆进入厂区内务必减速慢行，车辆停靠有专人指挥。

### （八）混凝土出厂卡控要点

（1）搅拌车车辆必须年检、车况良好，司机必须持证上岗。

（2）司机上路遵守交通规则，重载车辆慢速行驶。

## 六、结　　语

混凝土生产采取厂拌法提高了生产安全性，但设备的自动化也带来了其他风险，因此必须对各生产要素进行分析。人员的不安全行为就是关键，它可以导致物的不安全状态、不利环境因素及管理上的缺陷。通过对混凝土生产各工序安全卡控要点总结，希望对同行业混凝土生产过程安全管理有所帮助，消除安全隐患，从而避免事故发生。

# 第二章
# 钢筋加工厂安全卡控总结

## 一、概　　况

钢筋加工厂位于连镇铁路线 DK278+613 处上游侧 30 m 处，总占地面积超 6 000 $m^3$，主要承担全桥共计 3.6 万 t 钢筋生产任务。厂区按照生产工厂化、加工标准化、设备专业化以及管理规范化要求组织生产，以满足现场施工要求，如图 1-2-1 所示。

图 1-2-1　钢筋加工厂布置图

## 二、钢筋加工厂设备配置

钢筋加工厂配备以下设备：车丝机、数控钢筋剪切机、数控钢筋弯曲机、数控钢筋笼滚焊机、数控钢筋套丝机、门吊、配电柜等相关配套设施，如图 1-2-2 和图 1-2-3 所示。

图 1-2-2　数控钢筋套丝机

图 1-2-3　数控钢筋笼滚焊机

## 三、工序流程

准备阶段→原材料进场→钢筋加工→半成品存放→钢筋出厂。

## 四、钢筋加工过程风险

钢筋加工过程中可能会发生触电、起重伤害、机械伤害、物体打击、高处坠落、车辆伤害等事故。

## 五、各工序安全卡控要点

### （一）准备阶段卡控要点

（1）对场地进行平整，根据场地划分区域（原材料存放区、成品、半成品堆放区、钢筋加工区、通道及临时用料堆放区），特别是对承重区域进行特殊处理，确保地基稳定性。

（2）做好场地排水，场地内硬化按照中间高、两边低的原则，四周设置排水沟。

（3）钢筋加工厂大棚要根据当地天气情况编制专项设计，突出考虑大棚抗风等级、受压强度等关键因素；由有资质单位进行大棚安装，安装完毕后进行检查验收，特别是针对通风、采光等影响作业人员职业健康条件进行重点关注，验收合格后方能使用。

（4）钢筋加工制作各类机械及小型机具履行进场验收程序，验收合格后才能使用，设备上张贴安全操作规程。

（5）施工用电平面布置图进行专项设计，设置暗沟、接地极、电箱底座等，确保电缆线敷设、配电箱布置、用电设备接线满足现行《施工现场临时用电安全技术规范》（JGJ 46）要求。

（6）所有人员进场后要进行“三级教育”，考试合格后才能上岗。

（7）设置现场安全警示、标志牌，配备消防设施。

（8）设置照明设施满足夜间施工作业要求。

（9）特种设备邀请地方特检机构进行验收，验收合格后方能使用；特种设备操作人员及特种作业人员持证上岗，在设备醒目位置张贴设备信息牌。

（10）门吊供电线路设置滑触线，滑触线设置高度满足现场最不利工况要求。门吊轨道两侧设置防撞墩和反光带，避免材料设备与门吊发生碰撞。相关示例如图 1-2-4 和图 1-2-5 所示。

### （二）原材料进场安全卡控要点

（1）原材料堆放整齐、抄垫并有防倒、防滑移措施；钢筋原材料堆放不得超过 2 m，每层设置方木、钢管等进行层间隔离，方便原材料的再次倒运。

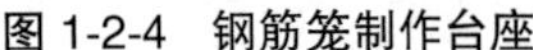
图 1-2-4　钢筋笼制作台座

图 1-2-5　每日安全班前会

（2）起重吊装安排专人指挥，进行吊装作业前检查吊具钢丝绳、卡环等是否有缺陷，检查起吊设备是否满足钢筋吊重要求，保证设备及人员作业安全。

（3）作业人员、特种作业人员、特种设备操作人员经安全技术交底后才能上岗。

（4）落实特种设备管理及机长负责制度，每日填写特种设备维修保养记录。

**（三）半成品（成品）加工安全卡控要点**

（1）检查各类设备接线，电机防护装置是否完好。

（2）作业人员配备相应的防护用品，针对噪声、烟尘配备职业卫生防护用品或采取防范措施保证作业人员职业健康；针对车丝机作业人员禁止佩戴手套；女性操作人员长发必须盘起。

（3）钢筋数控加工设备安排专人操作，由设备厂家对操作人员进行专项培训，合格后上岗。

（4）加工区域场地封闭，避免非作业人员进出作业区域。

（5）安排专人对场地进行日常清理，设置废料箱，做到工完料尽场地清。

**（四）半成品（成品）存放安全卡控要点**

（1）各类材料摆放有防倾倒措施。

（2）材料调运时对吊点及吊装方式进行检查，避免超重或散落。

（3）钢筋笼存放时抄垫不能少于 20 cm，并设置防滚动锲块，钢筋笼存放不能超过两层。

**（五）半成品（成品）出厂卡控要点**

（1）对设备及吊装方式、吊点进行检查，避免超重或散落。

（2）吊装作业专人指挥，操作人员需持证上岗。

（3）平板车需日常加强检查，防止车辆带病作业。

（4）平板车运输钢筋时，需对钢筋进行固定，防止运输过程中滚落，砸伤作业人员。

## 六、结　　语

钢筋加工厂实现规范化管理，可避免杂乱无章带来的内耗，提高生产安全性，使生产加工的每一道工序、每一个环节、每一个过程都可控。工厂化建设、标准化加工、专业化设备可极大地提高钢筋加工过程中的本质安全，从而在源头上保证生产安全无事故。

# 第三章
# 营业线（邻近）施工安全卡控总结

## 一、工程概况

新建连镇铁路五峰山大桥Ⅱ标范围内连镇客专正线运营里程为K318+208.4～K321+519.833，线路长度3.309 km，因受公铁两用悬索桥工艺影响，铁路联调联试期间大桥仍存在剩余工程未施工完成。本项目剩余工程主要内容为主桥公路桥面附属工程、主桥亮化工程、主塔鞍罩房、南锚碇前墙及盖板、主塔顶避雷针及防水工程、塔旁电梯及塔吊大临设施拆除、铁路变配电设施安装、除湿系统、塔旁航空障碍灯等工程。

## 二、编制依据

《铁路总公司关于印发铁路营业线施工安全管理办法的通知》（铁运〔2012〕280号）、《中国铁路总公司关于印发铁路营业线施工安全管理办法补充规定的通知》（铁总〔2014〕180号）、《上海局集团有限公司营业线施工安全管理实施细则》（上铁运〔2019〕129号）、《上海局连镇客专淮镇段联调联试规章制度汇编》、《上海局集团公司告诉铁路联调联试工作指导手册》等文件。

## 三、工序流程

施工方案编制→方案评审→签订安全协议→上报计划→驻站→通道门登记管理→营业线（邻近）施工→消记管理→安全确认→施工总结会。

## 四、营业线施工过程风险

营业线施工过程中可能发生铁路行车交通事故，接触网接触线断线、倒杆或塌网，列车运行中碰撞坍体，列车时间延误等事故。

## 五、工序安全卡控要点

### （一）施工方案编制安全卡控重点

（1）成立营业线施工安全管理领导小组，完成机构及人员职责分工。

（2）认真梳理剩余工程的项目、内容、工程量，分析与运行铁路线的关联度和潜在的安全风险，结合自身的管理实际，注重实效，有针对性地细化制定相应的卡控措施。

（3）方案内容必须包含施工项目基本情况、技术标准、运输条件、施工程序及施工过渡方案、施工条件、劳力组织、施工方法及质量、安全措施、应急预案、指挥体系等内容。

### （二）施工方案评审安全卡控重点

施工方案由监理单位预审完成后，由铁路项目建设管理单位组织路局相关单位进行方案审查。审查完成后出具会议纪要。

施工方案按照审查会议纪要要求修改、完善，并完成报审备案手续。

### （三）签订安全协议安全卡控重点

携带已审核通过的施工方案及方案审查会议纪要与设备管理单位和行车组织单位（电务段、供电段、车站、工务段）等相关单位按施工项目分别签订施工安全协议。

### （四）上报计划安全卡控重点

按规定完成日计划、周计划、月计划并提前上报。

由驻调度所人员完成计划审批手续，驻所人员必须经路局进行营业线培训取证合格者担任。

驻所人员必须携带全球通对讲机，能够及时与驻站人员保持信息沟通。

### （五）驻站安全卡控重点

（1）由驻站人员根据批复的施工计划提前 1 h 到达施工作业点较近的车站，驻站人员必须经路局进行营业线培训取得合格证者担任。

（2）驻站人员必须携带全球通对讲机，能够及时与驻所人员及现场防护员保持信息沟通。

### （六）通道门登记管理安全卡控重点

（1）驻站联络员必须于计划批准的施工时间开始前 60 min 到行车室完成登记，现场联络员最晚不得迟于施工开始前 40 min 到岗。现场施工作业人员、带班人员、防护员、安全员在开始前 30 min 到达上道通道，由现场防护员完成人员、工机具登记，详见表 1-3-1。

**表 1-3-1　人员和工机具上道登记**

**联调联试期间作业（通道）门进出情况登记表**

日期：________年______月______日　　　　　　　　　　　　看守人员：__________

| 进入调度命令号 | | 驻站防护员 | |
|---|---|---|---|
| 施工作业单位 | | 施工负责人及联系方式 | |
| 作业项目 | | 作业地点 | K___+___ 至 K___+___ |
| 局外单位进入对应<br>陪同单位及人员 | | 计划作业时长 | |

| 进入作业门时间 | | 撤出作业门时间 | |
|---|---|---|---|
| 进入作业人数（人） | | 实际撤出人数（人）（与进入数量不同时写明原因） | |
| 进入工具、材料数量（件） | | 撤出工具、材料数量（件）（与进入数量不同时写明原因） | |
| 进入后作业门锁闭情况 | | 撤离后作业门锁闭情况 | |
| 备注 | | | |

（2）明确当日带班人员、联络员、安全员、防护员、班组长及相互之间的联络方式，“四员一长”人员必须经路局进行营业线培训取得合格证者担任，如图 1-3-1 所示。

营业线施工安全培训合格证

姓名 ×××　编号

单位 中铁大桥局集团有限公司连镇铁路项目

身份证号

工程名称 新建连云港至镇江铁路五峰山长江

工期 2020.4-2022.4

发证日期 2020 年 4 月 8 日

合格专用章

**图 1-3-1　“四员一长”合格证**（示例）

（3）施工命令未下达前，所有人员不得进入上桥通道内，可以上道施工命令下达后通道门由工务段人员打开，人员全部进入通道门后关闭通道门。

### （七）营业线（邻近）施工安全卡控重点

（1）禁止酒后上班。

（2）禁止私自乱动铁路上的任何部位。

（3）所有上道施工的作业人员，必须经过专门的营业线施工培训，并经考试合格后配发上岗证，方可上道作业；在电气化区段施工的作业人员，必须经过电气化安全知识培训并考试合格后方可上岗。组织夜间施工时，所有参加施工作业的人员必须穿反光防护服，并配备足够的照明设备，如图 1-3-2 所示。

（4）禁止劳务人员单独上道作业。

（5）禁止安全防护人员擅离岗位。

图 1-3-2　夜间施工作业前交底

（6）人员及工具与接触网安全距离不小于 2 m。

（7）严禁未按规定设防护进行施工。

（8）严禁各种施工机具、材料侵入限界。

（9）穿越轨道时不得带耳塞或将棉帽护耳放下。

（10）不得在铁路上闲谈、休息、吃饭、坐卧、放置物品。

### （八）消记管理安全卡控重点

（1）施工作业完成后或接近调度中心给出的时间节点，由带班人员负责组织除防护员以外的人员撤场。人员、工机具撤出现场后，防护员撤除防护信号后方可离岗（下道）。

（2）所有人员、工机具均撤出施工现场并经确认后进行销号登记，关闭通道门。

### （九）安全确认

（1）每次按计划完成施工任务后，根据行车计划在每天第一趟列车发车前 2 h 完成安全确认，保留书面资料，详见表 1-3-2。

表 1-3-2　列车开行前安全条件确认

试验（确认）列车开行安全条件确认写实表

| 运行计划 | ______月____日连镇铁路淮镇段联调联试运输组织日计划<br>或关于调整____月____日连镇铁路淮镇段运行试验方案的通知 |
|---|---|
| 确认内容 | 1. 责任区（单元）内本单位（专业）负责的行车设备及相关安全防护设施满足试验（确认）列车运行安全条件。<br>2. 责任区（单元）内本单位（专业）已停止一切施工和维修作业，人员、机具、材料等均已撤离至安全区域。停留机车车辆（含自轮运转特种设备）严格按照规定采取防溜措施，并落实专人检查、确认。 |

| | |
|---|---|
| 确认内容 | 3. 责任区（单元）内本单位（专业）已实行全封闭管理，所有通道按照规定落实责任单位和安全责任，无闲杂人员进入责任区（单元）内；尚未完成封闭地段及未锁闭通道，已安排专人看守。<br>4. 因设备故障等突发事件需上道作业时，严格执行集团公司施工安全管理及现场防护相关管理制度，严格落实车站与现场申请、联系、确认制度。<br>5. 其他影响试验（确认）列车开行安全的问题和隐患已消除，或已采取相应的安全控制措施 |
| 存在问题 | |
| 防范措施 | |
| 确认结果 | 自　　年　月　日　时　分开始，责任区（单元）具备试验（确认）列车开行安全条件<br><br>责任区（单元）负责人（签字）：<br>年　月　日 |

（2）安全确认需徒步进行检查，安全确认人员必须为正式职工。

（3）安全确认标准为：管辖区域内封闭，无闲杂人员；线路上无遗留的工器具、材料、塑料袋、饮料瓶、泡沫板、编织袋、混凝土及砂浆残留物及其他杂物。

### （十）通道门管理

1. 看守人员基本条件

（1）联调联试期间，所有作业门必须派专人 24 h 看守。看守工作必须由相关施工单位职工担当。

（2）看守设施。简易看守棚、桌椅、警示灯、照明灯、出入作业登记簿，如图 1-3-3 所示。

（3）巡防设施。强光手电、口笛、警棍、雨具、统一服装及袖标、反光背心。

（4）联系设备。看守人员应配有手机、对讲机，便于联系报警。

2. 看守人员职责和作业纪律

（1）每个作业门至少配备 2 名看守人员，做到每天 24 h 不间断看守。

（2）看守人员应熟知作业门管理的基本规定和相关要求，熟知命令下达后作业门管理流程和登记制度，做好对调度命令的审查和登记工作。督促施工人员锁好门，做好上道人员、机具数量、进出时间等核对工作。

（3）阻止闲杂人员靠近作业门，防止被人为损坏。

（4）看守人员做到着装整齐，佩戴袖标，不得酒后上岗，不得擅自离岗、脱岗。

图 1-3-3 通道门看守岗亭

### （十一）施工总结会安全卡控要点

施工总结会要针对当天施工过程出现的问题进行分析原因，总结经验教训，拟定改进措施，提出责任追究和考核建议，并对后续施工制定落实安全、质量保证措施。

## 六、结　　语

营业线是“红线”，是企业的生命线，一旦发生事故，影响极其恶劣。确保营业线安全是维护企业、社会、国家稳定的客观要求，更是推动铁路高质量发展的战略需要。

随着企业生产经营规模的进一步扩大，铁路营业线施工任务更为繁重。在以现场保市场的铁路大环境下，如何管理好营业线施工项目，提升营业线施工管理水平，继续发挥在铁路基建市场的优势，值得重视和思考。

# 第二篇

# 下部结构

# 第四章
# 主桥大孔径钻孔桩安全卡控总结

## 一、钻孔桩概况

主桥4号墩为南岸临江陆地主塔墩，基础采用左右塔柱分离式承台（中间设系梁连接）、群桩基础形式，共计布置67根$\phi$2.8 m钻孔桩。承台上游侧布置35根桩，下游布置32根桩，桩基呈梅花形布置，纵向7排，横向13排，行间距分别为5.1 m和5.8 m。由于上下游岩面埋深差异较大，故上下游钻孔桩采用长短桩设计，下游侧为短桩，桩长50～95 m，上游侧为长桩，桩长65～128 m。设计要求上游桩尖嵌入弱风化石英闪长斑岩不小于22 m，下游桩尖嵌入微风化凝灰质砂岩不小于4.5 m。

钢护筒15 m参与受力，设计直径为3.2 m，壁厚为25 mm。

钻孔桩钢筋笼主筋为$\phi$32 mm的HRB400钢筋；加强箍筋为$\phi$25 mm的HRB400钢筋，每2 m设置一道；箍筋为$\phi$12 mm的HPB300钢筋；钢筋笼上部32 m为双笼，主筋保护层厚度为7 cm，每根桩设置8根声测管，单桩钢筋笼最重73.1 t。

## 二、资源配置

钻孔桩施工主要配备设备包括旋挖钻机、回旋钻机、冲击钻、塔吊、履带吊、龙门吊、振动锤、泥浆分离器、平板车、混凝土运输车、汽车泵、电焊机等。

## 三、工序流程

施工准备→桩位放样→工具护筒安装→工作护筒安装→钻机就位→泥浆制备→钻孔→成孔检测→清孔→检查沉渣厚度→安放钢筋笼→安放导管→再次检测沉渣厚度→混凝土灌注。

## 四、钻孔桩施工过程风险

钻孔桩施工过程中可能会发生起重伤害、机械伤害、物体打击、高处坠落、触电、淹溺、车辆伤害等事故。

## 五、各工序安全卡控要点

### （一）准备阶段卡控要点

（1）所有人员进场后要进行“三级教育”，考试合格并接受安全技术交底后方可上岗。

（2）特种设备操作人员及特种作业人员需持证上岗。

（3）钻孔桩施工的各类机械履行进场验收手续，门吊、塔吊等设备的安装需由有资质的单位进行安装并完成取证工作，验收合格后方可使用，设备上张贴责任铭牌及安全操作规程。

（4）门吊供电线路设置滑触线，滑触线设置高度满足现场最不利工况要求，门吊轨道两侧设置防撞墩和反光带，避免材料设备与门吊发生碰撞。

（5）钢丝绳、卡环、专用吊具等进场后需进行验收，满足规范及图纸要求。

（6）对场地原有地面进行平整、硬化，满足钻机、吊机及混凝土运输车辆等机械承载力要求。

（7）对现场的临时用电、施工便道、泥浆循环系统及功能区域划分等进行总体规划，减少后期改动。

（8）做好场地排水处理；设置现场安全警示、标志牌，配备消防设施。

（9）设置照明设施满足夜间施工作业要求。

### （二）工具护筒和工作护筒安装安全卡控要点

1. 工具护筒埋设

工具护筒直接采用挖埋方式：桩位处开挖后直接埋设护筒，将工具护筒放入基坑后进行中心位置、垂直度检查，如发现偏差则利用吊机进行扶正直至偏差合格，然后外侧分层回填黏土并夯实。

2. 工作护筒插打

工具护筒埋设完成后，钻孔取土深度至 –2.5 m，钻孔结束后安装导向架，在孔内放入工作护筒，安装液压振动锤激振下沉工作护筒至 –17.5 m，如图 2-4-1 所示。

(a) 定位

(b)插打

图 2-4-1　底节钢护筒

3. 卡控要点

（1）护筒运输至现场后，抄垫平稳，防止倾覆。

（2）护筒顶口及底口设置加劲环，增强护筒口刚度。

（3）吊机起重能力及吊索具需经验算，满足护筒转运及插打的吊重及吊高要求。

（4）导向架应平稳，固定牢靠，导向架设置专用爬梯，供作业人员上下，转向架顶部设置标准防护栏杆，并设踢脚板。

（5）振动锤安放时需对中，液压夹持器夹紧护筒壁，利用护筒自重下沉时，吊机需带劲，不得完全松钩。

（6）打桩锤开始工作时，先点振，待护筒入土稳定后再连续施振，在连续施振过程中，吊机不得带劲作业。

（7）护筒转运及对位过程中，需专人指挥。

（8）护筒插打完成，钻孔施工前，在护筒顶面设置防护网、四周设置安全警示牌，避免人员坠落。

## （三）钻机就位安全卡控要点

1. 冲击钻机就位

钻架搁置在钻孔平台桁架上或直接摆放在平整、夯实的枕木垛上。

2. 回旋钻机就位

回旋钻机在墩位附近拼装，组装完成后由 130 t 履带吊机吊装就位，如图 2-4-2 所示。

图 2-4-2　回旋钻机钻具下放

3. 安全卡控要点

（1）基础承载力满足要求。

（2）对钻机设备关键部位（钻杆、钻架、钢丝绳、防护装置等）检查，避免出现机械伤害。

（3）冲击钻机应摆放平稳、支承牢靠，钻机顶端应用缆风绳对称拴牢，拉紧，以防冲孔过程中发生位移和不均匀下沉。

（4）冲击钻机使用的钢丝绳应根据钻头重量及安全系数确定钢丝绳的直径，要求钢丝绳优质柔韧，无死弯和断丝，安全系数不应小于 12。

（5）钻机用电接线符合现行《施工现场临时用电安全技术规范要求》（JGJ 46），避免触电事故发生。

（6）为给钻机操作人员提供一个更好的工作环境并考虑现场安全文明施工要求，在每台冲击钻机底座平台上搭设硬质操作棚。

### （四）泥浆制备和钻孔安全卡控要点

1. 冲击钻泥浆制备

4 号墩下游钻孔桩施工时，在上下游之间布置 1 个 200 m³ 泥浆池，对 4 号墩钻孔期间的泥浆集中供应及回收，分为储浆池和沉淀池两部分。冲击钻采用孔内造浆，钻进过程中采用反循环排渣。

2. 旋挖钻泥浆制备

上游侧地质覆盖层深约 40 m，覆盖层为粉质黏土，开钻时采用护筒内自造浆，利用钻机通风不排渣反压循环。钻进过程中，对泥浆指标进行检测，适时对泥浆进行调配。钻孔平台上沿顺桥向布置 7 根回浆管，在沉渣箱旁和泥浆分离器处设置接口。钻孔时，孔内泥浆进入泥浆箱，带钻渣的泥浆由泥浆分离器净化处理后由回浆管流入钢护筒内。

3. 冲击钻机钻孔

在埋好护筒和备足护壁泥黏土后，将钻机对位，安装好钻架，对准桩孔中心，开始进行冲击钻进。

根据不同地质情况选取不同锤头，锤头直径不小于设计桩径。

4. 旋挖钻机钻孔

检查钻机平面位置及垂直度符合要求后，开始钻进作业，开钻时将钻头提离孔底约 30 cm，打开供风阀门使泥浆循环，待泥浆循环正常后，启动钻机开始慢速到中速钻进。

5. 安全卡控要点

（1）泥浆池四周设置硬防护，挂设安全警示标志，造浆作业及各类设备设置人员工作平台，钻孔平台设置照明设施。

（2）按功能区布置存放钻渣，钻渣不得堆载过高并及时清运出场地。

（3）各类泥浆泵管、水管、风管固定牢靠，防止甩动，定期对水管、风管检查，防止突然炸裂。

（4）经常性检查钻孔设备，避免设备带病作业。

（5）冲击钻机钢丝绳要有足够的长度，即以卷扬机滚筒起到设计最深的桩底高程，滚筒上要留有 7 圈以上的富余量，尾绳必须锚固在滚筒上。

（6）开钻前，对钻机进行抄平，杜绝钻进过程中钻杆、钻架大幅摆动。

（7）严格控制钻机钻进速度，适时调整泥浆比重。

### （五）成孔检测安全卡控要点

孔深达到设计高程后，采用超声波检测仪检测桩的孔径、孔深及倾斜角度是否符合要求。成孔检测时，护筒顶面应设有可靠的防护措施，避免发生人员坠落事件。

### （六）清孔、检查沉渣厚度安全卡控要点

（1）清孔所用设备完好，避免触电、机械伤害事故发生。

（2）检查各类风管、泥浆管是否良好，避免爆裂伤人。

（3）泥浆、钻渣排放系统良好，避免水质污染。

### （七）安放钢筋笼安全卡控要点

（1）钢筋笼运输过程中固定牢靠，对于超长的钢筋笼，运输过程中在其尾部挂设醒目的警示标志，并安排人员跟车警戒。

（2）钢筋笼转运至现场后存放在指定地点，上盖下垫。

（3）对钢筋笼吊点检查，确保焊接长度、焊接质量满足要求。

（4）使用专用吊具进行钢筋笼吊装，根据钢筋笼重量选用合适的钢丝绳、卡环等，如图 2-4-3 所示。

（5）由于钢筋笼直径大、重量大，为此专门设计“钢筋笼对接悬挂环”来解决钢筋笼的支撑及悬挂定位问题，如图 2-4-4 所示。

图 2-4-3 钢筋笼起吊吊具

图 2-4-4 钢筋笼对接悬挂环

（6）考虑钢筋笼自重较大，钢筋笼采用两台吊机抬吊，吊装时安排专人统一指挥，四周设置警戒区域，严禁无关人员进入。

### （八）安放导管安全卡控要点

（1）护筒顶面设置封闭式作业平台，防止导管安装人员坠落护筒内。

（2）导管应放在固定的导管架上，方便吊装及防止滚动伤人。

### （九）混凝土灌注安全卡控要点

1. 混凝土灌注

混凝土灌注采用“拔球”法灌注，利用一台汽车泵和一台地泵同时进行灌注，灌注混凝土前需在填充导管内安设泡沫隔水栓塞，待 13 $m^3$ 储料斗和 5.0 $m^3$ 储料斗存满混凝土后，开始“拔球”灌注水下混凝土。拔球后混凝土要连续灌注，不得停顿。

2. 安全卡控要点

（1）对汽车泵、吊机、地泵等站位及泵管布设、混凝土运输路线进行规划，避免出现交叉。

（2）运输车辆沿规划好的线路行进，现场设置专人指挥（混凝土运输车辆）及专人放料，避免出现料斗伤人。

（3）导管应放在固定的导管架上，防止滚动伤人。

（4）混凝土灌注完毕，对混凝土的拌和、运输、灌注等所用设备进行清点和清洗，避免对周围环境的污染。

（5）夜间设置足够的照明。

## 六、结　　语

钻孔桩施工过程工序较多，大型设备及大型吊装作业是管控重点。在施工过程中必须加强管理人员识别风险能力培养，选取合格协作队伍，做好设备设施入场关把控，以及施工方案优化，针对每道工序中人、机、料、法、环等因素全系统考虑，钻孔桩施工事故隐患将会得到根本控制，实现安全生产管理目标。

# 第五章

# 旋挖钻机施工钻孔桩安全卡控总结

## 一、工程概况

五峰山大桥位于江苏省境内，连云港至镇江线上。该线位于江苏省中北部的纵向中轴线上，线路北起连云港市，经淮安市、扬州市，跨长江后止于镇江市，呈南北走向。本工程为LZDQSG-2标，里程DK276+136.021～DK279+482.219，包含4号主塔墩、5号辅助墩、6号边墩、主缆及主桥钢桁梁、南锚碇、南引桥公铁合建段6号～S18号墩桥梁工程（左线铁路梁、公路梁）、南引桥铁路单建段S18号～S52号墩桥梁工程等。

本标段南引桥桥梁桩基础共有钻孔桩740根，其中$\phi$2.0 m钻孔桩102根、$\phi$1.5 m钻孔桩287根、$\phi$1.25 m钻孔桩125根、$\phi$1.0 m钻孔桩226根。

## 二、资源配置

### （一）劳动力配置

项目部将钻孔桩施工分五个钻孔桩作业队，分别负责各区域内钻孔桩施工，每个作业点人员配备详见表2-5-1。

表2-5-1　人员配备表

| 序　号 | 工　种 | 人　数 | 序　号 | 工　种 | 人　数 |
|---|---|---|---|---|---|
| 1 | 管理人员 | 10 | 8 | 司机 | 12 |
| 2 | 技术人员 | 10 | 9 | 钢筋笼加工人员 | 15 |
| 3 | 测量人员 | 5 | 10 | 钻孔班组 | 15 |
| 4 | 试验人员 | 5 | 11 | 混凝土工 | 15 |
| 5 | 材料员 | 2 | 12 | 钢筋笼下放人员 | 15 |
| 6 | 质检员 | 5 | 13 | 综合班组 | 15 |
| 7 | 安全员 | 5 | | | |

### （二）机械配置

主要施工机械设备配置详见表2-5-2。

表2-5-2　主要设备配置表

| 序　号 | 机械设备名称 | 型号规格 | 数　量 | 备　注 |
|---|---|---|---|---|
| 1 | 钻机 | XR280/XR360 | 4 | |
| 2 | 导管 | $\phi$300 mm（内） | 10套 | |

续上表

| 序　号 | 机械设备名称 | 型号规格 | 数　量 | 备　注 |
|---|---|---|---|---|
| 3 | 导管 | $\phi$250 mm（内） | 4套 | |
| 4 | 发电机 | 250 kW | 2 | 临时 |
| 5 | 泥浆泵 | 3PNL | 台 | 30 |
| 6 | 混凝土储料斗 | — | 个 | 10 |
| 7 | 龙门吊机 | 20 t | 台 | 2 |
| 8 | 汽车吊 | 25 t | 台 | 4 |
| 9 | 半挂汽车 | 20 t | 台 | 2 |
| 10 | 钢筋加工设备 | — | 套 | 10 |
| 11 | 混凝土泵 | HBT80C | 台 | 2 |
| 12 | 装载机 | ZL-50 | 台 | 6 |
| 13 | 自卸车 | — | 台 | 4 |
| 14 | 泥浆转运车 | — | 台 | 5 |

## 三、工序流程

### （一）施工总体方案

地势较为平缓的桩基，进场后直接进行场地平整后即可按常规施工方法施工，部分桩基处于山坡旁，需进行山坡刷坡后才可进行施工，还有部分桩基处于洼地或泥潭中，需进行回填筑岛法施工。

墩位S1、S2因位于主桥生产区，地形受限，考虑用砌筑泥浆池作为循环系统，其余墩位考虑直接在墩位处开挖设置泥浆池。旋挖钻机成孔时，泥浆均采用PHP优质膨润土化学泥浆。冲击成孔时，可考虑表层黏土自造浆，也可采用PHP优质膨润土化学泥浆。

水下封孔混凝土用导管进行水下灌注，首方灌注混凝土采用拔球法施工。混凝土采用岸上混凝土工厂伴制供应，由搅拌车运送至墩位，通过汽车泵泵送至孔内。混凝土灌注工作开始后应连续不间断并灌注成功。

每台旋挖钻考虑配置1台挖机、1个钻渣箱、3辆渣土车、1台25 t汽车吊，主要包括下放钢筋笼、封孔等工作内容。

钢筋笼在钢筋工厂台座上长线法分段制作，汽车运输至墩位，采用25 t汽车吊吊装。每台旋挖钻各配备一套导管，导管长度按最深孔65 m考虑，配管长度为不少于70 m。

### （二）钻孔桩施工工艺流程

钻孔桩施工工艺流程如图2-5-1所示。

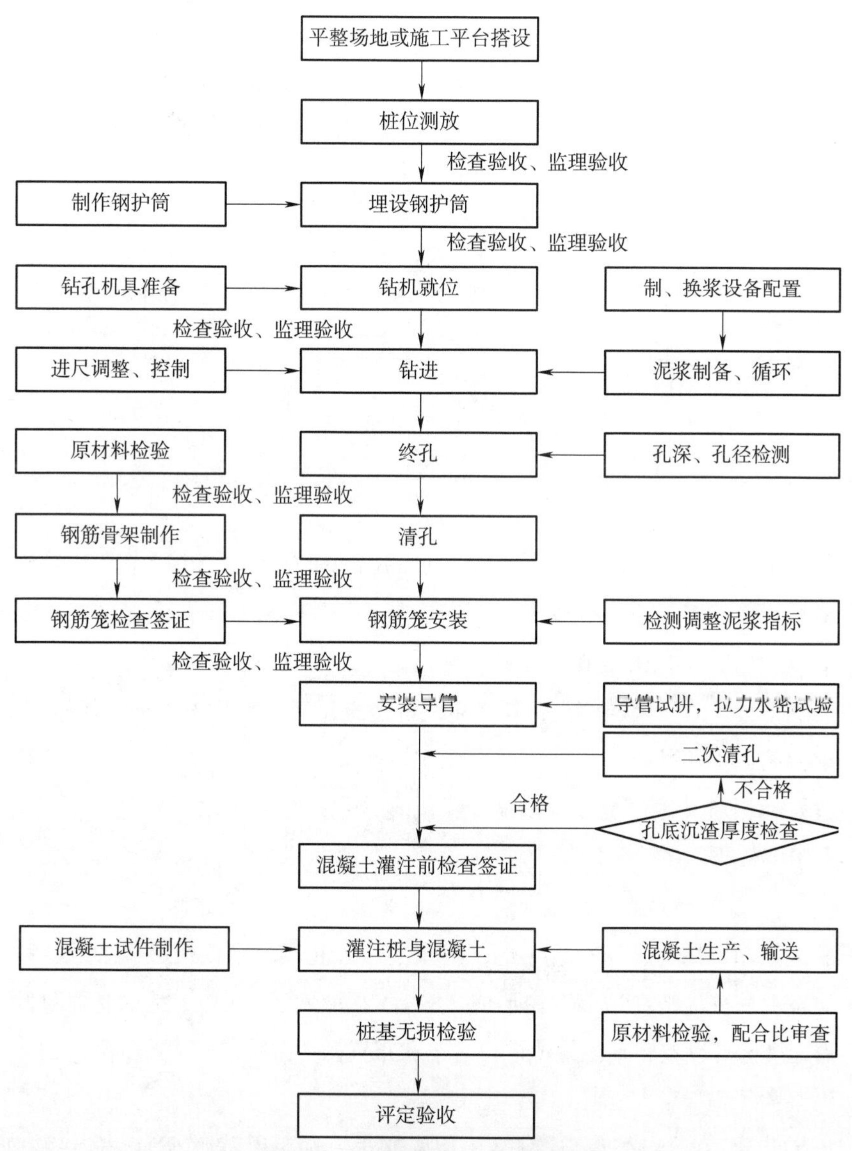


图 2-5-1　钻孔桩施工工艺流程图

## （三）各工序施工工艺流程

1. 场地平整

施工前检查孔位地下是否有管线、光缆或其他物体，部分墩位处于山丘中需开挖放坡平整，部分位于洼地中需回填处理，平整桩基范围内的场地后进场钻孔桩施工相关设备。

2. 测量放样

场地平整后，采用全站仪极坐标定位或 GPS 放样桩位中心。为便于施工过程中桩心位置的校核，再由桩中心引出 4 个护桩点，并注意保护。以便施工过程中随时复核桩位，保证桩位的准确性，如图 2-5-2 所示。

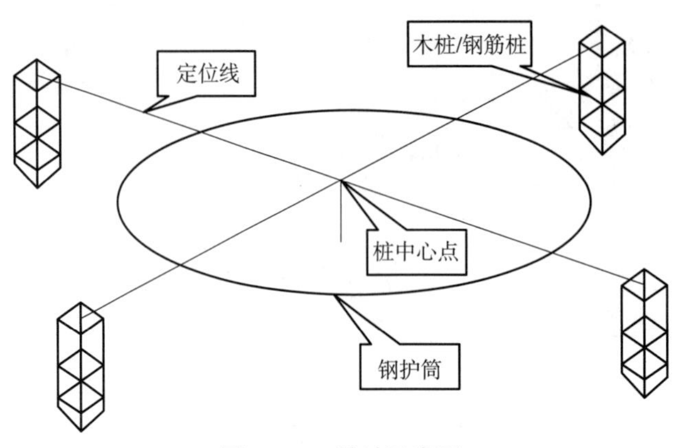


图 2-5-2　护桩示意图

3. 护筒埋设

场地平整好后即开挖埋设钢护筒，护筒顶面高出地面 0.3 m，护筒底面低于承台底 0.3 m。钢护筒直径选取大于桩基 20～30 cm，壁厚 10 mm，即直径 1 m 桩用 $\phi$1.2 m，1.25 m 桩用 $\phi$1.45 m，1.5 m 桩用 $\phi$1.7 m，2.0 m 桩用 $\phi$2.3 m。

部分墩位（S1、S2）表层填土中存在砖块等建筑垃圾，因此先将桩位处建筑垃圾挖除，然后埋设钢护筒，护筒外侧采用黄土回填压实。回填黄土前，由测量人员对护筒偏位进行检查，埋设好后，对其进行复核。护筒埋设的允许偏差为：顶面中心偏差不得大于 5 cm，斜度不得大于 1%。

4. 泥浆制备及循环系统

由于场地限制，结合地形布置场地，泥浆池、沉淀池均布置在墩位附近，钻渣及时清理外运。泥浆池、沉淀池在地面开挖形成。S1、S2 墩位位于江边，地面高程较低，地表水位较高，需在墩位处设置砖砌泥浆池进行造浆和布置循环系统。

（1）泥浆的制备

采用低固相聚丙烯酰胺泥浆。制浆采用膨润土，选用以蒙脱石为主的钙纳基膨润土，保证土具有较好的分散悬浮性和造浆性，质量等级宜达到二级标准。分散剂选用工业碳酸钠，其指标符合现行《工业碳酸钠》（GB 210）的Ⅲ类合格品标准。其功能是提供 $Na^+$，对钙土进行改性处理。

将膨润土、水、纯碱按比例制成浆。在原浆中加入一定比例的 PAM 水解液，使两者充分搅拌混合即可，PHP 用量根据实际测试的泥浆性能指标而定。钻机就位后通过钻头上下搅拌水、膨润土、纯碱等混合物制造泥浆，并通过钻头上下提升使上下层泥浆均匀。按照泥浆配比参数，在护筒和泥浆池内逐渐按量加入水、膨润土等，边添加边用冲锤上下搅拌，搅拌时间的控制以目测均匀或提取的样品中黏土颗粒分散均匀为宜，搅拌好的新浆必须预置 24 h 后，检查各项指标合格后方可投入使用。待钻孔即将要穿过护筒底时检测泥浆性能，确保各项参数满足要求，护筒安全。

（2）泥浆指标及检测

泥浆指标检测：循环泥浆约每 6 h 检测一次，主要控制泥浆池回流泥浆指标。现场检测主要有三个指标：相对密度、黏度、含砂率。试验室检测主要有两个指标：胶体率和pH值。现场严格控制泥浆含砂率指标，每次检测数据做好记录。

具体泥浆性能指标应符合下列规定：

相对密度：入孔泥浆相对密度为 1.05～1.15。

黏度：入孔泥浆黏度，一般地层为 16～22 s；松散易坍地层为 19～28 s。

含砂率：新制泥浆不大于 4%。

胶体率：不小于 95%。

pH 值：应大于 6.5。

（3）泥浆循环

在成孔施工时随时掌握地层对旋挖钻机的影响情况，严格按照该地层条件下的钻进参数指导施工。在钻进过程中不能进尺太快以保证有充足的护壁时间。整个成孔过程中分班连续作业，专人负责做好记录并观察孔内泥浆面和孔外水位情况。钻进过程中应经常注意土层变化，尤其是地层交接处定深、定时将钻渣做取样分析，核对地质资料；同时应控制好泥浆相对密度和黏度。

在钻进过程中，护筒内泥浆面应高出地表水位。因为在地下水位以下的孔壁土在静水压力下会向孔内坍塌，桩孔内若能保持比地下水位高的水头，可以增加孔内静水压力，防止塌孔。在提钻时，须及时向孔内补浆，以保证孔壁的稳定性。在钻进过程中要经常检查钻斗尺寸，以防过大磨损减小孔径。

施工中根据钻头提土情况判断土层结构，及时合理地调整泥浆性能指标，遇松散地层时适当增大泥浆相对密度和黏度，保持孔内水头高度，尽量减轻冲液对孔壁的影响，同时降低钻速和钻压以满足施工质量控制要求。如果发现地质情况与原钻探资料不相符时立即通知有关部门解决处理，并及时调整钻进参数。

孔内的泥浆出来后进入沉淀池内，发酵后的新鲜泥浆进入存浆池后再利用泥浆泵抽入钻孔护筒中。灌注水下混凝土时，护筒内泥浆通过泥浆泵泵送或直接排至沉淀池中以备后续开钻的孔循环利用。

（4）废浆的处理

本工程采用泥浆护壁，施工过程将产生大量的废浆和渣土，为做到文明施工，满足环保要求，废浆和渣土用车辆运送至弃渣场。

5. 钻机就位

钻机承压面坚实平整，铺设跑板，确保旋挖钻机安装牢靠稳定，以及钻进过程中钻机不移位、下沉。将钻机行驶到要施工的孔位，调整桅杆角度，将钻头中心与钻孔中心对准，并放入孔内，调整钻机平台水平及垂直度参数，使钻杆垂直，同时稍微提升钻具，确保钻头环刀自由浮动孔内，如图 2-5-3 所示。

钻机就位后，测放护筒顶、地面及钻机平台高程，用于钻孔时孔深测量参考。钻头中心与护筒顶面中心的偏差不得大于 5 cm。

6. 钻进

钻孔采用泥浆护壁成孔。泥浆采用泥浆泵泵入孔内，在旋挖钻均匀缓慢钻进的同时，起到护壁的作用。

泥浆补充采用泵送方式，其速度以保证液面始终在护筒底面以上为标准。

开孔施工应轻压慢进，钻头钻速不宜大于 10 r/min，待主动钻杆全部进入孔内后，方可逐步加速进行正常钻进。

钻孔时，孔内水位宜高于护筒底脚 0.5 m 以上或地下水位以上 1.5～2.0 m。钻进时掌握好进尺速度，随时注意观察孔内情况，及时补加泥浆保持液面高度。

钻进过程中应及时滤渣，经常检查泥浆的各项指标，同时注意地层变化。在地层变化处捞取渣样，判断地质类型并做好记录。钻孔过程中捞取渣样进行地质核对，除在钻孔记录中记录外，如若与地层出入较大的需由设计、监理、施工单位人员共同核查、签认，以判断地层分布是否与地质钻探资料相符，同时钻渣样应编号保存，如图 2-5-4 所示。

图 2-5-3 钻机就位

图 2-5-4 钻渣取样

旋挖钻机操作人员通过主界面的三个虚拟仪表的显示动力头压力、加压压力、主卷压力，实时监测液压系统的工作状态。成孔钻进时，以钻斗自重并加压作为钻进动力，每回次进尺用仪表的显示方式确定当前钻头的运动位置即钻孔深度。当钻斗被挤压充满钻渣后，将其提出地表，操作回转操作手柄使钻机转到卸土位置完成卸土工作，再通过操作显示器上的自动回位对正装置，钻机自动回到钻孔作业位置。在重复钻进提土作业前先检查调整钻具的垂直度，以保证成孔质量。此工作状态可通过显示器的主界面中的回位标识进行监视。

合理控制钻斗的转速和升降速度，有利于成孔质量。在开始钻进或穿过软、硬层交界处时，为保持钻杆竖直，宜缓慢进尺；在钻进过程中发现钻杆摇晃或难以钻进时，有可能是遇到硬石块或发生其他情况等，这时应立即提钻检查，等查明原因并妥善处理后再行钻进，以免导致桩孔严重倾斜、偏移，甚至使钻杆、钻具扭断或损坏；遇到孔内渗水、塌孔、缩颈等异常情况时，应将钻具从孔内提出，研究妥善处理；在有泥浆的钻孔中要合理控制钻斗的转速和提升速度。主要指标参考值如下：

（1）钻斗转速参考值：

①表土层：小于 6 r/min。

②黏土类：小于 15 r/min。

③碎石粉质黏土：6～10 r/min。

（2）钻斗升降速度根据地层情况和泥浆补给速度来确定：

①软土层中钻斗升降速度：6～10 m/min。

②其他土层钻斗升降速度：大于 10 m/min。

钻进过程中，应经常注意土层变化，对不同土层采用不同的速度、泥浆相对密度。

钻进过程中要经常进行泥浆指标的测定。当泥浆指标不满足钻孔要求时，应采取措施使之符合技术要求。钻进过程中应每隔一定时间测量进度，并做好记录，填写钻孔记录表。

7. 清孔

钻孔达到设计高程后，终孔检查，确认各项参数是否满足要求：泥浆指标要达到孔内排出的泥浆用手触及无粗粒感（无 2～3 mm 颗粒）；相对密度不大于 1.1；含砂率小于 2%；黏度 17～20 s；摩擦桩孔内沉渣厚度不大于 20 cm，柱桩孔底沉渣厚度不大于 5 cm。

泥浆指标及沉渣厚度是主要质量保证指标，如沉渣厚度满足设计要求，可以报验下放钢筋笼；如沉渣厚度超标，用挖斗反复捞取沉渣，直到沉渣厚度符合规范要求为止，严禁采用加深钻孔深度方法代替清孔。

8. 检孔

清孔完毕后，进行成孔检查。孔径及孔形采用检孔器进行测量，检孔器长度为桩径的 4～5 倍，且不小于 6 m，外径与桩直接相同，孔深和孔底沉渣用标准测锤测测量绳应检验并进行长度修正。检孔器如图 2-5-5 所示。

图 2-5-5　检孔器

钻孔桩成孔质量检查指标详见表 2-5-3。

表 2-5-3　钻孔桩成孔允许偏差表

| 序　号 | 项　　目 | | 允许偏差（mm） |
|---|---|---|---|
| 1 | 孔径 | | 不小于设计 |
| 2 | 孔深 | 摩擦桩、柱桩 | 不小于设计孔深（根据实测护筒高程推算） |
| 3 | 孔位中心偏心 | | ≤ 50 |
| 4 | 倾斜度 | | ≤ 1% |
| 5 | 浇筑混凝土前桩底沉渣 | 摩擦桩 | ≤ 200 |
| | | 柱桩 | ≤ 50 |

9. 钢筋笼的制作与安装

钢筋笼分节段加工好后，运抵墩位处分段接长吊放到位。

（1）原材料检验

①钢筋原材料进场后，首先检验进场材料的等级、规格和产品外观，检查无误后再检查其出厂质量合格证书和质量检验报告单。无合格证和质量检验报告单的不予验收。

②钢筋原材料进场后，按照规范要求进行自检，合格后才允许使用。

③进场材料验收后，应按材料的不同种类、型号、规格、等级分别堆存，不得混放，并设立识别标志。材料宜堆存在仓库（棚）内，如钢筋露天堆置时，应垫高并遮盖，以防淋雨锈蚀和其他污染，影响钢筋质量。

（2）钢筋笼制作

钻孔桩的钢筋笼在生产区分段制作，用专用平车运输，经场内道路运输到墩位处，由汽车起重机起吊安装。

①材料准备

按照工程进度要求，编制材料进场计划。

钢筋材料进场后，首先要检验材料的牌号、等级、规格、生产厂家是否与合同相符，产品外观是否受损；检查无误后再检验其出厂质量合格证书和质量检验报告单。无合格证书和质量检验报告单的应不予验收。

进场材料验收后，应按材料的不同种类、型号、规格、等级及生产厂家分别堆存，不得混杂，并设立识别标志，材料宜堆存在仓库（棚）内，钢筋露天堆置时，应垫高并加遮盖，以防淋雨锈蚀和其他污染，影响钢筋质量。

材料入库存放后，应及时对进场材料按规定抽检频率进行验证试验，并将试验结果填写在材料标志牌上，以告知使用人员此材料的取舍。

材料的发放应由钢筋笼制作班组根据现场技术交底规定的构件部位、品牌、规格、数量填写领料单，经现场负责人核签后向料库管理人员领取。

②钢筋笼的分节及下料

在生产区分段制作钢筋笼，下料前应清理污锈，钢筋表面应平直，无局部弯折。

③钢筋笼的制作

钢筋笼在胎架上采用长线法制作。制作时，按照设计尺寸采用做好定位圈钢筋，标出主筋位置，然后将主筋依次点焊在加劲筋上，要确保主筋与定位筋相互垂直、不变形，并在定位圈钢筋上焊接十字钢筋支撑。安装时用专用的起吊工具和翻转架起吊，避免钢筋笼起吊变形。

钢筋笼提前分段制作，标准段长度 12 m，并制作不同长度的调节段，段与段间的钢筋接头采用直螺纹套筒连接，同断面内接头数控制在钢筋总数的 50% 内，并按大于钢筋直径 35 $d$ 间距错开（主筋直径为 20 mm、22 mm、28 mm，错开距离分别大于 70 cm、77 cm、98 cm）。为了增强钢筋笼的刚度，防止在制作运输过程中发生变形，主筋与螺旋筋均进行点焊，且每两道加强箍设一道内支撑，内支撑在下放钢筋笼时割除。制作时每段钢筋笼进行编号以便按顺序吊放。

安装钢筋时，配置的钢筋级别、直径、根数和间距符合设计要求，焊接的钢筋和钢筋骨架没有变形、松脱和开焊。清除钢筋表面浮皮及铁锈。向驻地监理工程师报告钢筋质量自检结果，并办理验收手续。

钢筋笼加工时要确保主筋位置准确，并在钢筋笼外侧安装混凝土垫块来设置钢筋保护层，其间距为 2 m，径向均布 4 个。

钢筋笼制作时应标识接地钢筋，并可利用其保证钢筋笼安装时对接方位正确，现场下放钢筋笼时按设计和规范规定安装接地链接钢筋；钢筋笼安装前应复测护筒顶或承台高程，确保吊筋长度和钢筋笼顶高程准确。

对预制钢筋笼应逐段测量长度，计算总长度符合设计后，方可进行吊装，防止短笼。吊放时应按编号顺序机械连接，上下节保持垂直，安装完成后报监理检验，并填写《钢筋笼现场质量检验报告单》。

钢筋笼制作的质量要求：钢筋的品种和质量，以及焊条的牌号和性能应符合设计要求及施工有关规范的标准规定。钢筋的加工、骨架的制作应符合设计要求及有关规范的规定，详见表 2-5-4。

**表 2-5-4　钻孔桩钢筋骨架允许偏差表**

| 序　　号 | 项　　目 | 允许偏差 |
|---|---|---|
| 1 | 钢筋骨架在承台底以下长度 | ±100 mm |
| 2 | 钢筋骨架直径 | ±20 mm |
| 3 | 主钢筋间距 | ±0.5*d* mm（*d* 为钢筋直径） |
| 4 | 加强筋间距 | ±20 mm |
| 5 | 箍筋间距或螺旋筋间距 | ±20 mm |
| 6 | 钢筋骨架垂直度 | 骨架长度 1% |
| 7 | 钢筋保护层厚度 | 桩基主筋保护层为 75 mm |

④钢筋笼的存放

钢筋笼分段加工制作完成后，存放在平整、干燥的场地上，宜每隔 2 m 设置衬垫，使钢筋笼高度不小于 5 cm。

存放及运输过程中，按分节情况进行分类编号，并将钢筋笼垫高，防止钢筋骨架粘上泥土、油污及水锈污染。

钢筋骨架起吊时，吊机操作应平稳、缓慢，避免落钩时速度过快，导致钢筋笼受冲击变形。并对吊点处支撑环增“+”形或“△”形内支撑，防止吊点处骨架变形。起吊过程中不得造成钢筋笼产生残余变形。

⑤钢筋笼的安装

钻孔桩成孔检验合格后，即可开始钢筋笼的吊装施工，钢筋笼吊放采用履带吊机下放。为保证钢筋笼起吊时不变形，每节钢筋笼采用多点起吊和翻架吊装。钢筋笼下放时需严格检查钢筋笼保护层，确保其满足设计要求，如图 2-5-6 所示。

图 2-5-6　钢筋笼安装

成孔后，进行检孔，合格后，移开钻机，开始下放钢筋笼。

在钢筋笼的接长、安放过程中，始终保持骨架垂直；钢筋笼接长时每节接长应保证垂直度满足要求，接头采用直螺纹套筒接头。钢筋笼的主筋接头采用直螺纹套筒连接，下笼速度快。

吊入钢筋笼时对准孔位轻放、慢放。钢筋笼安装过程中采取有效的定位和下放措施，确保钢筋笼准确定位和防止碰撞孔壁，当下放困难时，应查明原因，不得强行下放。不得将变形的钢筋笼放入孔内。

钢筋笼下放到位后，在钢筋笼上端焊接四根 $\phi$20 mm 钢筋，其顶端做成圆环，并穿入型钢，支撑在护筒外侧，防止在混凝土灌注过程中，发生掉笼或浮笼现象。

⑥钢筋套筒直螺纹连接施工

a）准备工作

设备、工具、附件、配电装置的准备：套丝机必须平稳安放，保证工作时稳固。两种设备并排而放，机头前须搭设公用钢筋支架，将钢筋放在支架上，钢筋轴线与机头中心应在同一平面上。

套丝机须准备相应规格的环规，另备丝头保护帽、呆扳手（管钳）等。

加工现场要配备有漏电保护器的配电箱，箱内有三相五线插座和接地端子。

其他附件：冷却润滑液、梳刀等。

钢筋的准备：钢筋端面要平整，并与钢筋轴线垂直，施工时要求采用砂轮切断机切去端头。距钢筋端头 0.5 m 范围内不得有影响钢筋丝头加工质量的弯曲。

人员的准备：加工钢筋丝头班组，每台套丝机各配操作人员一名，还要有接头组接人员和辅助人员若干。操作人员和接头组接人员必须经过培训，培训合格并取得操作证后方能上岗作业。

操作人员负责丝头加工和质量自检；辅助人员负责搬运钢筋，给钢筋丝头拧上塑料保护帽或套筒；组接人员负责工位安装组接钢筋接头。

b）套丝加工

丝头加工采用套丝机。根据要加工的直径规格调试设备，试加工几个丝头检查合格后，正式批量加工。

丝头加工步骤如下：

（a）旋转主机手柄把套丝机机头退至后极限位置，使刀座收刀。

（b）将下料好的钢筋穿过虎钳穿入套丝机，使端头与套丝机机头前端面平齐后，用虎钳夹紧。

（c）按启动按钮，机器启动。待切削液流出并稳定后，旋转主机手柄向前进刀。当梳刀开始接触钢筋时进刀速度要慢一些（开始进刀过快会降低刀具使用寿命）。

（d）当梳刀在钢筋上套出两、三圈螺纹并感觉到自动进刀时，操作者可松开手柄，机头会自动跟进、切削。

（e）螺纹加工到设定长度后，机器会自动跳刀停止前进。此时再转动主操作手柄把机头退回原点位置，停机。

（f）打开虎钳取下钢筋，检查丝头合格后，戴上保护帽或套筒，至此一个试加工周期完成。

（g）钢丝头经检验合格后，应尽快套上连接套筒或塑料保护帽保护，并按规格分类存放。

c）接头组接

组接直螺纹接头时应使用管钳或专用呆扳手。

在组接时，再将钢筋丝头保护帽拆下，保证丝头清洁、无碰撞变形。

一般接头的连接，先把套筒用手（或扳手）拧在一侧钢筋丝头上，到外露一扣左右；再将另一根钢筋拧进套筒的另一端，用扳手拧紧直到设定的力矩值为止；扳手要靠近套筒两侧。

对于钢筋不能转动的场合，需要用加长丝扣型接头。加长丝头连接：把锁母、套筒依次旋入加长丝头一侧，使套筒端面与钢筋端面平齐，将待连接钢筋（带标准丝头）端面对准靠在长丝端面，反向旋转套筒旋入标准丝头一侧，两端旋入长度一致后，用扳手锁紧螺母即可。

所有形式的接头在拧紧后，钢筋外露有效螺纹不超过一圈，即合格。

d）两个钢筋笼之间的对接安装

钢筋笼成型后，钢筋不能转动，当需要将两个钢筋笼在工位接长时，只能采用旋转套筒的方式。

e）质量检验

拧紧力矩、抗拉强度检验，以同一施工条件下同批材料、同等级、同规格、同形式的每500个接头为一批，不足500个也按一批计。拧紧力矩检验每批抽检10%的接头进行校核，且不少于20个。抗拉强度检查每批抽检一次。

10. 超声波探测管安装

钻孔桩每个钢筋笼均匀安装3根$\phi$57 mm的声测钢管，作为桩基检测用。声测管的安装，除在底节钢筋笼安装时焊接在钢筋笼上外，其余各节均预先绑扎在钢筋笼内。各管路套丝后用管箍连接，顶部接长至与护筒口平齐并封闭。声测管安装垂直度容许偏差不大于0.5%，且接头处管壁过渡圆顺光滑。

下钢筋笼时要加上声测管一起下放，每节钢筋笼对接时，同步对接声测管接头，注意要将声测管内灌满水，检查接头是否漏浆；顶口用木塞塞紧，防止泥浆或砂浆进入声测管内堵塞，影响桩基检测。

11. 导管安放

钻孔桩水下混凝土灌注采用垂直导管法，导管采用$\phi$300 mm快速卡口导管（小于1 500 mm桩基的采用$\phi$250 mm直径导管）。钢筋笼安装完毕，在孔口安装灌注平台，下放钻孔桩水下混凝土灌注导管。灌注平台要能承受初灌量混凝土及料斗重量，否则可采用吊机提吊料斗，但注意在钻孔桩水下混凝土灌注时，要及时松钩，防止吊机因拔球后重量突然减轻导致原来带劲的吊机突然上抬，将导管拔出混凝土面。

钻孔桩水下混凝土灌注使用导管进行预拼，并做水密试验，试压压力为孔底静水压力的 1.5 倍，如图 2-5-7 所示。严禁使用漏水的导管。

导管内壁应光滑圆顺，内径一致。拼装时，轴线偏差不宜超过孔深的 0.5%，亦不宜大于 10 cm。导管长度根据灌注平台高程、孔底高程确定。

图 2-5-7　导管水密试验

导管预拼好后，进行编号并用油漆在导管两侧做好刻度标记，作为深度标尺。同时根据起吊高度进行分段，利用汽车吊机吊放，依次入孔，两段接头连接必须牢固，并确保水密。导管位置居于孔中，轴线顺直，稳步沉放，保证导管底口距孔底 0.25～0.4 m。

导管上口设储料斗，储料数量应满足首批混凝土入孔后，导管埋入深度不得小于 1 m。

导管下放完毕后，应上下起落试一试，确保操作机构灵活。

导管入孔后值班技术人员做好测量标记并用导管复核测量孔深。

12. 二次清孔

导管安装完毕，检查孔底沉淀情况。若摩擦桩孔底沉渣厚度大于 200 mm，柱桩孔底沉渣厚度大于 50 mm，利用水封导管采用正循环法进行二次清孔。清孔时导管需在钢筋笼内来回移动，时间不少于 30 min，直至孔底高程及沉淀厚度达到要求。

清孔完成后泥浆指标应满足如下要求：相对密度不大于 1.1，含砂率小于 2%，黏度 17～20 s。

13. 水下混凝土灌注

混凝土灌注是保证钻孔桩质量最重要、最关键的工序，施工前需认真做好各项准备工作。

桩身水下混凝土灌注采用垂直导管法，采用拔球法的方式。混凝土由项目部自有搅拌站进行供应，混凝土搅拌车运输，保证混凝土连续快速供应，产量满足灌注速度需要。桩基除 2 m 桩基的采用水下 C35 外，其余采用水下 C30，混凝土的可泵性、和易性必须满足要求，混凝土坍落度设置在（200 ± 20）mm，初凝时间为 6 h 左右，采用泵车布料。

①施工前准备工作

（a）混凝土灌注所需的工具、设备等如储料斗、导管、导管夹箍、测量混凝土面高程的测锤、测绳、泥浆三件套以及各种技术签证表格应准备妥当，同时应准备如 0.5 m、1 m 等长度的短节作为导管顶节，便于现场调整导管的顶面高程。

（b）填充导管的水密实验和接头抗拉实验。

（c）备用发电机组应试运转，状况良好，能在停电的情况下迅速投入使用。设备维修人员和配件应准备妥当。所有备用设备应保证原有设备在遇到意外事故时，混凝土生产、运输、灌注能继续。

（d）应有措施保证暴雨时混凝土能连续灌注，质量不受影响。

②混凝土采用项目部自有搅拌站

混凝土应能满足连续生产的需要，其质量应符合规范要求并经监理工程师认可。

③混凝土灌注

（a）安装导管，混凝土填充导管根据试压时的编号顺序安装，计算记录导管的实际长度以便于孔深、混凝土埋深相互复核，导管安装完毕，底口距孔底 25～40 cm。

（b）检查孔底沉淀厚度，沉淀厚度满足要求后方可进行混凝土的浇筑施工，否则应进行二次清孔。

（c）开始灌注首批混凝土时，首批混凝土储量应满足导管初次埋置深度要求。漏斗储满混凝土后，开始“拔球”灌注水下混凝土。拔球后混凝土要连续灌注，不得停顿，保证整桩在混凝土初凝前灌注完成。

（d）混凝土灌注过程中导管埋置深度要适当，要有专人测量混凝土面高程，正确计算导管在混凝土内的埋置深度，正确指挥导管的提升和拆除，保证埋置深度在 2～6 m。

（e）灌注过程中应记录混凝土灌注量及相对应的混凝土面高程，用以分析扩孔率，发现异常情况应及时报告工程师并进行处理。

（f）拔出最后一节导管时应缓慢提出，以免桩内夹入泥芯或形成空洞。

（g）灌注混凝土测深方法：测深采用重锤法，重锤制成圆锥形，锤重不宜小于 40 N，测绳用质轻、挂力强，遇水不伸缩，标有刻度的测绳如尼龙皮尺为宜。测绳应经常用钢尺校核，每根桩应在灌注前至少校核一次。探测时应仔细，并以灌入的混凝土数量校对，防止错误。

④为了保证混凝土灌注顺利进行，施工中做好下列工作：

（a）首批混凝土储量充足，一旦拔球，混凝土将连续灌注，保证整桩在混凝土初凝期内灌注完成。

（b）清除导管外一切阻碍物，以免提升时挂着钢筋笼。

（c）混凝土灌注到达钢筋笼底部时，适当放慢灌注速度，减少导管埋深，防止钢筋笼上浮。

（d）在灌注过程中始终保持水头差，控制导管在混凝土中的埋入深度，灌注时周围避免过大的振动。

（e）发生问题，及时分析原因，果断采取措施，避免发生断桩事故。

（f）在灌注过程中及时填写《水下混凝土灌注记录》。

## 四、钻孔桩施工过程风险

桩基施工过程中可能会发生物体打击、坍塌、起重伤害、机械伤害、触电等事故。

## 五、各工序安全卡控要点

### （一）基础安全卡控

1. 人员卡控

（1）作业人员需经过三级安全教育培训并考试合格，并接受第三级安全技术交底。

（2）对特种作业人员进行针对性的安全及技术交底。

（3）完成对所有高空作业人员的体检工作，严禁患有高血压、心脏病、癫痫、恐高症、严重贫血等高空作业禁忌证者从事高空作业。

（4）作业人员按要求穿戴劳动防护用品；高空作业人员需穿防滑鞋，穿戴好安全带，配合防坠器使用；特种作业人员持证上岗。

2. 机械设备卡控

（1）定期岗前培训，提高机械作业人员的技术素质和操作维修技能。

（2）保证机械作业人员的相对稳定，使各个环节责任明确，责任到人。

（3）机械使用必须坚持“两定三包”，即定人、定机、包使用、包保管、包保养；操作人员做到“三懂四会”，即懂构造、懂原理、懂性能、会使用、会保养、会检查、会排除故障。

（4）机械作业人员必须经过技术培训，经考核合格，获得机械操作合格证后方能上机操作。

（5）交接内容有机械运转记录、完成任务和生产情况、设备技术状况、维修保养情况，以及备件、附件、工具情况等。

（6）坚持安全教育，以及日常和定期安全检查，发现不安全作业要及时制止，追查原因，及时整改，杜绝事故隐患，真正做到“安全第一”。

3. 施工用电卡控

（1）临时用电必须符合有关安全运行规程，施工用电设施设专人管理，并经培训合格持证上岗。

（2）低压架空线必须采用绝缘铜线或铝线，架空线必须设在专用电杆上，严禁架设在树杆、脚手架上。

（3）电缆线沿地面铺设时，不得采用老化脱皮的电缆线，中间接头牢固可靠保持绝缘强度；过路处穿管保护，电源端设漏电保护装置。

（4）移动的电气设备的供电线，使用橡胶套电缆。

（5）电缆线路采用“三相五线”接线方式，电气设备和电气线路必须绝缘良好。

（6）使用自备电源或与外电线路共用同一供电系统时，电气设备根据当地要求作保护接零或作保护接地，不得一部分设备作保护接零，另一部分设备作保护接地。

（7）移动式发电机供电的用电设备，其金属外壳或底座，与发电机电源的接地装置有可靠的电气连接。

（8）手持电动工具和单机回路的照明开关箱内必须装设漏电保护器，照明灯具的金属壳必须做接零保护。

（9）各种型号的电动设备按使用说明书的规定接地或接零。传动部位按设计要求安装防护装置。

（10）维修、组装和拆卸电动设备时，断电挂牌，防止其他人私接电动开关发生伤亡事故。实行“一机一箱一闸一漏”制，严禁“一闸多用”。

（11）现场的配电箱坚固、完整、严密，有门、锁和防雨装置。同一配电箱超过 3 个开关时，设总开关、熔丝及热元件，按技术规定严格选用，禁止用铁丝、铝丝、铜丝等非专用熔丝代替。

（12）室内配电盘、配电柜要有绝缘垫，并安装漏电保护装置。

（13）变压器设接地保护装置，其接地电阻不大于 4 Ω。变压器设护栏，设门加锁，专人负责，近旁悬挂“高压危险、请勿靠近”的警示牌。

（14）施工现场临时用电要定期进行检查，防雷保护、接地保护、变压器及绝缘强度，每季测定一次，固定用电场所每月检查一次，移动式电动设备、潮湿环境和水下电气设备每天检查一次。对检查不合格的线路、设备及时予以维修或更换，严禁带故障运行。

（15）施工机械经过高压线底下时，要注意限高，不得超过规定高度。

### （二）起重作业卡控

（1）起重机械操作人员和车辆驾驶人员，必须取得操作合格证，对机械操作人员要建立档案，专人管理。

（2）操作人员必须按照本机说明规定，严格执行工作前的检查制度和工作中观察及工作后检查保养制度。

（3）驾驶室或操作室要保持整洁，严禁存放易燃、易爆物品，严禁酒后操作机械，严禁机械带病运转或超负荷运转。

（4）起重设备在施工现场停放时，选择安全的停放地点，夜间设有专人看管。

（5）严禁对运转中的机械设备进行维修、保养、调整等作业。

（6）起重机械作业指挥人员，必须站在可以瞭望的安全地点，并明确指挥联络信号。

（7）定期组织机械安全大检查，对检查中查出的安全问题，严格调查处理，并制定防范措施，防止机械事故的发生。

（8）6 级以上大风，禁止进行起重作业。

（9）使用的钢丝绳，在运转中严禁用手套或其他物件接触钢丝绳，用钢丝绳拖、拉机械或重物时，人员远离钢丝绳。

**（三）护筒埋设安全卡控**

（1）护筒摆放平稳，防止滑动伤人。

（2）安排专人指挥，确保起吊设备满足钢护筒吊重、吊高要求，避免出现机械伤害。

（3）作业人员、特种作业人员、特种设备操作人员经培训交底后才能上岗，不违反法律规定及相关制度要求。

（4）吊机选用满足要求的钢丝绳、吊具，避免出现物体打击事故。

（5）现场基础处理满足施工设备最大承载力要求，避免出现设备倾覆。

（6）安排专人指挥，确保起吊设备满足钢护筒吊重、吊高要求，避免出现机械伤害。

（7）护筒插到位后顶面设置防护网、四周设置安全警示牌，避免人员坠落。

**（四）泥浆制备安全卡控**

（1）检查维修设备时，高处及电气焊作业人员时配备相应的劳动防护用品，避免出现高处坠落、触电或烧伤。

（2）填写设备运转、维修保养记录，避免设备带病作业。

（3）安排专职指挥人员，负责吊装作业。

（4）用电设备、电缆线按 4 号墩用电平面布置图放置和使用。

（5）孔口作业时设置工作防护平台，防止人员坠落。

（6）泥浆池四周设置防护栏杆及安装安全警示标志，造浆作业及各类设备设置人员工作平台，钻孔平台设置照明设施。

**（五）钻机操作安全卡控**

（1）对钻机设备人员及特种作业人员培训交底，不违反法律规定及相关制度要求。

（2）对钻机设备关键部位（钻杆、钻架、钢丝绳、防护装置等）检查，避免出现机械伤害。

（3）钻机用电接线符合现行《施工现场临时用电安全技术规范》（JGJ 46）要求，避免触电事故发生。

（4）钻孔桩施工应配备有各类作业人员满足现场施工要求。

（5）钻孔机械及起重吊机回转范围内的各类通信设施、电力设施、水利设施有针对性防护。

## （六）检孔安全卡控

护筒顶面有可靠的防护措施，避免人员坠落护筒内。

## （七）钢筋笼制作安全卡控

1. 施工准备阶段

（1）钢筋笼制作机械及小型机具检查验收合格，张贴各种机具的安全操作规程。

（2）设计施工用电平面布置图，满足临时用电安全技术规范要求。

（3）所有人员进场后要进行“三级教育”，考试合格后才能上岗。

（4）现场安全警示标志牌和消防设施安设完善。

（5）现场照明满足施工要求。

（6）特种设备验收合格、张贴设备标志牌，特种设备操作人员及特种作业人员持证上岗。

2. 材料进场

（1）原材料堆放整齐、抄垫并有防倒、防滑移措施。

（2）安排专人指挥，确保起吊设备满足钢筋吊重要求，避免出现机械伤害。

（3）作业人员、特种作业人员、特种设备操作人员经安全技术交底后才能上岗，避免违法行为。

（4）填写特种设备维修保养记录，避免设备带病作业。

3. 半成品加工

（1）检查各类设备接线，电机防护装置是否完好。

（2）作业人员配备相应的防护用品。

（3）安排专职指挥人员，负责吊装作业。

（4）材料及设备分区放置，保证文明施工。

4. 钢筋笼制作

（1）钢筋笼制作所用设备完好，避免触电、机械伤害事故发生。

（2）龙门吊机吊装作业时，有专门司机和指挥人员，并持证上岗。

（3）钢筋笼焊接点要牢靠，防止在吊装过程中散架，发生物体打击事故。

（4）高处作业时设置可靠的作业平台。

5. 钢筋笼验收

（1）作业区所有边角料统一收集存放，保持加工区整齐，严格控制用电乱拉乱接。

（2）要有检查平台，保证能全方位检查钢筋笼。

6. 钢筋笼存放

（1）作业人员、特种作业人员、特种设备操作人员经培训交底后才能上岗，不得违反法律规定。

（2）钢筋笼吊点检查，避免发生物体打击事故。

（3）钢筋笼存放时抄垫不能少于 20 cm，并设置防滚动楔块。

（4）钢筋笼存放不能超过两层。

7. 钢筋笼运输

（1）钢筋笼吊点检查，避免发生物体打击事故。

（2）吊装作业专人指挥，操作人员需持证上岗。

（3）平板车需日常加强检查，防止车辆带病作业。

（4）平板车运输钢筋笼时，需固定钢筋笼，防止钢筋笼运输过程中滚落，砸伤作业人员。

8. 钢筋笼安装卡控

（1）作业人员、特种作业人员、特种设备操作人员经培训交底后才能上岗，不得违反法律规定。

（2）钢筋笼吊点检查，避免发生物体打击事故。

（3）选用吊机设备检查，满足钢筋笼下放要求，避免出现吊机倾覆、机械伤害事故。

（4）下放钢筋笼使用的机械设备规范用电管理，避免出现触电事故。

（5）钢筋安装人员进出钢筋笼要有可靠的进出措施，避免出现高处坠落。

### （八）导管安装安全卡控

（1）护筒顶面设置封闭式作业平台，防止导管安装人员坠落护筒内。

（2）导管应放在固定的导管架上，方便吊装及防止滚动伤人。

（3）对吊机设备检查，满足导管下放要求，避免出现吊机倾覆、机械伤害事故。

### （九）清孔安全卡控

（1）清孔所用设备完好，避免触电、机械伤害事故发生。

（2）检查各类风管、泥浆管是否良好、避免爆裂伤人。

（3）泥浆、钻渣排放系统良好，避免水质污染。

（4）护筒顶面有可能的防护措施，避免坠落护筒内。

### （十）混凝土浇筑安全卡控

（1）导管吊装设备站位与混凝土浇筑无交叉。

（2）司机持证上岗，混凝土运输车辆状况良好，警示标志清晰，避免出现车辆伤害。

（3）现场设置专人指挥（混凝土运输车辆）及专人放料，避免出现料斗伤人。

## 六、结　　语

五峰山大桥南引桥300余根桩基的顺利完成，肯定了施工中安全管控工作的先进性和必要性，同时在施工过程中各工序安全卡控要点和管理难点产生的问题，通过相应的方法改进、完善管理后得以解决。钻孔桩施工的主要安全风险在于桩基开挖过程中的塌孔和钢筋笼安装过程中的垮塌，通过详细分解各工序，并对施工过程中的细节进行管控，消除安全风险产生的源头。

# 第六章

# 主塔承台施工（钢板桩支护）安全卡控总结

## 一、主塔承台概况

### （一）承台概况

主桥主塔墩基础采用左右塔柱分离式承台（中间设系梁连接）、群桩基础形式。承台形状为圆哑铃型，由两个圆形承台和中间系梁组成，圆形承台直径 40 m、高 9.5 m，中心距 55.94 m。中间系梁宽度为 20 m，高 9.4 m。承台顶面高程 +7.0 m（系梁 +6.9 m），底面高程 –2.5 m。主桥承台高 9.5 m，分三层浇筑：第一层 4 m，第二层 3 m，第三层 2.5 m。承台采用 C35 级混凝土，配置 HRB400 级钢筋。

### （二）钢板桩围堰概况

承台围堰采用拉森Ⅵ型钢板桩。围堰轮廓尺寸为 100.22 m × 44.28 m × 24 m，其中承台区钢板桩中心分布于直径 44.28 m 的圆上，系梁区围堰外轮廓为 23.61 m × 19.72 m；整个承台部分共需钢板桩 438 根（不含改制钢板桩），单根长度为 24 m，整套钢板桩围堰总重约 1 486.3 t。围堰设计时取地面高程为 +6.5 m，钢板桩顶高程 +7.0 m，底高程 –17.0 m。围堰设计铺 20 cm 碎石 + 浇筑 50 cm 厚 C30 混凝土垫层，基坑底高程为 –3.2 m；于 +2.5 m 处设置一道圈梁及内支撑，圈梁截面采用焊接箱型梁（1 000 mm × 800 mm，板厚 30 mm 和 24 mm），对撑采用 $\phi$1 000 mm × 20 mm 钢管，材质均为 Q345B，如图 2-6-1 所示。

## 二、资源配置

主桥承台施工过程中使用的设备主要有振动锤、（长臂）挖机、门吊、履带吊机、搅拌车、汽车泵、平板车、气割设备、电焊机、水泵等。

## 三、工序流程

施工准备→钢板桩插打→基坑开挖（第一次）→（钢结构）圈梁及内支撑安装→基坑开挖（第二次）→桩头处理→浇筑垫层→测量放线→钢筋安装（第一层）→模板安装（第一层）→混凝土浇筑（第一层）→养护→模板拆除（第一层）基坑回填（第一次）→（混凝土）圈梁浇筑→（钢结构）圈梁及内支撑拆除→钢筋安装（第二层）→模板安装（第二、三层）→

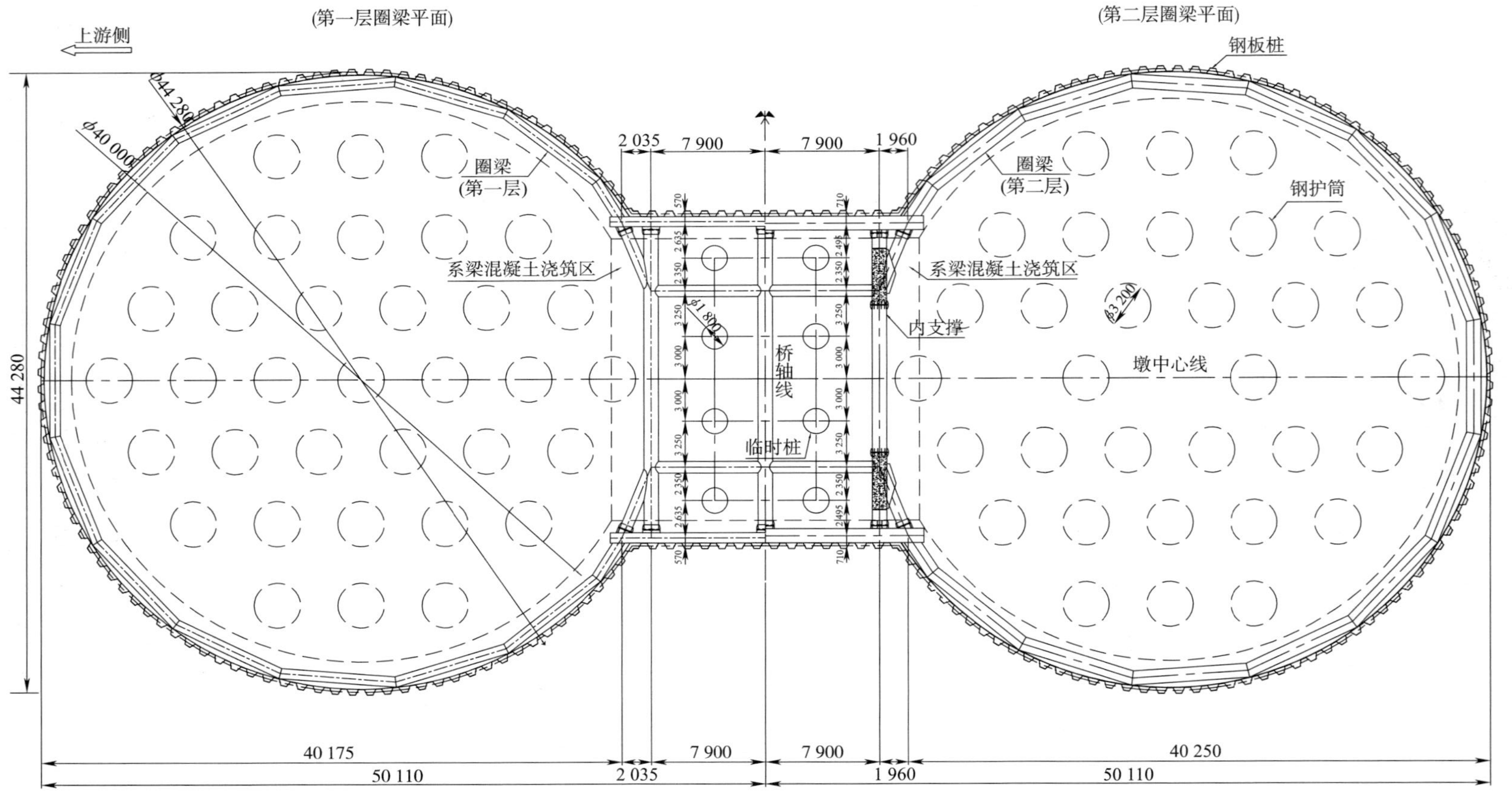


图 2-6-1 主塔墩承台钢板桩围堰平面布置图(单位：mm)

混凝土浇筑（第二层）→钢筋安装（第三层）→模板安装（第三层）→混凝土浇筑（第三层）→模板拆除（第二、三层）→基坑回填（第二次）→钢板桩拔除。

## 四、承台施工（钢板桩支护）过程风险

承台施工（钢板桩支护）涉及起重吊装作业、焊割作业、临时用电等，可能发生高处坠落、物体打击、机械伤害、起重伤害、触电等事故。

## 五、各工序安全卡控要点

### （一）施工准备安全卡控要点

（1）所有参与承台施工的作业人员需经过三级安全教育培训并考试合格，并接受第三级安全技术交底。

（2）对门吊操作司机、起重指挥人员、履带吊司机、汽车吊司机等特种作业人员以及搅拌车司机进行针对性的安全及技术交底。

（3）完成对所有高空作业人员的体检工作，严禁患有高血压、心脏病、癫痫、恐高症、严重贫血等高空作业禁忌证者从事高空作业。

（4）对各类设备进场进行验收及报备，确保其性能良好，手续完善，在设备醒目位置张贴安全操作规程及责任铭牌。

（5）对场地进行平整，做好场地排水，划分各功能区，必要的道路、场地需硬化，施工用电平面布置图进行专项设计，设置暗沟、接地极、电箱底座等，确保电缆线敷设、配电箱布置、用电设备接线满足现行《施工现场临时用电安全技术规范》（JGJ 46）要求。

（6）设置现场安全警示、标志牌，配备消防设施。

（7）设置照明设施满足夜间施工作业要求。

### （二）钢板桩插打安全卡控要点

1. 导向架安装

钢板桩长度为 24 m，且围堰平面线型为圆哑铃形。为确保围堰平面位置的线型及钢板桩竖向垂直度，插打前先安装导向架。导向架为片段式，沿围堰中心圆周移动，每次移动后可插打 8 片钢板桩，导向架先采用直径 $\phi$30 mm 螺栓临时定位后通过型钢和钢护筒焊接固定。完成初始段钢板桩插打后，导向架和钢板桩之间互为导向沿圆周移动，如图 2-6-2 所示。

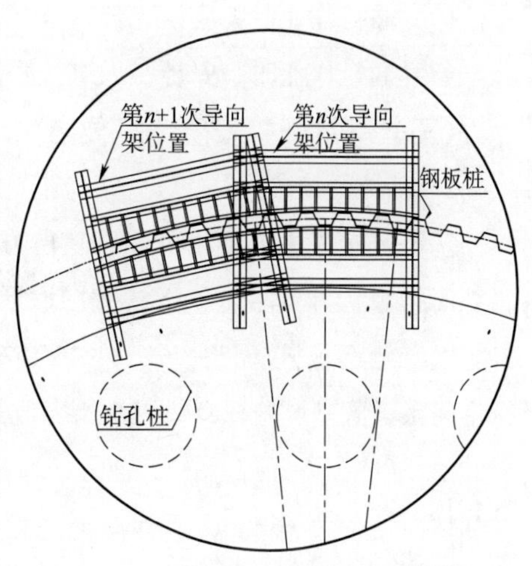


图 2-6-2 钢板桩插打导向架布置图

2. 钢板桩插打

钢板桩插打根据钻孔桩施工进度先插打下游侧，再插打上游侧。插打前在 20 cm 混凝土钻孔平台上放样出围堰中心线，然后切除中线两侧各 40 cm 范围内的混凝土地坪，挖机顺槽清理地表以下 2～3 m 范围内建筑垃圾和码头抛填防护用的片石（粒径 30～50 cm）。安装可移动式导向架，采用 YZ180 液压振动锤配合 75 t 履带吊机在导向架的导向作用下一次将 24 m 钢板桩插打到位，如图 2-6-3 所示。

图 2-6-3 钢板桩插打施工图

3. 安全卡控要点

（1）钢板桩运到工地后，应进行检查、分类、编号及登记。整修后钢板桩应符合相应的技术要求。

（2）插打钢板桩围堰前，应对打桩机具进行全面检查，确保其性能良好。

（3）钢板桩起吊前，钢板桩凹槽部位应清扫干净，锁口应先进行修整或试插。

（4）打桩机应由专人操作。钢板桩起吊，应听从信号员指挥。作业时，应在钢板桩上栓好溜绳，防止起吊后急剧摆动。吊起的钢板桩未就位前桩位附近不得站人。

（5）钢板桩插进锁口后，因锁口阻力不能插放到位而需桩锤压插时，应用打桩机控制桩锤下落行程，防止桩锤随钢板桩突然下滑。

（6）钢板桩在锤击下沉时，初始阶段应低频轻打，待下沉速度过慢时采用高频沉桩至设计高程。

（7）插打作业时，应设置警戒区域，钢板桩辐射范围内严禁人员进入。

（8）插打作业时，安排专人进行测量盯控，及时纠偏。

## （三）基坑开挖安全卡控要点

1. 基坑开挖顺序

基坑开挖采用上下游分步开挖的方式，下游侧钢板桩插打完成后，在系梁中间部位设置临时钢板桩和支撑，使下游侧围堰形成闭合结构，进行开挖，同步上游进行钢板桩的插打。上游侧钢板桩插打完成，内支撑安装完成后进行上游的开挖，上下游垫层浇筑完成进行中间系梁区基坑开挖，垫层浇筑完成拆除中间系梁临时钢板桩。

2. 基坑土方开挖

地面高程为 +6.5 m，设计基坑底为 –3.2 m，基坑总开挖深度达到 9.7 m，以内支撑安装为分层、分块界线。

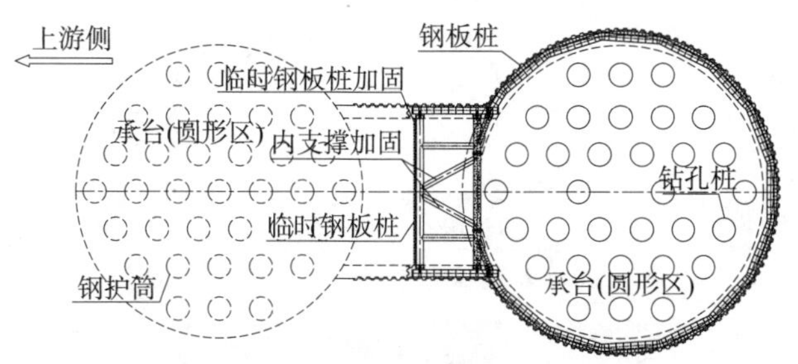


图 2-6-4 下游侧开挖围堰平面布置图

基坑开挖至 +1.5 m 时进行内支撑安装，该阶段基坑开挖深度 5.0 m；内支撑安装后，继续开挖 4.7 m。基坑内平面分为四个区进行开挖，各分区开挖土方均采用从围堰中部向围堰周边翻运的方案，利用围堰外侧的挖机将土方装车出运。

3. 安全卡控要点

（1）基坑开挖前，清理围堰范围内及周边的场地。

（2）严格按照方案要求的方式进行开挖（即采用竖向分层、横向分块的开挖方式），基坑开挖以内支撑安装为分层、分块界限。

（3）基坑开挖遵循对称、均衡的原则。

（4）控制一次开挖深度，及时安装内支撑及圈梁，并布设上下通道，通道数量不得少于两条。

（5）合理规划土方外运车辆行车路线。

（6）沿围堰适当距离设置汇水沟，并设置集水井，及时抽排积水。钢板桩锁口如出现漏水，应及时采取措施进行止水。

（7）基坑开挖过程中，在围堰顶部沿钢板桩围堰周边布置和圈梁及内支撑顶面共布置监测点，对基坑支护结构进行监测工作。基坑监测报警值由监测项目的累计变化量和变化速率共同控制，监测值超出警戒值时，及时撤出人员、设备，组织人员查明原因并研究应对措施。

（8）在钢板桩围堰周边撒白灰对围堰周围地表裂缝进行观测。

## （四）（钢结构）圈梁及内支撑安装

1. 圈梁及内支撑制作

围堰于 +2.5 m 高程处设置一道圈梁及内支撑，圈梁截面采用焊接箱型梁（1 000 mm × 800 mm，板厚 30 mm 和 24 mm），对撑采用 $\phi$1 000 mm × 20 mm 钢管。圈梁及内支撑由专业钢结构加工厂进行加工，经平板车运输至墩位处拼装。

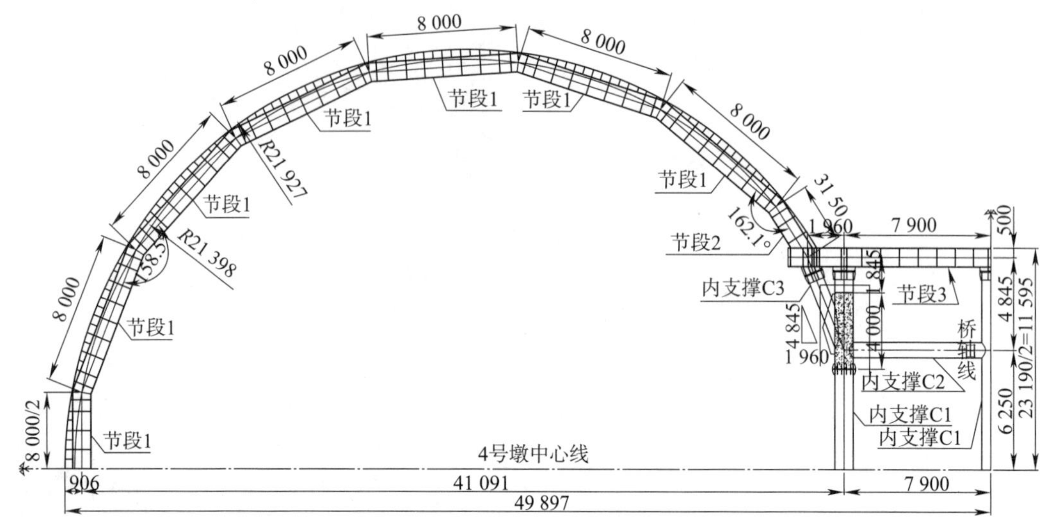


**图 2-6-5 圈梁及内支撑平面布置图**（单位：mm）

2. 圈梁与内支撑安装

基坑开挖至内支撑设计高程以下 1.0 m 位置处，开始安装围堰圈梁及内支撑。为减少基坑内圈梁安装作业时间，将圈梁的三个相邻节段（圆形区域）先拼接成一个大节段（总长 24 m/19 m、总重约 28 t/21 t）。按照设计图纸位置在钢板桩上测量放样出牛腿位置，采用 100 t 龙门吊机将拼接完成的大节段吊放在牛腿上对位、焊接。

为便于现场拼装焊接操作，加工时圈梁各节段间接头一侧腹板暂不加工，现场对接时，先焊接顶板、底面腹板及底板的坡口焊，最后安装顶面腹板（现场根据接头实际尺寸裁切）。

系梁区圈梁安装就位后安装对撑钢管，整个内支撑体系安装完成后将钢板桩与内支撑之间采用型钢抄垫。

3. 安全卡控要点

（1）圈梁加工时，各节段之间连接均按设计要求在厂内开好坡口，拼装时现场焊接。

（2）圈梁节段加工完成后应在加工厂内进行预拼，确保各节段接头匹配、对撑钢管法兰螺栓孔匹配，并对其进行编号。

（3）基坑开挖至一定高程后，及时安装内支撑及圈梁。

（4）为减少基坑内圈梁安装作业时间，将圈梁的三个相邻节段（圆形区域）先拼接成一个大节段进行安装，如图 2-6-6 所示。

**图 2-6-6 3 m×8 m 大节段拼装施工图**

（5）圈梁牛腿安装位置应准确、高程一致。

（6）对吊装圈梁用的吊耳焊缝进行检查验收，确保吊耳材料合格、吊耳位置准确、焊接质量合格。

（7）圈梁安装采用两点起吊，钢丝绳夹角在 45°～60°。

（8）为保证圈梁拼接质量及便于拼装焊接操作，圈梁各节段间接头一侧腹板暂不加工，在现场采用坡口焊进行连接。

（9）系梁区圈梁安装就位后及时安装对撑钢管，整个内支撑体系安装完成后将钢板桩与内支撑之间采用砂浆填充密实（采用竹胶板做底模并利用基坑内土方支承底模），使得内支撑体系承担钢板桩传递的土体侧压力。

（10）圈梁及内支撑安装完成后，对圈梁及内支撑安装质量进行检查验收，合格后方可进入下一道工序。

### （五）桩头处理安全卡控要点

1. 桩头处理

钢护筒按照开挖出来的深度分次割除，每次割除高度约 2.5 m（质量 4.9 t）；钢护筒在设计桩顶高程位置处环向水平割开，并在竖向将钢护筒割开，利用 100 t 龙门吊机将割除后的钢护筒清理出基坑。

桩头凿除时以钢护筒割除后顶口作为桩顶高程的控制线，采用环切法确定桩头破除高程，再利用化学膨胀法破除桩头。

2. 安全卡控要点

（1）钢护筒按照内支撑安装为界限，分次进行割除，控制桩头割除高度，即控制割除桩头的质量。

（2）人工进行桩头凿除时，作业人员需佩戴护目镜、口罩等防护用品。

### （六）钢筋安装安全卡控要点

1. 钢筋安装

钢筋在专用钢筋加工车间内加工成半成品后，利用平板车运输至 4 号墩墩位，采用 250 t 履带吊机吊运至承台围堰内进行人工绑扎成型。

钢筋安装时需布置必要的钢筋架立支架，以保证钢筋安装的位置准确。钢筋绑扎过程中及成形后钢筋骨架具有一定的刚度，钢筋支架利用承台架立钢筋骨架及部分新增钢筋制作，如图 2-6-7 所示。

2. 安全卡控要点

（1）现场根据不同规格、型号的钢筋设置钢筋存放处，并设置标志牌，钢筋存放需上盖下垫。

（2）钢筋安装时设置强度足够的钢筋架立支架。

图 2-6-7 承台钢筋安装

（3）平面钢筋上铺设脚手板，作为钢筋绑扎施工的操作平台。

（4）钢筋转运至绑扎作业面时，不得集中堆载，经常性检查吊索具磨损情况，及时更换。

（5）钢筋绑扎，作业人员尽量分散开，不扎堆作业。

### （七）模板安装安全卡控要点

1. 模板结构及分块

承台模板采用 106 系，面板采用 6 mm 钢板、竖肋采用［10 槽钢、背肋采用［16 槽钢。各模板之间通过竖向和横向法兰连接，横、竖向法兰边框采用厚度为 12 mm 钢板，配 M20 螺栓，间距 30 cm。在螺栓连接处所有竖边框螺栓孔之间均加焊 90 mm × 90 mm 三角板。

圆形承台处采用弧形模板，单块模板弧长 3 m，模板高度为 3 m 或 1.5 m，单块模板宽 3.0 m。系梁处采用平模板，圆形承台和系梁模板过渡处采用特制异形模板连接。

2. 模板安装

承台模板分三次安装，第一层承台采用（3+1.5）m 模板，混凝土高度 4.0 m，模板顶面高出承台 50 cm 作为混凝土浇筑完成后蓄水养护挡水结构。第一层承台施工完成后，拆除（3+1.5）m 模板，第一层承台与钢板桩围堰之间的空隙进行吹沙回填，在填砂顶面浇筑 50 cm 厚 C30 混凝土圈梁，在圈梁顶面安装（3+1.5）m。第三层钢筋绑扎完成后安装顶部 1.5 m 模板。

承台模板采用无拉杆形式，利用双排钢管支架将模板支撑在围堰内壁上。支撑采用 $\phi$48 mm × 3.5 mm 扣件式钢管，横向间距 1.08 m，竖向最大间距 0.8 m。钢管上部配置可调撑托，下部配置可调底座。

模板采用履带吊机分块吊装，第一、二层（3+1.5）m 模板连接成整体后一起吊装到位，第三层 1.5 m 模板单独吊装到位。模板利用法兰螺栓连接。模板拼装从承台上游、下游中心线处往两侧推进，在中间系梁处合龙。

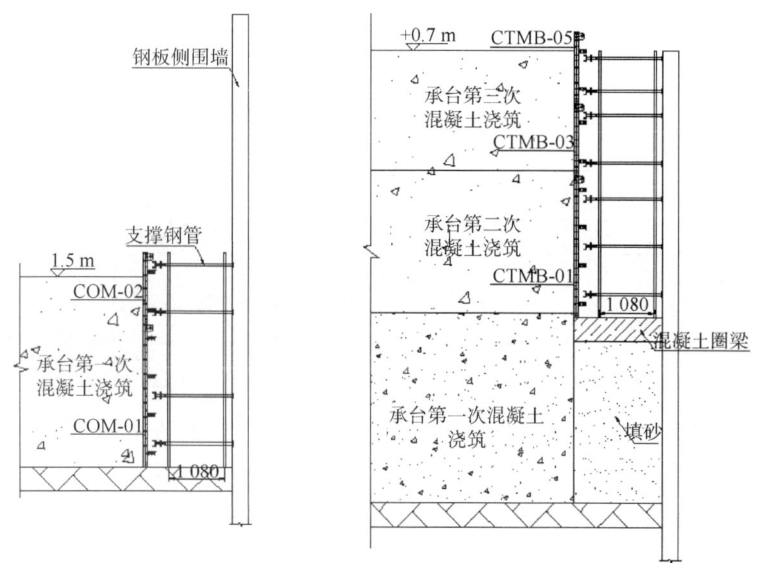


图 2-6-8 承台混凝土浇筑模板支撑图（单位：mm）

3. 安全卡控要点

（1）模板安装前对其进行检查验收，模板结构是否与方案一致，吊耳材质、吊耳连接方式及连接质量是否满足设计要求。

（2）模板现场存放时，不得堆积过高，防止侧滑或倾覆。

（3）模板吊装进行就位时，模板下方不得站人，待模板接近安装位置后，再进行人工辅助安装。

（4）基准模板安装到位后，及时用钢管支架将模板支撑在围堰内壁上进行固定。后续模板安装到位后，及时与前一块模板临时进行连接并固定。

（5）高空作业时，需搭设安全可靠的作业平台，平台上不得集中堆载。

（6）模板拼装严格按照方案规定的顺序进行。

（7）遇有 6 级及以上大风时，停止大面积模板的吊装作业。

## （八）混凝土浇筑安全卡控要点

1. 混凝土浇筑

承台混凝土由岸上混凝土工厂供应，混凝土由搅拌车运输至汽车泵处，由汽车泵向围堰内进行布料。

由于承台面积较大，混凝土浇筑按照水平分段、斜向分层的原则进行。承台浇筑分为 3 层，由承台下游向上游方向推进。分层厚度控制在 30 cm 左右，上下层混凝土相距 2 m，以保持混凝土稳定和错开接缝，如图 2-6-9 所示。

第三次混凝土浇筑完成，对塔座范围外承台面收浆，对塔座范围内的承台面进行拉毛处理。然后对承台进行蓄水养护，待承台温度稳定并养护一定时间后拆除模板，回填基坑，拔出钢板桩，进入下一道工序施工。

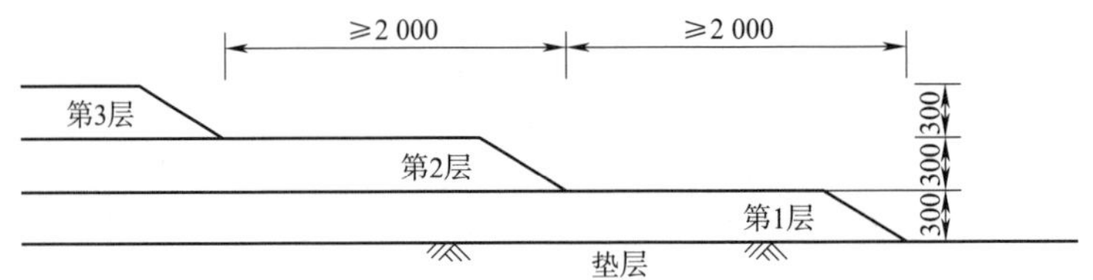


**图 2-6-9 承台混凝土浇筑分层示意图**（单位：mm）

2. 安全卡控要点

（1）提前规划泵车站位及混凝土罐车运输线路，对沿线道路的承载力进行检查。

（2）严格按照方案设计的浇筑顺序进行浇筑。

（3）震动棒等电气设备接线严格按照现行《施工现场临时用电安全技术规范》（JGJ 46）进行接电。

（4）混凝土泵车进场后，需组织人员对其性能进行检查，尤其是液压系统、混凝土输送管等，确保其性能良好。

（5）混凝土泵车软管不得随意接长，开始或停止泵送时，软管末端不得站人。

（6）钢筋顶面铺设脚手板作为走道，避免施工人员踩在钢筋上导致钢筋下塌变形及滑跌危险。

（7）混凝土浇筑过程中，应安排专人对模板进行检查，防止漏浆、爆模等事件发生。

（8）夜间施工应有足够的照明。

## 六、结　　语

承台（钢板桩支护）施工涉及深基坑开挖、钢板桩支撑结构施工等关键工序，因此方案的选择对风险控制尤为重要。针对超大体积承台施工必须做到严格按方案施工，施工过程中加强对结构体系监控量测；针对每道工序进行过程把控，对每道工序采取工作清单责任矩阵工作法进行人员管控，可以有效防范事故的发生。

# 第七章
# 4号主塔施工安全卡控总结

## 一、4号墩主塔工程概况

五峰山大桥4号墩主塔为“H”形钢筋混凝土框架结构，塔柱全高（从塔座顶面至鞍座底）179.5 m，分别由上、中、下塔柱及上横梁、下横梁、塔顶鞍罩房等部分组成，如图2-7-1所示。

下塔柱高41 m，中塔柱高116.5 m，上塔柱高22 m，塔柱横桥向等宽9 m，顺桥向宽11～15.662 m。下塔柱、中塔柱采用单箱单室截面，上塔柱采用矩形截面，上塔柱与上横梁对应处开1.8 m×1.0 m进人孔，在鞍座底部设置有8.0 m厚的实体段。

桥塔上、下横梁均为预应力混凝土结构。下横梁为单箱双室截面，高13 m，横桥向长43.8 m，顺桥向顶面宽11 m、底面宽12 m，顶、底板厚度为1 m，腹板厚度为0.8 m，设置两道1 m厚隔墙。下横梁顶面布置有支座垫石及阻尼器台座，顶面留有进人孔。上横梁为单箱单室结构，高度由中间10 m向两边渐变至23.2 m，横桥向长约34.4 m，顺桥向宽7.5 m，顶、底、腹板厚度均为0.8 m，顶面留有进人孔，设置2道0.5 m厚隔墙。

## 二、资源配置

4号墩主塔施工的劳动力配置详见表2-7-1，拟投入的机械设备详见表2-7-2。

表2-7-1　4号墩主塔施工劳动力配置表

| 序　号 | 职　务 | 人　数 | 负责内容 |
|---|---|---|---|
| 1 | 现场负责人 | 1 | 全面负责 |
| 2 | 技术负责人 | 1 | 技术负责 |
| 3 | 技术员 | 2 | 技术、质量监督 |
| 4 | 试验员 | 4 | 原材检验、混凝土相关工作 |
| 5 | 测量员 | 4 | 现场测量放样 |
| 6 | 质检员 | 1 | 质量检查 |
| 7 | 安全员 | 2 | 现场施工安全 |
| 8 | 调度员 | 4 | 现场生产监督协调 |
| 9 | 资料员 | 2 | 资料整理、上报、归档 |
| 10 | 钢筋工（加工） | 20 | 钢筋加工 |

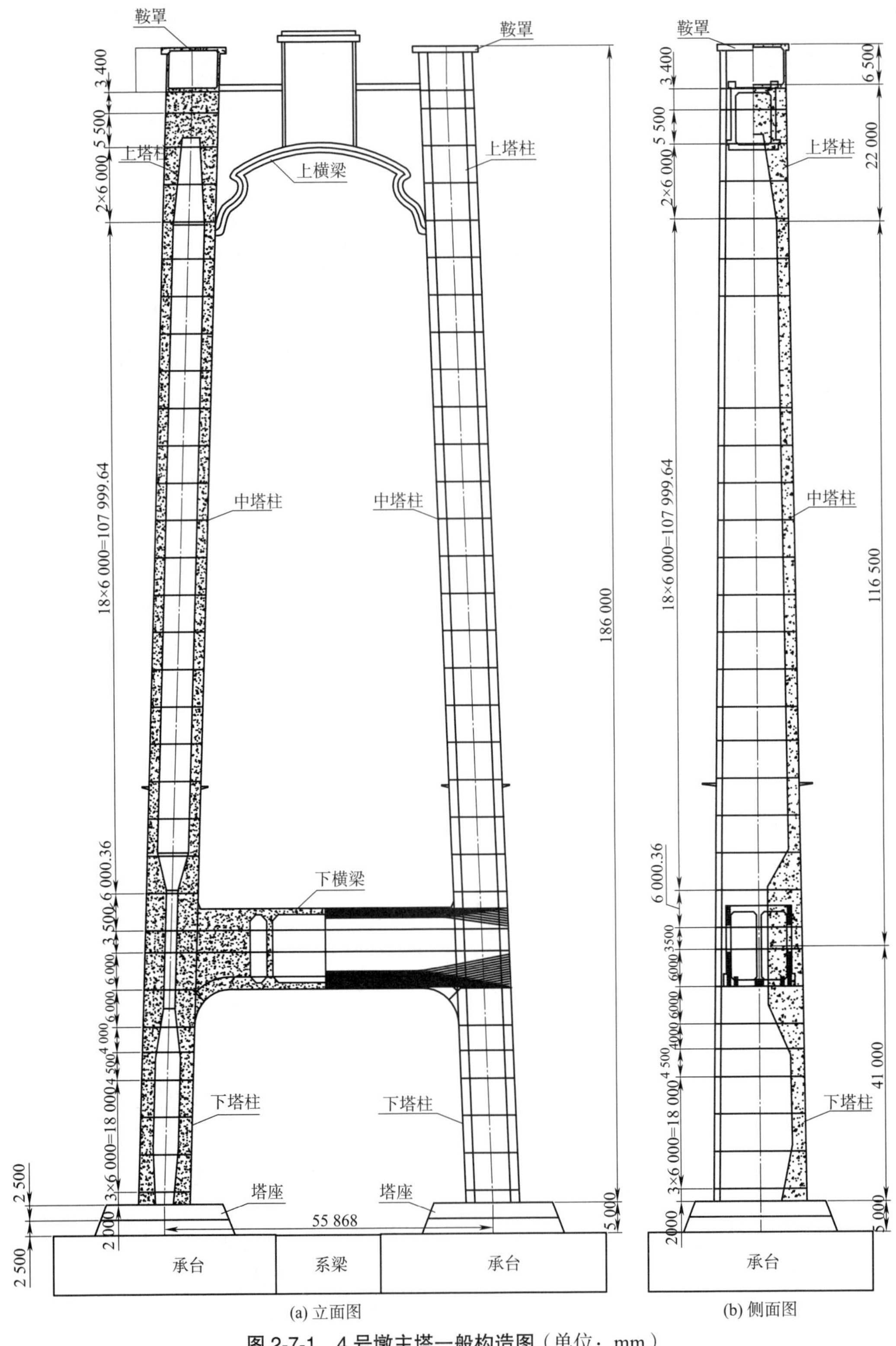


(a) 立面图

(b) 侧面图

图 2-7-1　4 号墩主塔一般构造图（单位：mm）

续上表

| 序　号 | 职　务 | 人　数 | 负责内容 |
|---|---|---|---|
| 11 | 钢筋工（安装） | 40 | 钢筋安装 |
| 12 | 混凝土工 | 20 | 混凝土浇筑 |
| 13 | 木工 | 20 | 模板 |
| 14 | 装吊工 | 5 | 吊装作业 |
| 15 | 预应力作业工班 | 8 | 预应力作业 |
| 16 | 钢结构作业工班 | 20 | 钢结构作业 |

**表 2-7-2　4 号墩主塔施工拟投入的机械设备表**

| 序　号 | 设备名称 | 规格型号 | 数　量 | 用　途 |
|---|---|---|---|---|
| 1 | 液压爬模 | ZMP-100 型 | 2 套 | 主塔节段混凝土浇筑 |
| 2 | 固定式塔吊 | TC7035B-16 | 1 台 | 主塔施工辅助吊装 |
| 3 | 固定式塔吊 | JCP7427-18 | 1 台 | 主塔施工辅助吊装 |
| 4 | 电梯 | SC200-200B-TLP | 2 台 | 主塔施工人员垂直运输 |
| 5 | 平板车 | 20 t | 2 辆 | 材料及钢筋倒运 |
| 6 | 钢筋车丝机 | — | 4 台 | 主塔钢筋车丝 |
| 7 | 钢筋加工设备 | — | 1 套 | 主塔钢筋切割及弯钩 |
| 8 | 电焊机 | — | 10 台 | 主塔钢筋绑扎焊接、劲性骨架焊接 |
| 9 | 混凝土搅拌站 | HZS180 | 2 套 | 混凝土生产 |
| 10 | 装载机 | LG850 | 2 台 | 混凝土搅拌站砂石料倒运 |
| 11 | 汽车泵 | 中联 46 m | 1 台 | 下塔柱前 4 节混凝土浇筑 |
| 12 | 地泵 | HBT80C | 2 台 | 主塔混凝土浇筑 |
| 13 | 混凝土运输车 | 9 $m^3$ | 5 台 | 混凝土运输 |
| 14 | 张拉千斤顶 | YCM450 | 5 台 | 横梁预应力张拉 |
| 15 | 油泵 | ZB4-500 | 5 台 | 横梁预应力张拉 |
| 16 | 卷扬机 | 8 t | 2 台 | 上横梁支架安装 |
| 17 | 滑车组 | 走 4 | 2 套 | 上横梁支架安装 |
| 18 | 履带吊 | 100 t | 1 台 | 辅助支架拆除 |
| 19 | 连续液压千斤顶 | 150 t | 4 台 | 支架整体下放拆除 |
| 20 | 真空压浆设备 | — | 1 套 | 预应力孔道压浆 |
| 21 | 测量仪器 | 综合 | 1 套 | 主塔施工测量放样 |
| 22 | 试验仪器 | 综合 | 1 套 | 主塔施工试验检验 |
| 23 | 变压器 | 1 000 kV·A | 1 台 | 施工用电 |

续上表

| 序　　号 | 设备名称 | 规格型号 | 数　　量 | 用　　途 |
|---|---|---|---|---|
| 24 | 发电机 | 250 kW | 1 台 | 备用电源 |
| 25 | 分料器 | — | 2 套 | 混凝土浇筑 |
| 26 | 振捣棒 | 70 | 12 台 | 混凝土振捣 |

## 三、工序流程

### （一）总体方案

根据主塔结构形式，塔柱采用液压自爬模施工，下横梁与塔柱采用同步施工，上横梁与塔柱采用异步法施工。

主塔采用 H 形桥塔，塔身共分为 32 节段，标准节段高度为 6 m。下塔柱 2 m 高范围与塔座浇筑同时施工，完成塔柱起步段后采用液压爬模施工后续塔柱。爬模系统在各个塔柱面配置独立的液压驱动系统可实现分别爬升，模板表面处理、安装就位、调整及固定均可由系统自身完成。

下横梁高 13 m，采用落地支架施工，与主塔同步施工。上横梁采用牛腿 + 支架施工，与主塔异步施工。

主塔施工材料、设备的垂直运输由墩旁 2 台固定式塔吊负责，人员前期通过墩旁步梯上下作业面，后期人员垂直运输由墩旁 2 台电梯负责。主塔混凝土输送前期采用 1 台汽车泵负责，后期采用 2 台混凝土输送泵供应。

### （二）主塔施工工序流程

（1）安装塔柱伸入承台及塔座内劲性骨架和钢筋以及塔吊电梯预埋件。

（2）塔座及塔柱底节 2 m 施工完成后，安装上、下游 2 台塔吊。

（3）下塔柱起步段：利用 Visa 模板和施工支架进行施工。

（4）拼装爬模，完成下塔柱施工（施工至第 6 节）。

（5）下塔柱第 7 节施工：下塔柱第 6 节施工完成后，液压爬模爬升至第 7 节，拆除塔柱横桥向内侧大面模板及架体，同步安装下横梁支架，铺设横梁底模并安装部分侧模，绑扎钢筋，浇筑塔柱第 7 节混凝土。

（6）下横梁施工：采用落地支架法施工，且与同高度塔柱同步施工；绑扎底板钢筋，立内模，再绑扎腹板及顶板钢筋，立侧模，下横梁分三次与塔柱同步完成混凝土浇筑，随后进行预应力施工。

（7）中塔柱：中塔柱起始两个阶段（第 9、10 节段）与下横梁同步施工，第 11 节段开始采用液压爬模逐节段施工，其中第 11 节段内侧（下横梁侧）爬模需搭设支架施工（同下塔柱起步节段施工方法），第 13 节段开始正常的爬模循环爬升施工，根据设计步骤逐道安装对顶横撑直至中塔柱施工完成（第28节段）。

（8）上塔柱：利用液压爬模逐节段施工上塔柱（第29～32节段）。

（9）上横梁：采用空中支架法施工，且与同高度塔柱异步施工，在施工完塔柱第32节段后，开始施工上横梁。利用塔吊安装上横梁支架及模板系统，分四次浇筑混凝土，随后进行预应力施工。

（10）塔顶鞍罩：主桥钢梁架设完成后进行塔顶鞍罩施工，鞍罩为钢筋混凝土结构，利用上塔柱顶预埋构件搭设施工平台后进行施工。

## 四、主塔施工安全风险

主塔施工涉及高处作业、动火作业、大临设施安拆、起重吊装等作业内容，可能发生高处坠落、物体打击、火灾、触电、起重伤害、机械伤害、坍塌等事故。

## 五、各工序施工安全卡控要点

### （一）基础卡控要点

1. 人员卡控

（1）所有参与主塔施工的作业人员需经过三级安全教育培训并经考试合格，接受三级安全技术交底。

（2）对塔吊操作司机、起重指挥人员、电焊工、电工、履带吊司机、汽车吊司机等特种作业人员以及泵车司机、卷扬机司机等进行针对性的安全及技术交底。特种作业人员必须持有地方安监或质检部门颁发的特种人员操作证。

（3）完成对所有高空作业人员的体检工作，严禁患有高血压、心脏病、癫痫、恐高症、严重贫血等高空作业禁忌证者从事高空作业。

（4）作业人员按要求发放劳动防护用品。进行高空作业人员配备防滑鞋、安全带，特殊情况配合防坠器使用。

2. 设备卡控

（1）对各类设备进场进行验收及报备，确保其性能良好，手续完善。

（2）完善通信系统，保证通信畅通，各类起重吊装作业统一采用对讲机进行信号传递。

（3）各类钢丝绳经常性的检查，达到报废标准的立即报废处理。

（4）做好爬模系统进场验收工作，做好爬锥进场及使用过程中的检验工作。

（5）特种设备必须经地方特种设备检验单位验收并发放使用登记证和检验合格证后才能使用，并按照国家特种设备安全法等有关规定进行定期复检。

主塔施工过程中涉及的人员、机械等要素，其安全管理卡控要点类似，以下各工序中将不再赘述。

### （二）劲性骨架安装安全卡控要点

（1）根据劲性骨架重量选用合适的钢丝绳采用四点吊装，钢丝绳与劲性骨架棱角处进行抄垫或包裹，防止钢丝绳被割伤。

（2）劲性骨架在地面放置时完成吊装到位后人员上下的专用通道和作业平台，以便摘钩及后续钢筋绑扎作业。

（3）6 级及以上大风、雷雨等恶劣天气，应停止劲性骨架吊装作业，已安装的骨架应及时设置缆风绳与爬模架体进行加固。

### （三）钢筋绑扎及预埋件安装安全卡控要点

（1）高度超过 2 m 处要设置人员作业平台，且平台上不得集中堆载主筋或箍筋。

（2）高处箍筋绑扎需设置专用平台，平台经验收合格后才能使用。

（3）预埋件安装前检查爬锥、高栓及预埋板是否完好，安装时需定位准确，牢固可靠，禁止对预埋件进行切割、焊接。

### （四）模板安、拆安全卡控要点

（1）模板吊装前对单块模板自身结构安全性进行检查，确保各构件间连接可靠。

（2）模板在未连接成整体时，需设置防倾覆临时固定措施，确保模板稳定。

（3）相邻两块木板间采用芯带连接，每块模板背楞上芯带销不得少于两个。

（4）内模安装时，应在塔柱内腔混凝土顶面位置设置专用平台，平台与塔柱内壁密贴，不得有空挡。

（5）保证模板拉杆钢筋与螺纹钢的焊接质量，拉杆需采用双螺帽。

（6）混凝土达到拆模规定强度后方可进行拆模作业。

（7）拆除模板时禁止使用大锤猛砸或吊机强提等方法。

（8）模板安、拆采用两点起吊，吊装钢丝绳夹角控制在 45° ～ 60° 之间。

（9）6 级及以上大风、夜间等作业环境严禁进行模板安、拆作业。

### （五）液压爬模作业安全卡控要点

1. 总体要求

（1）液压爬模系统进场后，相关部门对其进行进场验收。

（2）爬模安装后，由厂家技术人员进行电气系统连接、调试。随后组织相关单位对液压爬模作为工装设备进行联合检查验收，验收合格完成签字确认手续后方能使用。

（3）爬模操作平台上的消防器材、消防水箱等随爬模施工同步设置。

（4）制定爬模使用管理制度，严格落实爬模爬升前、中、后检查签证手续。

（5）针对爬模各层平台设置材料、设备、气瓶及废料堆放区域，严禁随意摆放，同时对各层平台限载重量进行明确标识。

2. 液压爬模导轨爬升安全卡控

（1）导轨爬升前，对附墙座和附墙挂座进行检查，确保附墙座钢板与塔柱密贴，附墙挂座与附墙座固定牢靠（附墙挂座限位螺栓应伸到附墙座凹槽内，防止挂座左右晃动），如图 2-7-2 所示。

图 2-7-2　附墙座与塔柱密贴

（2）导轨爬升到离附墙挂座 10 cm 处，暂停液压系统，使导轨与附墙挂座对准后再启动继续爬升。

（3）导轨承重舌爬过附墙挂座承重块后暂停液压系统，调整换向盒内装置，启动液压系统，使导轨回落至导轨承重舌完全卡在附墙挂座承重块上，随后及时关闭液压系统、阀门及电源。

（4）调整导轨尾撑，确保尾撑垂直支撑在混凝土面上。

3. 爬模架体爬升过程安全卡控

（1）确认混凝土达到要求强度后方可下令爬升。

（2）检查确认架体上方无障碍物。爬升作业前将各层平台杂物清理干净，防止在爬升过程中产生落物。

（3）拆除各平台转角处栏杆以及跳板，放置稳固，不得随意丢放。

（4）架体整体爬升，由总指挥统一指挥，所有操作人员均使用对讲机进行联系。

（5）架体每爬升一个行程后，棘爪正常进入轨梯挡后，由操作人员报告行程已走完。

（6）架体爬升过程中，安排专人确保液压油缸应同步动作，当出现不同步时，可通过调节液压阀控制油缸动作速度。当油缸产生较大偏差后，需要立即向油泵操作员和总指挥报告。

（7）架体爬升过程中，电工应随时松电缆线，确保电缆线与架体同步爬升，电缆线与架体接触处，应使用厚橡胶垫起，防止在爬升过程中，导致电缆线破损。

(8) 架体爬升到达挂钩连接座时，应及时插入承重销和安全销，并旋出架体防倾调节支腿，顶撑在混凝土结构上，使架体从爬升状态转入施工固定状态。

(9) 架体爬升到位后，操作人员应立即恢复各平台转角处的栏杆以及脚手板，脚手板应进行固定，并不得留有空挡。

(10) 严禁夜间或大风、大雨、大雪、浓雾和雷雨等恶劣天气条件下进行架体爬升作业。

4. 合模后爬模架体安全卡控

(1) 合模以后，必须立即恢复上平台、主平台的转角处栏杆以及脚手板，脚手板应固定稳妥，并不得留有空档，外侧悬挂安全网。

(2) 将主平台调节撑安装回原位，并安好插销和保险销。

(3) 液压爬模爬升完成后，要第一时间恢复所有的安全设施，插好爬模上的安全销、插销和齿轮销。严禁在未恢复完安全设施、装置时进入下一步施工工序。

### (六) 混凝土施工安全卡控要点

(1) 确保混凝土泵管在塔柱表面固定牢靠，确保水平管与垂直管比例符合规范要求。

(2) 混凝土浇筑前及浇筑过程中，安排人员对所有拉杆及螺栓进行检查，同时严格控制混凝土浇筑速度，防止爆模。

(3) 辅助混凝土浇筑用的串筒、分料器应固定牢靠，设置专用通道供人员上下分料器。

(4) 混凝土凿毛设置围挡防止掉落，产生的碎渣应及时装入容器内，控制总质量满足爬模顶面平台受力要求。

### (七) 下横梁施工安全卡控要点

五峰山大桥主桥 4 号墩下横梁采用落地式钢管支架，翻模法施工。下横梁混凝土浇筑施工完成，待混凝土达到一定强度，完成预应力张拉、压浆工作后，进行下横梁支架拆除作业。为降低高空作业风险，加快支架拆除进度，逐节拆除钢管立柱及连接系后，采用连续千斤顶液压控制同步整体下放的方法，将支架下放至承台顶面进行解体。

1. 支架安装安全卡控

(1) 管桩立柱在场内采用长线法施工，确保管桩顺直及法兰间连接密实。

(2) 首个节段管桩与预埋件采用焊接连接，确保管桩垂直。

(3) 设置专用通道，供安装人员上下管桩，法兰连接处及连接系施焊处需设置专用平台，做好临边防护。

(4) 法兰连接处如有空隙需进行抄垫时，抄垫板需设置在管桩加劲板位置。

(5) 进行底模分配梁铺装前，需在支架顶满铺安全网，防止人员高处坠落。

(6) 支架安装过程中对该区域实行封闭管理，设置专人看护并拉设警戒区域。

2. 底膜系统整体下放安全卡控

(1) 底膜系统整体下放前，对支架顶部纵向及横向分配梁与底模进行焊接加固，确保焊缝质量。

（2）下放系统的扁担梁定位准确，重点检查扁担梁与横梁顶预埋件焊接质量。

（3）下放油缸安装到位后，油缸需采用“7”字形卡板与扁担梁焊接固定牢靠。

（4）根据下放高度，切割相应长度的钢绞线，保证单个油缸中钢绞线左旋、右旋各一半，相间布置。

（5）确保钢绞线平行穿束，不得出现交错或缠绕现象，

（6）安装底锚时，各锚孔中的夹片应能均匀夹紧钢绞线，底锚高差不得大于 0.5 mm。

（7）尽量选择相同长度的液压油管，保证下方系统同步性。

（8）液压油缸采用计算机控制系统控制，液压系统及控制系统安装完成后，需对系统进行调试。

（9）支架整体下放前，下方设置警戒区，安排专人盯控。下放过程中，除根据计算机控制系统控制下放同步性外，还需安排测量人员对支架同步性进行监测，如有异常，及时进行调整。

（10）大风、大雾、雷雨等恶劣天气情况下，不得进行支架整体下放工作。

### （八）上横梁施工安全卡控要点

五峰山大桥主桥 4 号墩上横梁采用空中承重架，在塔柱内侧预埋钢靴并采用精轧螺纹对拉，上部依次设置垫块、分配梁及桁架，根据上横梁下缘线型设置钢管脚手支架支撑模板系统。

上横梁支架为空中桁架结构，桁架共布置 9 片，上下弦杆、腹杆均采用型钢焊接而成。桁架上弦杆顶部铺设分配梁，上设碗口支架作为底模支撑系统。桁架下弦杆断头竖向支撑在箱型分配梁上，分配梁采用分段式设计，于塔柱横桥向中心线位置预留倒“凸”型缺口作为桁架吊装口，倒“凸”型分配梁随最后一片桁架吊装时进行安装。

上横梁共分四次浇筑成型，第三次浇筑前需对支架进行局部改造以适应上横梁装饰块下缘曲线线形。支架改造，逐片整体割除后采用 10 t 卷扬机加转向滑车进行下放。卷扬机布置于横梁顶面，采用横梁第二次浇筑时埋设的预埋件进行固定。钢丝绳通过转向轮进行转向后与桁架改造部分连接。整体架体拆除与下横梁底膜系统拆除类似，在此不再赘述。

1. 上横梁支架施工安全卡控

（1）桁架采用长线法制作，确保单片桁架各节段间现场拼接精度。

（2）钢靴安装时应在塔柱内侧钢靴预埋件下方及塔柱外侧精轧螺纹下方设置标准施工平台，作为钢靴安装焊接、压降作业及精轧螺纹安装、张拉作业平台。

（3）精轧螺纹应按照方案要求上下左右对称张拉。

（4）钢靴、钢垫块、分配梁及桁架吊装时，需采用薄钢板或橡胶垫进行抄垫，防止割伤钢丝绳。

（5）单片桁架安装时，上下游卷扬机需保持同步，同时安排测量人员对桁架进行监测，确保桁架吊装过程中水平。

（6）第一片桁架吊装到位，经测量定位且垂度调整满足要求后，桁架除与分配梁及顶部塔侧限位预埋件临时固定外，还需利用型钢将桁架上弦与塔侧预埋件做附墙连接，确保桁架稳定性。后续桁架吊装到位后底部弦杆与分配梁焊接固定，顶部采用型钢与上一片桁架临时连接，防止倾覆。

（7）桁架安装完成后，及时在桁架下方布设安全网。

（8）底模分配梁安装时，上下游塔柱间设置横桥向安全绳，供作业人员拴挂安全带。底模分配梁每安装一片，及时在分配梁间满铺脚手板，如图 2-7-3 所示。

图 2-7-3　上横梁桁架安装

2. 桁架改造安全卡控

（1）混凝土强度达到设计强度后，完成预应力张拉工作，方可进行桁架改造作业。

（2）桁架改造前需完善作业通道。

（3）按照方案要求顺序割除桁架间连接系，倒链配合将割除部分的质量转换到卷扬机滑车系统上。

3. 预应力施工安全卡控要点

（1）严格按照方案要求的顺序及程序进行张拉。

（2）因预应力采用两端同步张拉，张拉作业前技术人员应通过对讲机确认两端张拉的钢绞线为同一束。

（3）张拉时，油泵加油应均匀，不得突然加载或突然卸载。

（4）人员不得站在锚具后方或从锚具后面穿过。技术人员测量钢绞线伸长量时，应站在钢绞线侧面进行操作，严禁立于钢绞线正后方。

（5）张拉时如锚头处出现滑丝、断丝或锚具损坏时，应立即停止操作并进行检查。

## 六、结　语

在悬索桥主塔施工过程中必须超前策划，研究施工方案，通过选用自动化模板系统、专业化的作业队伍、先进的施工方法和工器具，落实安全设施“三同时”要求，为作业人员提供可靠的作业环境，主塔施工安全风险将会得到全面控制，也为优质、高效完成主塔施工任务提供安全保障。

# 第八章
# 南引桥墩身施工安全卡控总结

## 一、工程概况

新建连镇铁路五峰山大桥铁路公铁合建段总长 686.899 m，设计墩号 S1 号墩～ S18 号墩，铁路单建段总长 1 227.3 m，设计墩号 S19 号墩～ S51 号墩。

公铁合建段采用门式空心墩结构、实心墩结构、双室空心墩结构和单室空心墩结构，分别如图 2-8-1 ～图 2-8-4 所示。

铁路单建段采用单室空心墩结构和实心墩结构，如图 2-8-5 ～图 2-8-7 所示。

## 二、墩身施工资源配置

### （一）劳动力配置

南引桥墩身施工具体人员配备详见表 2-8-1。

表 2-8-1　南引桥墩身施工人员配置表

| 序　号 | 工种名称 | 序　号 | 工种名称 |
|---|---|---|---|
| 1 | 管理人员 | 7 | 质检员 |
| 2 | 技术人员 | 8 | 钢筋施工人员 |
| 3 | 测量人员 | 9 | 模板施工人员 |
| 4 | 试验人员 | 10 | 混凝土施工人员 |
| 5 | 材料员 | 11 | 电工 |
| 6 | 安全员 | | |

### （二）机械设备配置

南引桥墩身施工机械设备配备详见表 2-8-2。

表 2-8-2　南引桥公铁合建段墩身施工主要机械设备表

| 序　号 | 机械设备名称 | 型号规格 | 备　注 |
|---|---|---|---|
| 1 | 履带吊 | 50 t | 配合塔吊 |
| 2 | 汽车吊 | 25 t | |
| 3 | 振捣棒 | B50/B70 | |
| 4 | 电焊机 | BX1-500-2 | |
| 5 | 汽车 | 平板车 | |
| 6 | 汽车泵 | 37 m | |
| 7 | 地泵 | HBT100 | |
| 8 | 混凝土搅拌车 | 8 $m^3$ | |
| 9 | 发电机 | 400 kW | 备用 |
| 10 | 卷扬机 | 5 t | 拱架拆除 |

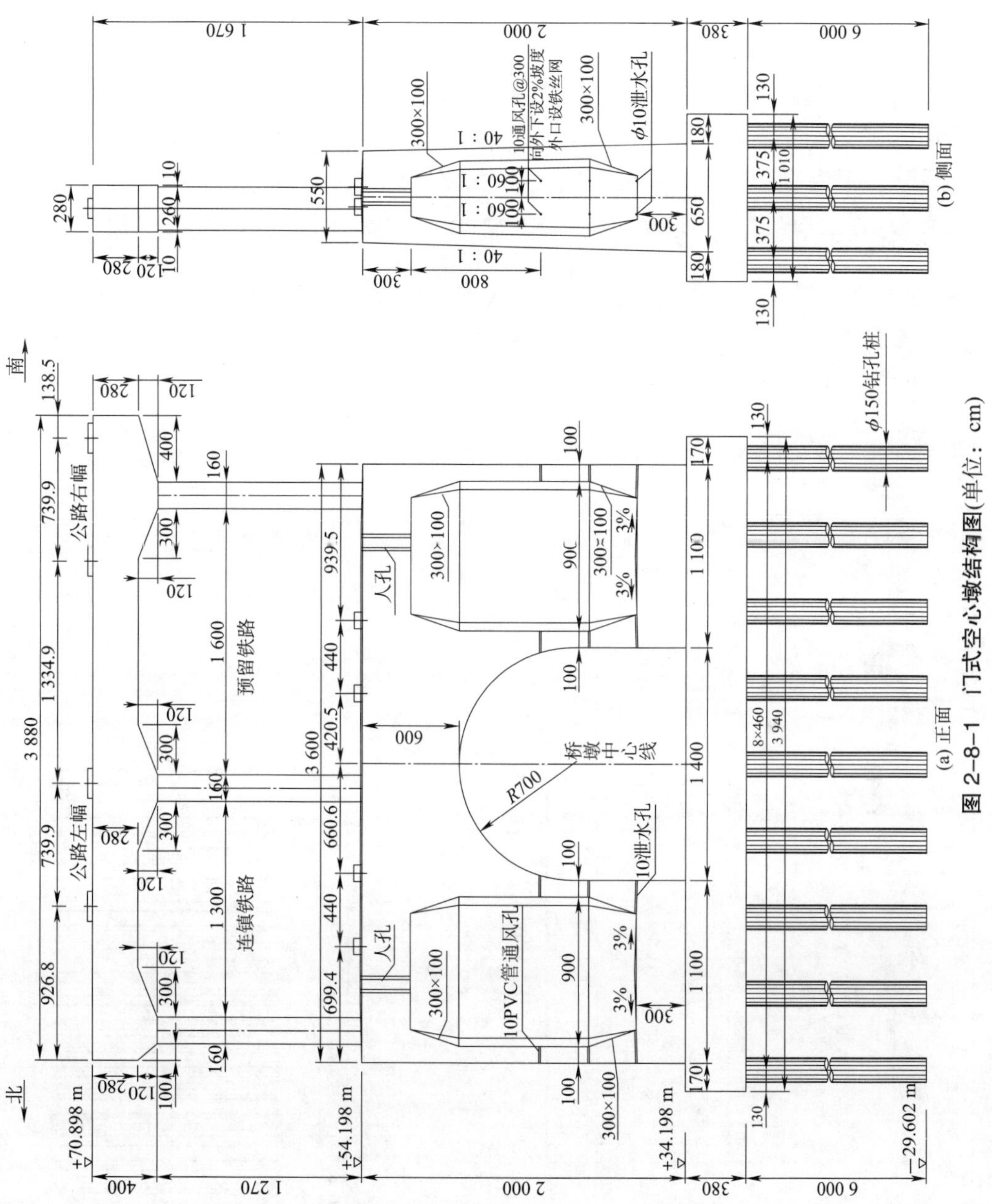


图 2-8-1　门式空心墩结构图(单位：cm)

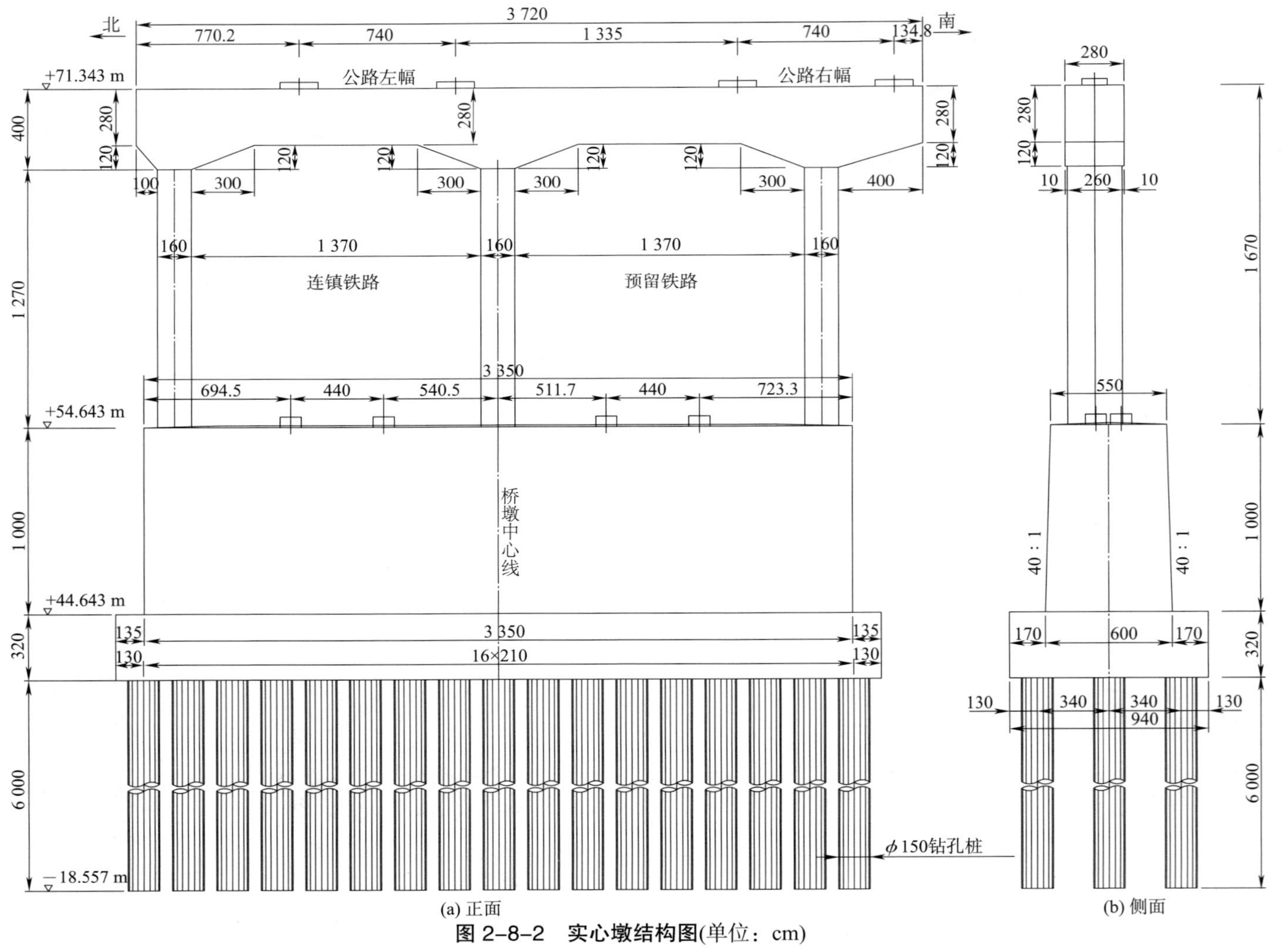


图 2-8-2　实心墩结构图(单位：cm)

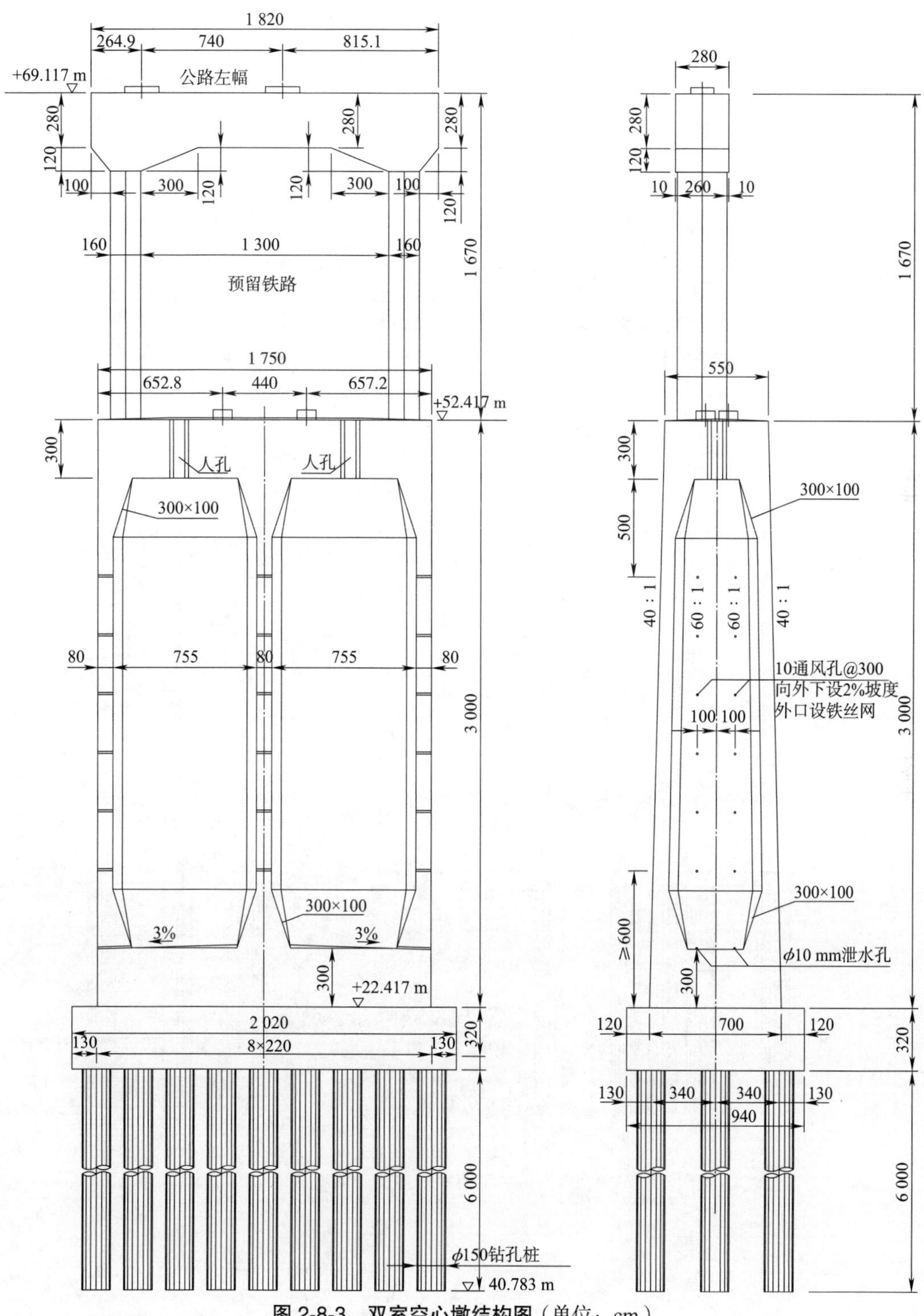


图 2-8-3 双室空心墩结构图（单位：cm）

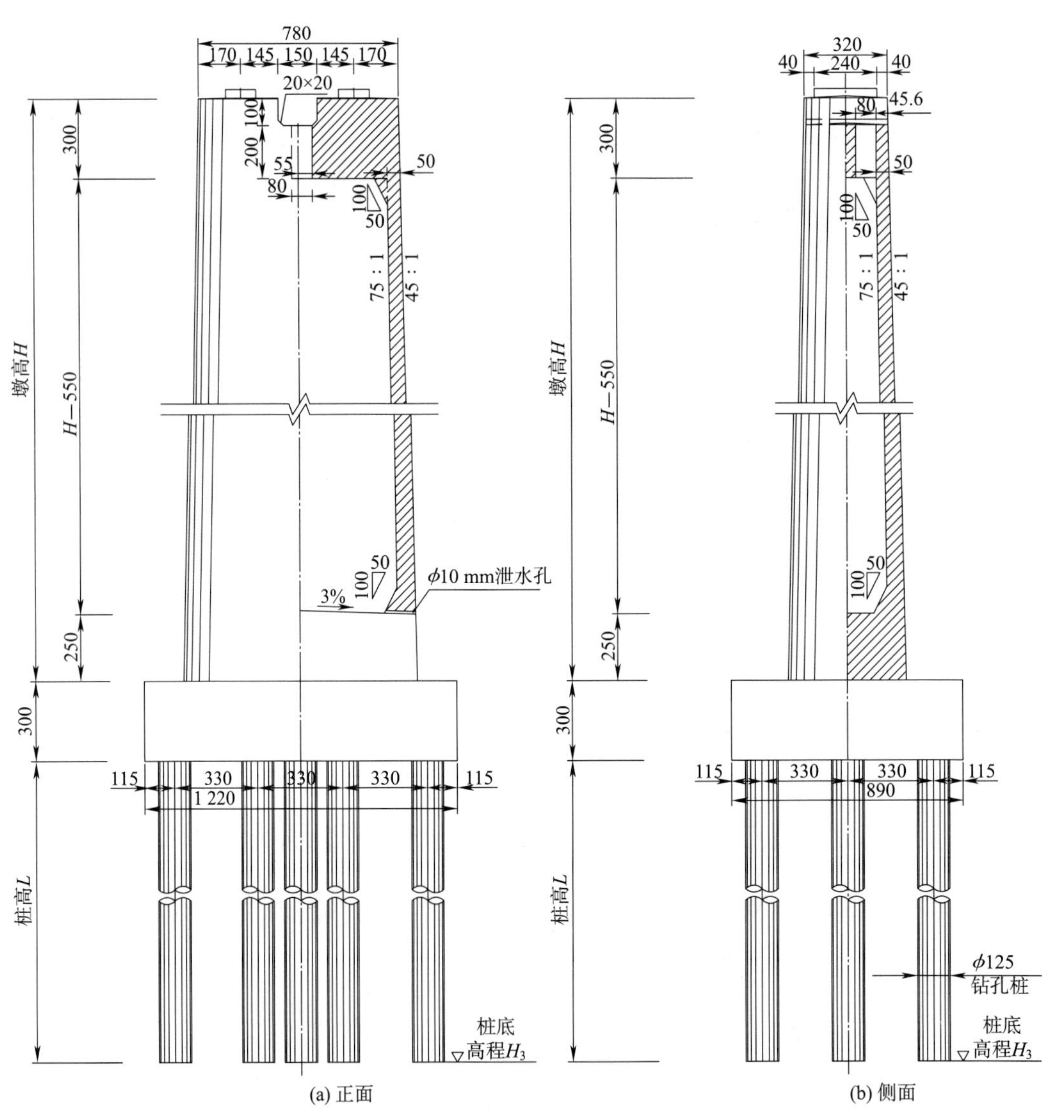


图 2-8-4 单室空心墩结构图（单位：cm）

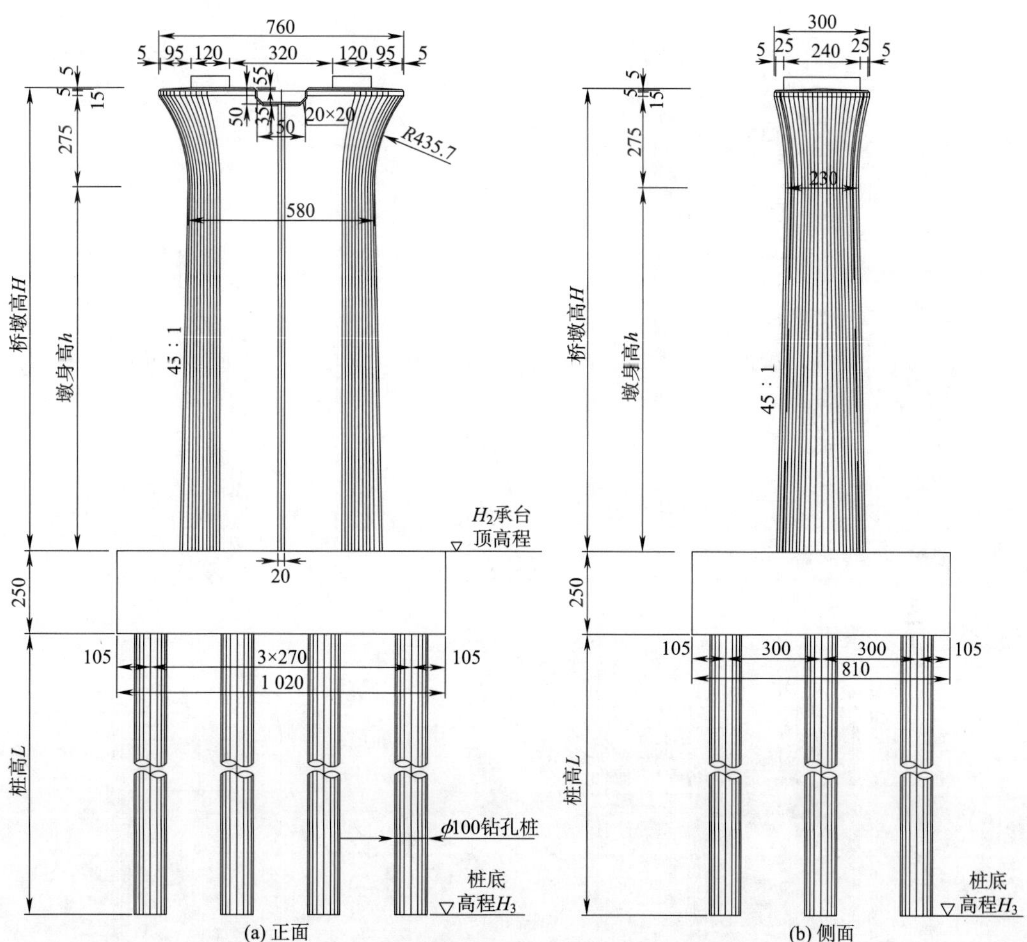


图 2-8-5　双坡圆端形带墩帽实体墩结构图（单位：cm）

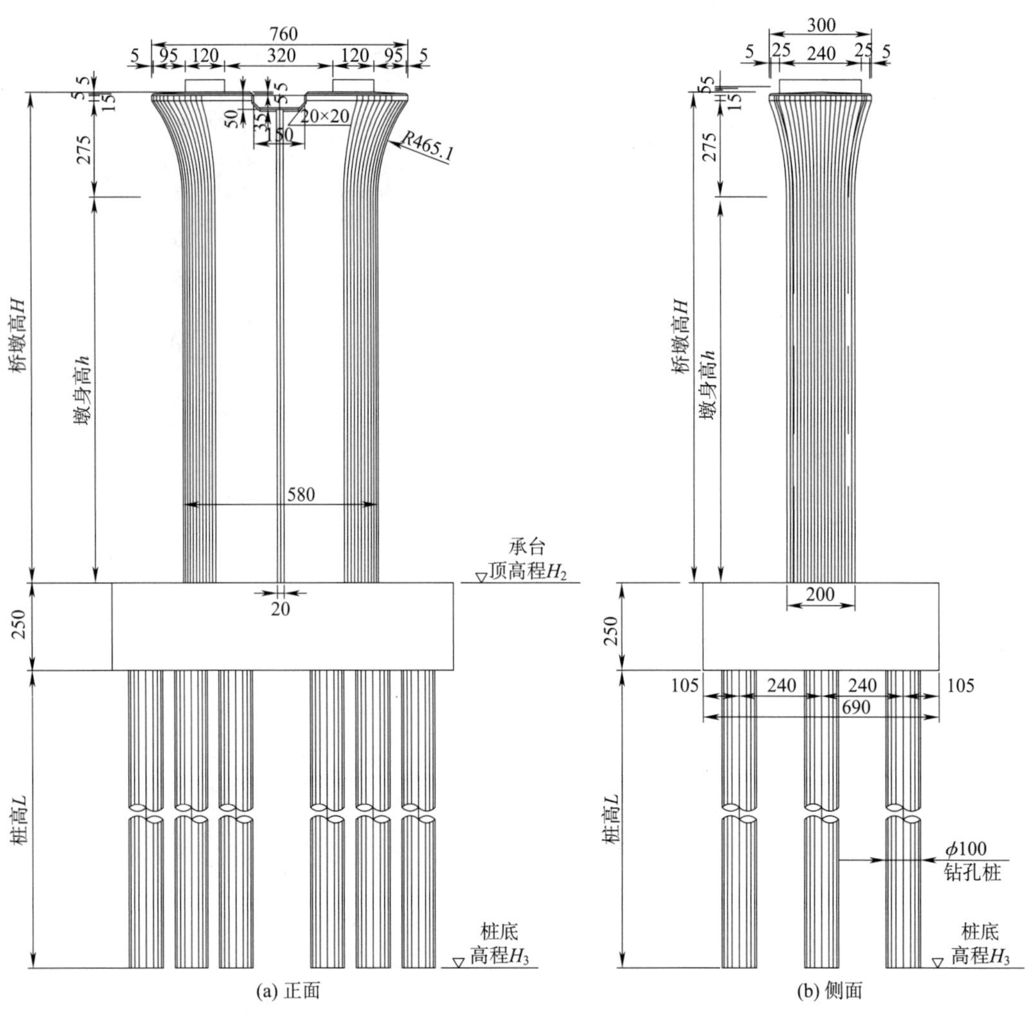


图 2-8-6　单坡圆端形带墩帽实体墩结构图（单位：cm）

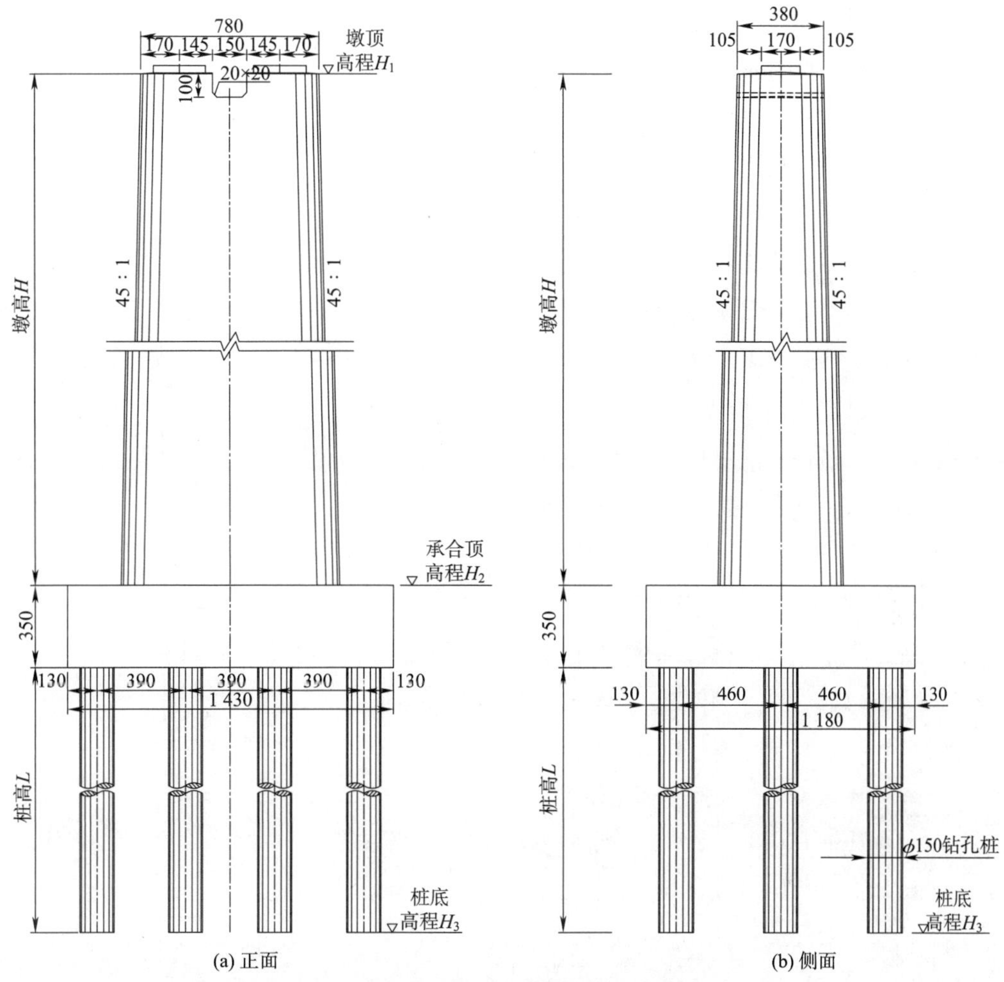


图 2-8-7　双坡圆端形无墩帽实体墩结构图（单位：cm）

## 三、工序流程

施工准备→测量放样→钢筋制作安装→模板安装→混凝土施工→模板拆除。

## 四、墩身施工过程风险

墩身施工过程中可能会发生高处坠落、物体打击、坍塌、起重伤害、机械伤害、触电等事故。

## 五、各工序安全卡控要点

1. 准备阶段卡控要点

（1）对场地进行平整，施工用电按照平面布置图进行专项设计，设置暗沟、接地极、电箱底座等，确保电缆线敷设、配电箱布置、用电设备接线满足现行《施工现场临时用电安全技术规范》（JGJ 46）要求。

（2）场地做好排水，场地内硬化按照中间高、两边低的原则，四周设置排水沟。

（3）所有人员进场后要进行“三级教育”，考试合格后做好交底才能上岗。

（4）设置现场安全警示、标志牌，配备消防设施。

（5）设置照明设施满足夜间施工作业要求。

（6）特种设备邀请地方特检机构进行验收，验收合格后方能使用；特种设备操作人员及特种作业人员持证上岗，在设备醒目位置张贴设备信息牌。

2. 测量放样阶段卡控要点

（1）测量人员进入现场要配备必要的劳动防护用品。

（2）测量人员仪器必须架设环境宽阔地段。

（3）人员高处放样必须挂设安全带。

3. 钢筋制作安装阶段卡控要点

针对项目墩身高度特殊性，钢筋绑扎在钢筋绑扎平台上进行绑扎作业。钢筋绑扎时为保证钢筋绑扎位置准确，在竖向每隔 2.5 m 设置一道水平定位钢筋架，在钢筋绑扎完成后安放预埋件，移开钢筋绑扎平台，安装墩身模板，如图 2-8-8 所示。针对钢筋施工工序做好以下安全卡控：

（1）特种作业人员、特种设备操作人员持证上岗。

（2）钢筋成型时，小型机具严格按照安全操作规程操作。

（3）钢筋成型使用的机械设备用电管理规范。

（4）钢筋半成品吊装时，方法适当，捆绑牢靠。

（5）钢筋成品或半成品运输时不能人料混装。

（6）高处钢筋绑扎时有操作平台，施工人员需穿戴好安全带。

（7）人员上下设置专用通道，通道四周挂设防护网。

（8）钢筋加工厂厂房内空气流通，防止粉尘伤害。

（9）吊装钢筋的起重设备站位安全，吊索具牢靠，吊装时有专人指挥。

（10）绑扎钢筋各层平台上设置工具箱及物品摆放箱。

4. 模板安装阶段卡控要点

墩身模板施工时，内模安装完成后，进行安装外侧钢筋绑扎平台，将外侧钢筋绑扎平台固定在已浇筑外侧模板上，利用平台进行钢筋绑扎，钢筋绑扎完成后安装外模，如图 2-8-9 所示。针对模板安装施工工序做好以下安全卡控：

（1）模板吊点明确，受力满足要求。

（2）操作平台栏杆高度不少于 1.2 m，焊缝不少于 4 mm。

（3）上人安全楼梯结构稳定，基础牢靠，按图纸拼装，与墩身有稳定的附着。

图 2-8-8 模板脚手一体化施工

图 2-8-9 墩身施工安全设施

（4）选用吊机设备及钢丝绳检查，满足模板安装要求。

（5）高处作业需穿戴好安全带。

（6）禁止“三违”作业。

（7）模板安装履行签证手续，确保安装顺序及要求满足设计要求。

（8）安拆模板时操作人员应有可靠的落脚点，并应站在安全地点进行操作，避免上下在同一垂直面工作。

（9）模板安装应按规定的作业程序进行，模板未固定前不得进行下一道工序，严禁在连接件和支撑件上上下攀登。

（10）模板及其支架在安装过程中，必须设置防倾覆的临时固定设施。

（11）遇 6 级及以上的大风时，应暂停模板安拆作业，雪、雷、雨后应先清扫施工现场，待地面略干不滑时再恢复工作。

5. 混凝土施工阶段卡控要点

各工序施工完成经报验合格后浇筑混凝土。控制混凝土的浇筑速度在 1.5 m/h 内，防止爆模事故发生。空心墩在底部实心段与空心段交界处尤其需严格控制灌注速度。

墩身混凝土浇筑完毕后，顶面应收浆抹平，保证顶面在同一水平面内。底节混凝土浇筑完成，并达到一定强度后，顶面开始覆盖洒水养护。

（1）串管吊装设备站位与混凝土浇筑无交叉。

（2）司机持证上岗，混凝土运输车辆状况良好，警示标志清晰。

（3）现场设置专人指挥（混凝土运输车辆）及专人放料。

（4）施工过程中，控制浇筑施工速度，确保拉杆顺直、螺栓齐全。

（5）混凝土振捣设备用电管理规范，严禁使用插板及一闸多机。

6. 模板拆除阶段卡控要点

（1）拆模条件（拆模时须保证同时满足以下条件）。

①墩身侧模处已浇筑混凝土强度达到 75% 后，方可拆除拉杆及模板。

②墩帽底模需在混凝土强度达到 75% 后方可拆模。

③混凝土内部温度开始下降前不得拆模。

（2）模板应先拆脚模，再拆直线段中间模板，模板拆除时将下层要拆除的模板用手拉葫芦与上层模板临时拉紧，同时另在模板吊环上设两条钢丝绳栓接在吊机上。拆除模板之间的连接螺栓，下部螺栓拆除时施工人员站在要拆除的模板支架上，上层螺栓拆除时施工人员站在固定模板支架上。然后通过两个设在模板上的脱模螺栓使下层模板脱落。脱模后放松手拉葫芦，使拆下的模板悬挂于上层模板上，然后用吊机吊装。吊装模板时，注意模板的整体性，平稳吊装。严禁用大锤和撬棍硬砸硬撬。脱模后应将板面灰渣清理干净，涂刷脱模剂后待用。

（3）针对模板拆除施工工序做好以下安全卡控：

①拆除作业前需进行安全技术交底，履行模板拆除签证手续，确保拆除顺序、设备性能要求等方面满足方案要求。

②模板拆除前需进行模板检查，对模板上杂物进行清理，拆除时，每班组人员不得更换，必须完成当日已松动模板拆除。

③模板拆除时，螺栓不能全部拆除，每边至少留 4 个螺栓，吊机通过吊具固定模板后方可拆除剩余螺栓。

④模板吊点明确，受力满足要求，严禁螺纹钢筋做吊点。

⑤检查选用吊机设备及钢丝绳，满足模板安装要求。

⑥高处作业必须穿戴好安全带，必要时采用防坠器或安全绳。

7. 机械设备安全管理卡控

（1）定期岗前培训，提高机械作业人员的技术素质和操作维修技能。

（2）保证机械作业人员的相对稳定，使各个环节责任明确，责任到人。

（3）机械使用必须坚持“两定三包”，即定人、定机、包使用、包保管、包保养；操作人员做到“三懂四会”，即懂构造、懂原理、懂性能、会使用、会保养、会检查、会排除故障。

（4）机械作业人员必须经过技术培训，经考核合格，获得机械操作合格证后方能上机操作。

（5）交接内容有机械运转记录、完成任务和生产情况、设备技术状况、维修保养情况，以及备件、附件、工具情况等。

（6）坚持安全教育，以及日常和定期安全检查，发现不安全作业要及时制止，追查原因，及时整改，杜绝事故隐患，真正做到“安全第一”。

## 六、结　　语

施工过程中应严格按模板施工方案和技术交底进行作业，模板拆除前需做好班组交底，并由安全员带领拆模人员进行隐患辨识并现场安全及技术交底，必要时进行现场实操交底，在拆除中现场安全员应盯控到位。模板应该随拆随吊离。不能及时吊离现场的模板必须按照施工方案要求复原连接螺栓。已经拆除但未吊离现场的直立模板，必须采取防倾覆加固和周边硬防护隔离措施。严格执行领导带班制度，对临边作业、高空作业、大临结构安拆等高风险点实行领导带班制度，强化现场管控。

# 第九章 锚碇地连墙施工安全卡控总结

## 一、施工概况

（一）锚碇基础采用外径 90 m，壁厚 1.5 m 的圆形地下连续墙加环形钢筋混凝土内衬作为基坑开挖的支护结构，如图 2-9-1 所示。为防止地下连续墙底脚发生渗流及踢脚破坏，增加基坑的抗隆起稳定性，地下连续墙嵌入基底 2 m。地连墙顶高程 +4.5 m，底高程 –36.435 ～ –17.435 m，墙高 21.935 ～ 40.935 m，混凝土用量约 13 000 $m^3$，钢筋制作安装约 2 100 t。地连墙嵌岩深度 10～21.75 m，平均深度 16.30 m。成槽设备主要采用液压铣槽机，接头采用“铣接头”。

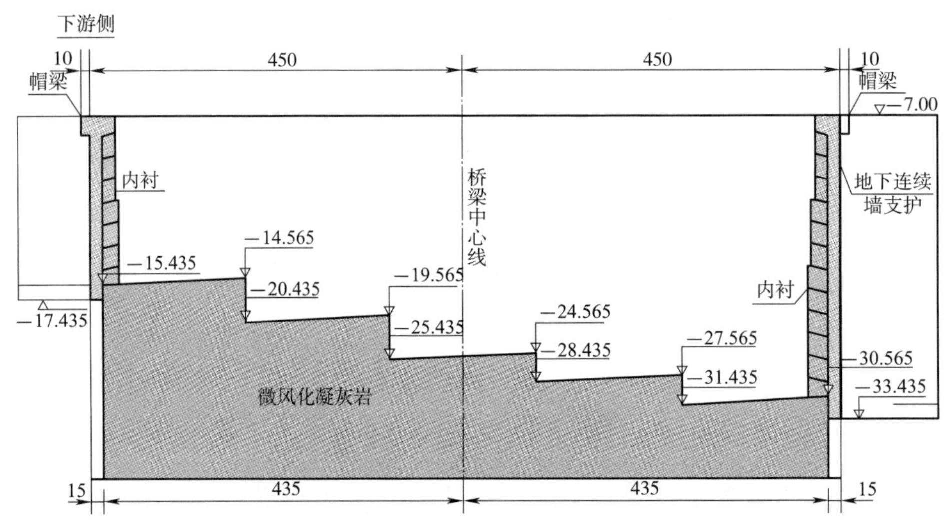


**图 2-9-1　地连墙立面图**（除高程单位为 m 外，其他单位均为 dm）

### （二）槽段划分

地连墙划分为Ⅰ、Ⅱ期槽两种，各为 32 个，共 64 个槽段。其中Ⅰ期槽轴线长度为 6.4 m，分三铣成槽；Ⅱ期槽长度 2.8 m，一铣成槽；Ⅰ、Ⅱ期槽在轴线位置的搭接厚度为 26 cm。

槽段划分如图 2-9-2～图 2-9-4 所示。

### （三）导墙

地连墙导墙采用倒“L”形钢筋混凝土结构，导墙高度 200 cm，单肢宽度 160 cm，壁厚 40 cm，净宽为地连墙宽度加 10 cm，结构形式如图 2-9-5 所示。

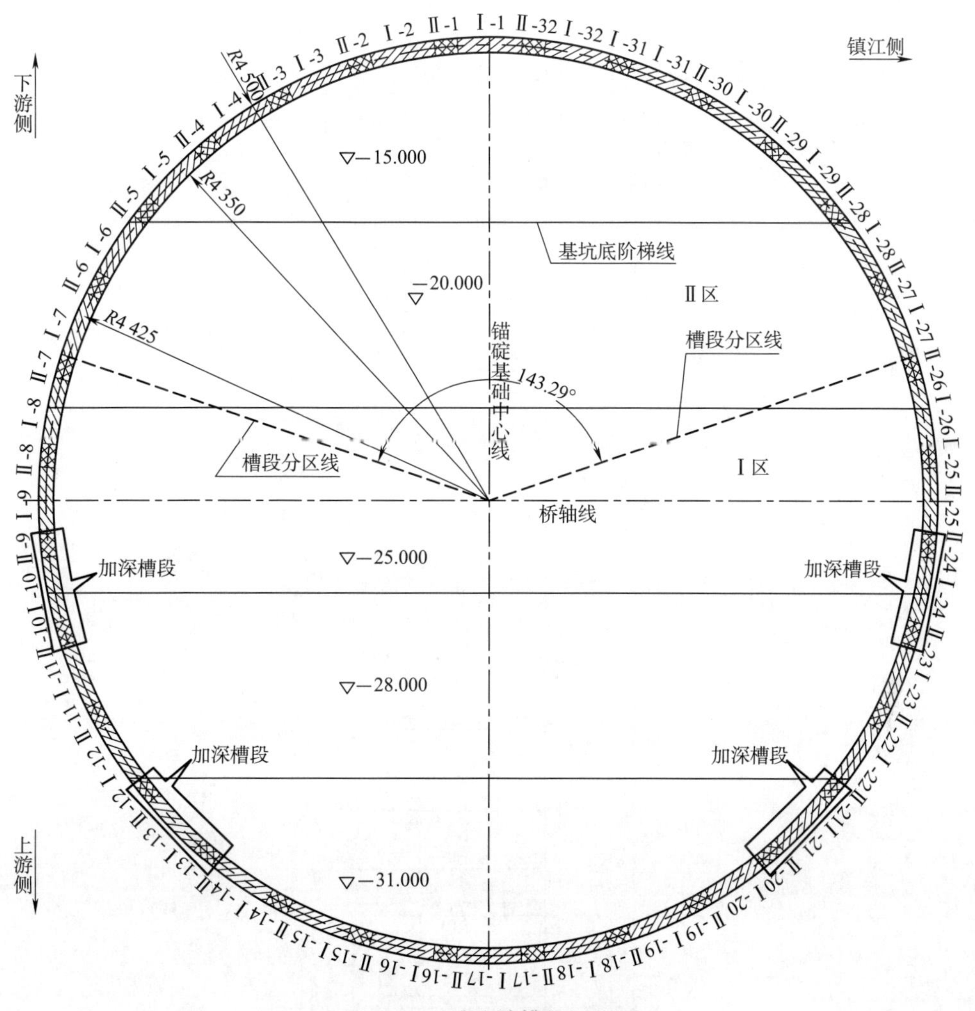


图 2-9-2　地连墙槽段划分图

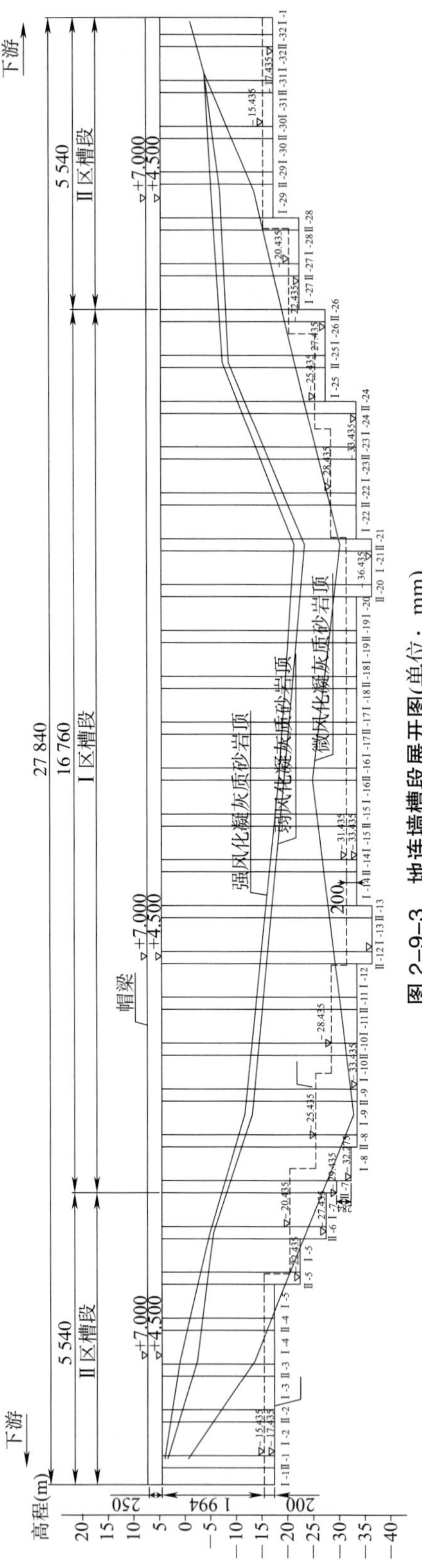


图 2-9-3　地连墙槽段展开图(单位：mm)

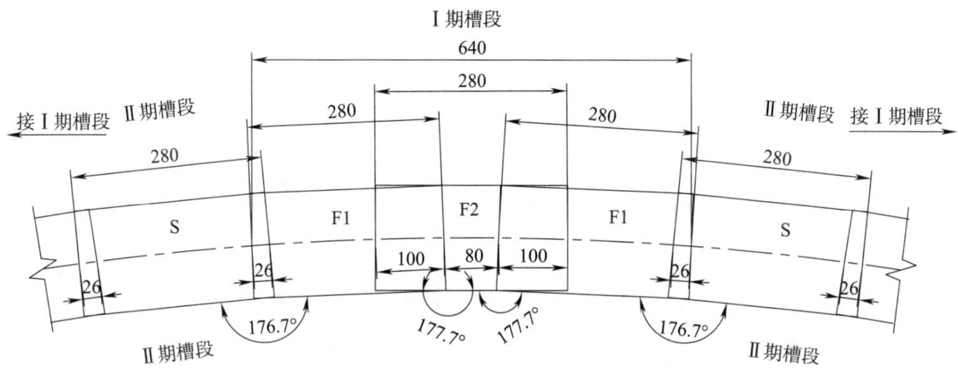


图 2-9-4 铣接头槽段大样图（单位：cm）

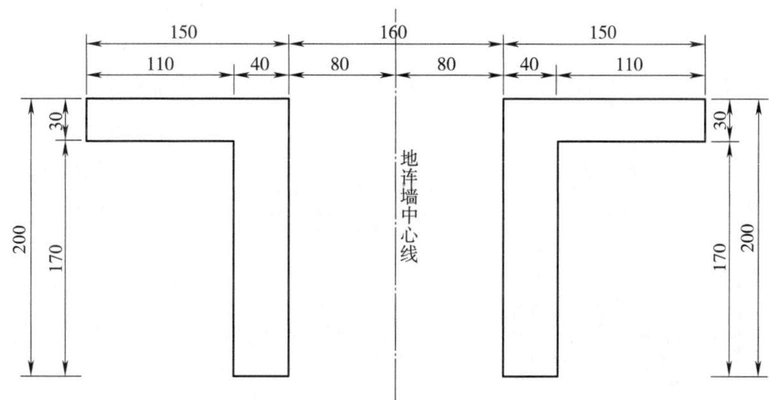


图 2-9-5 导墙结构（单位：cm）

## 二、人员和设备配置

### （一）资源配备

1. 人员配备

人员配备包括管理人员、技术人员、专职安全人员、施工人员、钢筋工、混凝土工、普工、机械司机等。

2. 机械设备

主要机械设备有：BC-32 型液压成槽机、利勃海尔 HD 885 型钢丝绳抓斗、金泰 SG50 液压抓斗、电焊机、泥浆泵、130 t 履带吊机、250 t 履带吊机、泥浆系统、冲击钻机。钢筋笼半成品为工厂化制作检验合格后运送到工地现场进行加工。

3. 原材料及混凝土

混凝土采用项目部自建拌和站的混凝土。

钢筋采用 HRB400，检验结果应符合设计及规范要求。

## 三、工序流程

施工工序流程如图 2-9-6 所示。

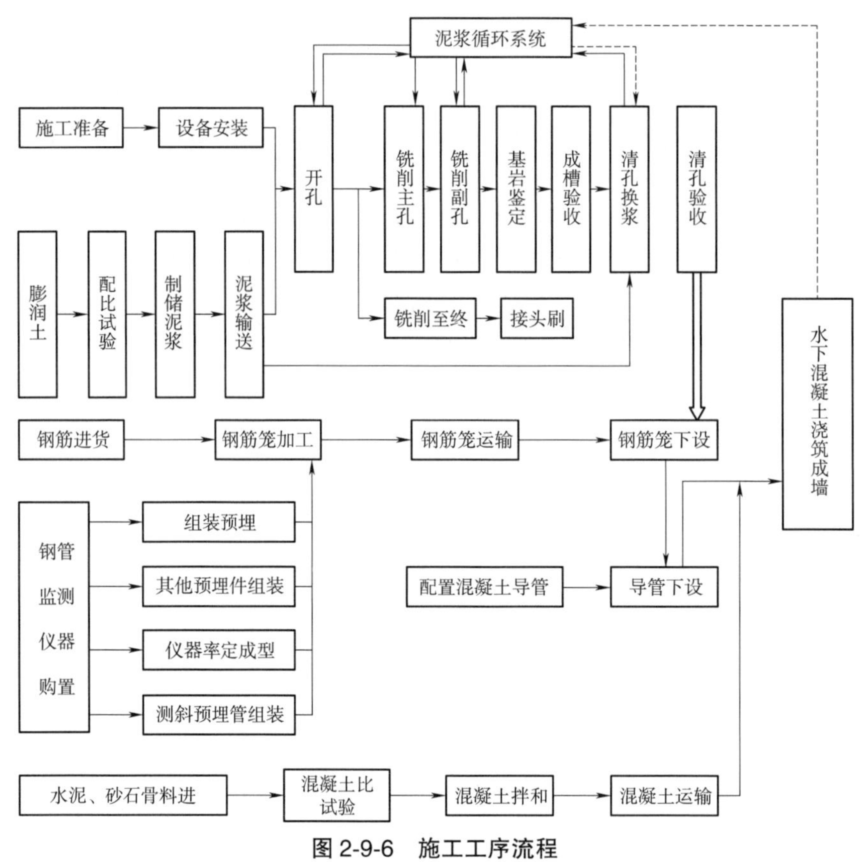


图 2-9-6　施工工序流程

## 四、南锚碇地连墙施工过程风险

地连墙施工过程中可能会发生机械伤害、起重伤害、物体打击、车辆伤害、坍塌等事故。

## 五、各工序安全卡控要点

### （一）准备阶段卡控要点

（1）施工方案、作业指导书已编制完成。

（2）对地连墙位置是否有管线、地下水位情况等方面进行调查。

（3）设计临时便道、场地用电平面布置、泥浆循环系统等辅助功能。

（4）制定作业人员入场、班前安全教育、机械设备进场等相关制度。

（5）设置五牌一图、安全警示平面布置图及用电平面布置图。

### （二）导墙施工阶段安全卡控要点

地连墙导墙采用倒“L”形钢筋混凝土结构，导墙高度200 cm，单肢宽度160 cm，壁厚40 cm（如图2-9-7所示）。

图2-9-7　地连墙导墙施工

针对地连墙导墙施工过程中做好以下安全卡控：

（1）挖机安排专人指挥，避免出现机械伤害。

（2）作业人员、特种作业人员、特种设备操作人员经培训交底后才能上岗，不违反法律规定及相关制度要求。

（3）吊机选用满足要求的钢丝绳、吊具，避免出现物体打击事故。

（4）严格按照施工图纸施工，保证导墙的结构稳定。

### （三）铣槽机成槽阶段安全卡控要点

地连墙成槽过程中，针对不同的地层，选择不同的成槽机械，形成流水作业，最大程度地发挥各种设备特点和优势。对于覆盖层采用液压抓斗成槽，对于软基岩层采用液压铣槽机直接成槽，对于较硬基岩采用钢丝绳抓斗和液压铣槽机配合成槽。

由于项目地质特殊性，岩石层强度大于50 Pa，所以在铣槽机施工之前，对要施工的槽段进行冲击钻引孔，冲击钻锤头直径1.2 m，锤头质量4.3 t，地连墙一区岩石比较浅，一期槽段在第一刀和第二刀分别引1个孔，二期槽段引1个孔。地连墙二区平均岩石深度较深，一期槽段第一刀和第二刀分别引2个孔。

针对铣槽机成槽施工过程中做好以下安全卡控：

（1）对铣槽机设备人员及特种作业人员培训交底，不违反法律规定及相关制度要求。

（2）对铣槽机设备关键部位（钻架、钢丝绳、防护装置等）检查，避免出现机械伤害。

（3）铣槽机用电接线符合现行《施工现场临时用电安全技术规范》（JGJ 46）要求，避免触电事故发生。

（4）地连墙洗槽施工应配备有各类作业人员满足现场施工要求。

（5）对铣槽机械及起重吊机回转范围内的各类通信设施、电力设施、水利设施有针对性的防护。

成槽阶段相关机械操作如图 2-9-8 ～图 2-9-11 所示。

图 2-9-8　金泰 SG50 液压抓斗

图 2-9-9　BC-32 型液压成槽机

图 2-9-10　885 型钢丝绳抓斗

图 2-9-11　冲击钻机引孔

### （四）泥浆制备铣槽过程中安全卡控要点

铣削钻孔时，铣头中的泥浆泵将孔底的泥浆输送至地面上的泥浆净化机，由振动筛除去大颗粒钻渣后（Ⅰ级净化），进入旋流器分离泥浆中的粉细砂（Ⅱ级净化），最后经卧式泥浆沉降离心机分离粉细黏粒（Ⅲ级净化），净化后的泥浆流回到槽孔内。分离出来的钻渣、粉细砂、粉细黏粒集中堆积在废渣池内，用挖机装车后集中处理。

经较长时间使用，如果泥浆黏度指标降低，适当掺加新浆进行调整；如果黏度指标太高，则加入分散剂调整，经处理后仍达不到标准的泥浆废弃。

浇筑混凝土时，自孔内置换出的泥浆用泥浆泵直接输送至泥浆池中，用于其他槽段成槽施工。混凝土顶面以上 5 m 左右的泥浆一般会受水泥浆的影响而劣化，作废浆处理。废浆排至废浆池临时存放，采用改装后的运输车（带封闭料斗）将废浆运至指定排放点排弃，并在排放点采取环保措施，达到减少环境污染的目的。液压铣槽机泥浆循环系统如图 2-9-12 所示，泥浆钻渣分离器如图 2-9-13 所示。

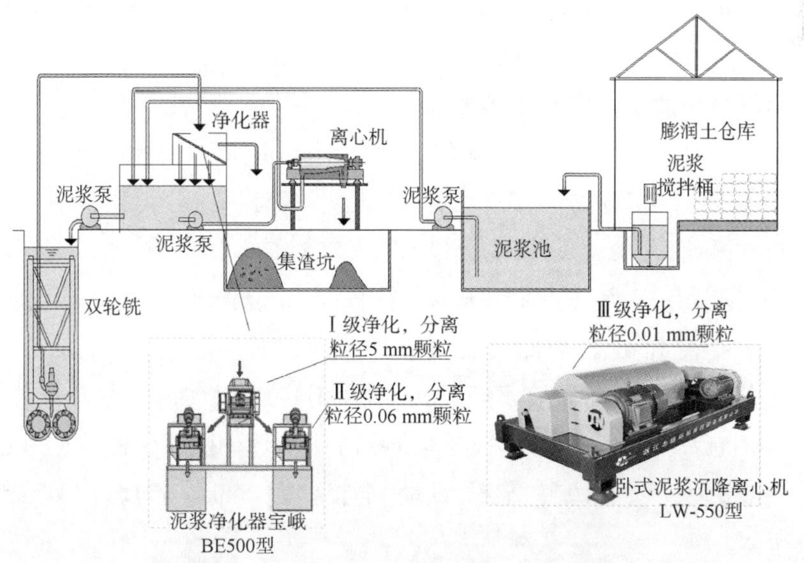


**图 2-9-12　液压铣槽机泥浆循环系统示意图**

针对泥浆制备铣槽过程中做好以下安全卡控要点：

（1）检查维修设备时，高处及电气焊作业人员时配备相应的劳动防护用品，避免出现高处坠落、触电或烧伤。

（2）填写设备运转、维修保养记录，避免设备带病作业。

（3）安排专职指挥人员，负责吊装作业。

（4）孔口作业时设置工作防护平台，防止人员坠落。

（5）泥浆池四周设置防护栏杆及安装安全警示标志，造浆作业及各类设备设置人员工作平台，铣槽平台设置照明设施。

图 2-9-13　泥浆钻渣分离器

### （五）成孔后做好以下安全卡控要点

（1）清孔所用设备完好，避免触电、机械伤害事故发生。

（2）检查各类风管、泥浆管是否良好，避免爆裂伤人。

（3）泥浆、钻渣排放系统良好，避免水质污染。

（4）孔口做好临时防护，设置警示标志，避免坠落孔内。

### （六）钢筋笼安放阶段安全卡控要点

钢筋笼半成品由加工厂制作好监理检查合格后运到现场进行制作、焊接。钢筋笼内侧保护层厚度为 10 cm，外侧保护层厚度均为 10 cm。为保证保护层厚度，在钢筋笼两侧设凸型钢片定位块，钢筋笼每侧设 3 列，每列纵向间距为 5 m。

竖向主筋连接采用直螺纹机械接头连接。箍筋、钢筋笼骨架采用 10*d* 单面搭接焊。重要的焊接工艺和焊接参数，在正式施工前通过现场工艺性试验确定。

为满足钢筋笼起吊要求，需在钢筋笼吊点处对钢筋笼进行加固。水平吊点均设置在主筋上，各用四根抗剪钢筋予以加固，钢筋笼顶部纵向主吊点采用加强钢板制作。为方便吊放钢筋笼入槽，钢筋笼内、外侧的统一高程处设置一排厚度为 15 mm、高度为 100 mm 钢板搁置，如图 2-9-14 所示。

图 2-9-14　钢筋笼制作胎架

钢筋笼吊装使用一台 250 t 和一台 130 t 履带吊机配合施工，250 t 履带吊车为主吊，130 t 履带吊用于空中翻转。

首先指挥 250 t、130 t 吊机转移到起吊位置，起重工分别安装钢筋笼吊点的卸扣。检查两吊机钢丝绳的安装情况及受力重心后，开始同时平吊，钢筋笼吊离地面 0.3 ～ 0.5 m 后，检查钢筋笼是否平稳，然后 250 t 起钩，根据钢筋笼尾部距地面距离，随时指挥副吊配合起钩。钢筋笼平移到预定位置，然后升主吊、放副吊，将钢筋笼凌空垂直于地面。指挥起重工卸除钢筋笼上 130 t 吊机吊点的卸扣，然后远离起吊作业范围。指挥 250 t 吊机吊笼入槽，钢筋笼上拉牵引绳，下放时缓慢不得强行入槽，切忌急速抛放，以防钢筋笼变形或造成槽孔坍塌，如图 2-9-15～图 2-9-18 所示。

图 2-9-15　地连墙钢筋笼抬吊

图 2-9-16　地连墙钢筋笼起吊到位

针对钢筋笼安放过程做好以下安全卡控：

（1）作业人员、特种作业人员、特种设备操作人员经培训交底后才能上岗，不违反法律规定。

（2）钢筋笼吊点检查，避免发生物体打击事故。

（3）选用吊机设备检查，满足钢筋笼下放要求，避免出现吊机倾覆、机械伤害事故。

（4）下放钢筋笼使用的机械设备规范用电管理，避免出现触电事故。

（5）钢筋安装人员进出钢筋笼要有可靠的进出措施，避免出现高处坠落。

（6）履带吊机在起吊钢筋笼行走时，严格控制行走速度，在区域设警戒区，防止其他人员和机械进入，派专人指挥。

图 2-9-17　地连墙钢筋笼下放

图 2-9-18　地连墙钢筋笼下放到位

（7）吊装时，严格执行领导带班制度。

### （七）混凝土施工阶段安全卡控要点

混凝土浇筑导管采用 $\phi$250 mm 钢管，经过水密承压试验合格后才能使用，水密试验压力为最大孔深静水压强的 1.3 倍。

混凝土浇筑采用 2 个 2 $m^3$ 的料斗同时拔球，拔球时现场 4 辆 10 $m^3$ 的混凝土罐车，满足导管埋深的要求。

在浇筑过程中采用测深锤对混凝土顶面高程进行测量，测点设置在两导管间及槽孔两端头，根据测深结果计算导管埋深，根据导管埋深决定提、拆导管高度和数量，确保导管埋深控制在 2～6 m 范围内，同时控制各导管均匀进料，混凝土面高差不大于 0.3 m，混凝土最终浇筑高程比设计墙顶高 0.5 m 左右。浇筑完成后使用泥浆泵将槽段内的泥浆及时抽出，使用混凝土罐车将泥浆拉走，清理槽段桩头混凝土，使桩头高出 20 cm 左右，有利于后期帽梁施工。

为了保证Ⅱ期槽开孔位置准确，导向稳定，采用接头板定位的施工工艺，即在Ⅰ期槽浇筑混凝土前，在孔口接头位置下设长 12 m 的接头板，混凝土初凝后再将接头板拔出，预留出Ⅱ期槽孔的准确位置，起到良好的导向作用。期间每隔 1 h 左右用吊机将接头板上下动一下，保证接头板能活动，混凝土浇筑完成后大概 6 h 将接头板全部拔出，如图 2-9-19～图 2-9-22 所示。

图 2-9-19　安装导管

图 2-9-20　浇筑混凝土

图 2-9-21　拔出隔板

图 2-9-22　张压钢筋笼定位

针对混凝土灌注工序做好以下安全卡控：

（1）导墙顶面设置封闭式作业平台，防止导管安装人员坠落槽孔内。

（2）导管应放在固定的导管架上，方便吊装及防止滚动伤人。

（3）对吊机设备检查，满足导管下放要求，避免出现吊机倾覆、机械伤害事故。

（4）导管吊装设备站位与混凝土浇筑无交叉。

（5）司机持证上岗，混凝土运输车辆状况良好，警示标志清晰，避免出现车辆伤害。

（6）现场设置专人指挥（混凝土运输车辆）及专人放料，避免出现料斗伤人。

## 六、结　　语

地下连续墙施工专业性强，对下一步基坑开挖施工起到至关重要的基础作用，在施工前对地连墙施工的安全隐患要有充分的认识，从源头上加强管理，现场管理中要多主动、少被动。所谓“预防胜于治疗”，对施工人员加强安全培训和技术交底，让每个相关工作人员都清楚地认识到地墙施工过程中安全的重要性。

# 第十章

# 锚碇内衬及基坑开挖施工安全卡控总结

## 一、施工概况

### （一）锚碇内衬概况

锚碇基础采用外径 90 m、壁厚 1.5 m 的圆形地下连续墙加环形钢筋混凝土内衬，作为基坑开挖的支护结构。为防止地下连续墙底脚发生渗流及踢脚破坏，增加基坑的抗隆起稳定性，地下连续墙嵌岩 2 m。

### （二）南锚碇基础概况

锚碇基础底面成台阶形布置，高程为 –31 ～ –15 m，基顶高程为 +6 m，基底持力层为微风化凝灰岩，开挖总量 186 830 $m^3$，如图 2-10-1 和图 2-10-2 所示。

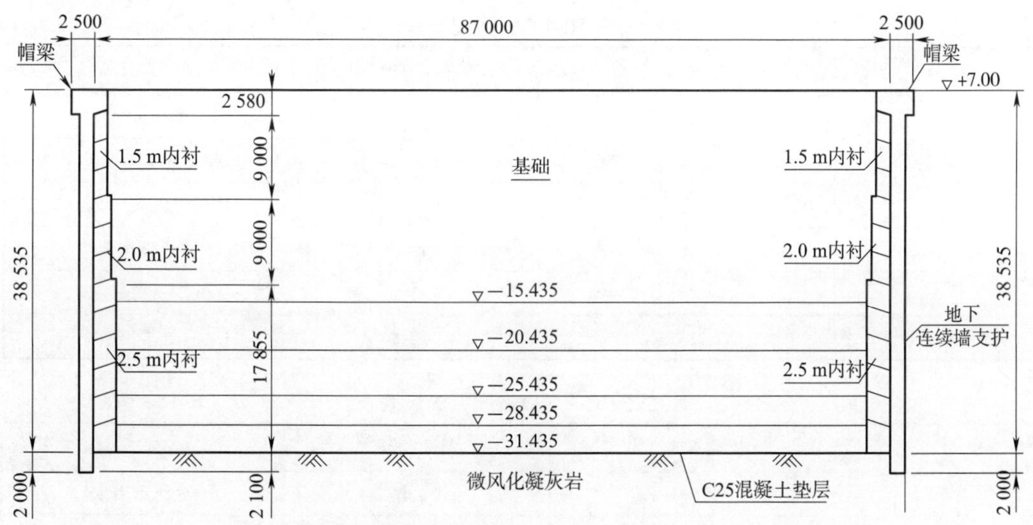


**图 2-10-1　南锚锭基坑内衬施工侧立面示意图**（除高程单位为 m 外，其他单位均为 mm）

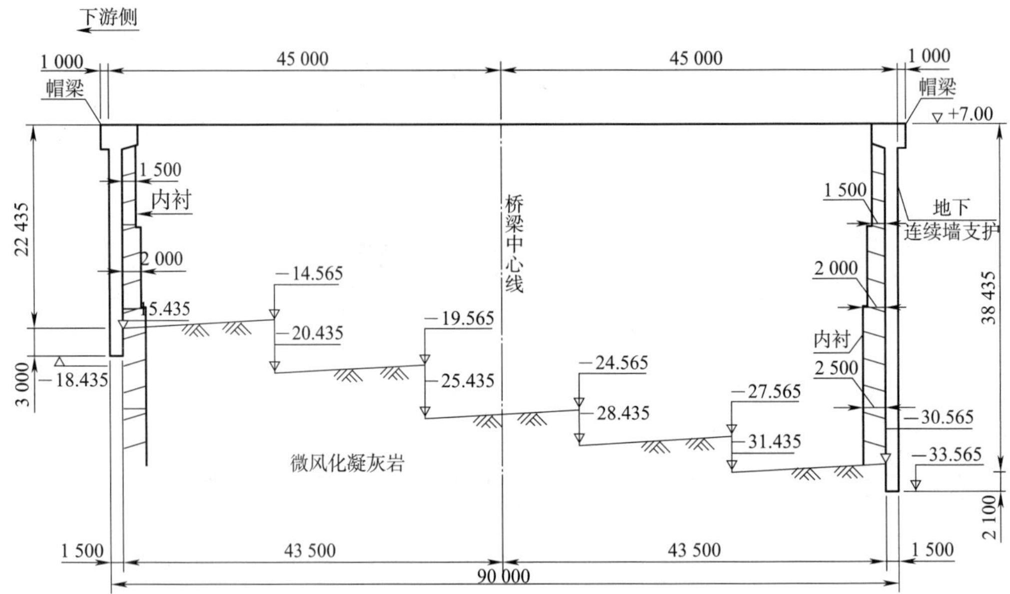


图 2-10-2 南锚锭基坑立面图（除高程单位为 m 外，其他单位均为 mm）

## 二、人员和机械配置

人员和机械配置分别详见表 2-10-1 和表 2-10-2。

表 2-10-1 人员配置表

| 序　号 | 工种名称 | 序　号 | 工种名称 |
|---|---|---|---|
| 1 | 管理人员 | 7 | 质检员 |
| 2 | 技术人员 | 8 | 钢筋施工人员 |
| 3 | 测量人员 | 9 | 模板、混凝土工 |
| 4 | 试验人员 | 10 | 爆破作业人员 |
| 5 | 材料员 | 11 | 司机 |
| 6 | 安全员 | 12 | 电工 |

表 2-10-2 机械配置数量表

| 序　号 | 机械设备名称 | 型号规格 | 备　注 |
|---|---|---|---|
| 1 | 挖机（配破碎头） | 1.5 $m^3$ | 清理土石方 |
| 2 | 挖机 | 0.4 $m^3$ | 清理土石方 |
| 3 | 挖机 | 1 $m^3$ | 装车 |
| 4 | 自卸车 | 10 $m^3$ | 运输土石方 |
| 5 | 履带式推土机 | | 清理土石方 |
| 6 | 塔吊配 5 $m^3$ 料斗 | 250 t | 提升土石方 |
| 7 | 履带吊配 10 $m^3$ 料斗 | 130 t | 提升土石方 |

续上表

| 序 号 | 机械设备名称 | 型号规格 | 备 注 |
|---|---|---|---|
| 8 | 履带吊配 10 $m^3$ 料斗 | 100 t | 提升土石方 |
| 9 | 钢筋成套加工设备 | | 内衬钢筋 |
| 10 | 混凝土搅拌车 | | 内衬混凝土 |
| 11 | 装载机 | Z50 | 装运土石方 |
| 12 | 风动钻岩机 | | 爆破钻孔 |
| 13 | 空压机 | 20 $m^3$/h | 风镐供气 |
| 14 | 高扬程潜污泵 | 30 ～ 50 $m^3$/h | 基坑内抽、排水 |
| 15 | 风镐 | G10 | 凿毛 |
| 16 | 凿毛机 | | 凿毛 |

## 三、工序流程

施工准备→第一层基坑开挖→混凝土凿毛→内衬钢筋施工→内衬模板安装→内衬混凝土浇筑→内衬模板拆除→第二层基坑开挖→石方爆破→基坑取土石方→混凝土凿毛→内衬钢筋施工→内衬模板安装→内衬混凝土浇筑→内衬模板拆除→基底处理。

## 四、施工风险

南锚碇基坑及内衬施工过程中可能发生坍塌、机械伤害、起重伤害、高处坠落、物体打击、车辆伤害、触电、爆炸等事故。

## 五、各工序安全卡控要点

### （一）施工准备阶段卡控要点

（1）施工方案、作业指导书已编制完成。

（2）设计完成临时便道、场地用电平面布置、排水设施等辅助功能。

（3）制定作业人员入场、班前安全教育、机械设备进场等相关制度。

（4）设置“五牌一图”。

（5）在开挖过程中采用周密的监控措施，实行信息化施工，对锚碇边坡、地连墙和已经施工的帽梁、内衬进行变形、应力情况监测，并及时反馈给现场，确保施工安全。

（6）帽梁顶设置防撞墙（防坠物），安设警示标牌。

（7）基坑内衬开挖时，严禁超挖，保证基坑开挖与内衬施工的同步性，保持现场操作与计算模型假定一致，严格按设计要求进行。

（8）开挖过程中及时采取排水措施，及时检查降、排水系统的正常运转，确保基坑的“干施工”。

（9）在基坑内衬开挖过程中采取周密的安全防护措施，设置足够的安全工作通道，并加强对降、排水系统和监测设施进行保护。

### （二）基坑开挖施工安全卡控要点

帽梁施工按小里程→大里程→小里程环形顺序进行，大里程帽梁施工完成后开始开挖土方，开挖深度 2.5 m。在大里程侧中心位置地连墙槽段Ⅰ-25 处留运土便道，帽梁合龙段Ⅰ-9 施工完成，强度达到 100% 后即可进行第一层内衬开挖。为方便运土，在此处预留 7 m 宽运土便道，Ⅰ-25 处便道土方可以开挖。开挖方式从地连墙向中心位置开挖，从大里程往小里程开挖，每次开挖深度为内衬高度 3 m，通过挖机转运翻土装上渣土车运走，如图 2-10-3 所示。当第一层内衬部分节段施工完成，强度达到设计要求时即可开挖第二层内衬 3 m，开挖长度每次有作业面即可，方法同开挖第一层内衬。待第二层土方开挖完毕即可挖除预留运土便道。每天路面及时清洗，路面有土石块的及时清除，保证现场文明施工。

图 2-10-3　基坑开挖

针对基坑开挖施工要做好以下安全卡控：

（1）组织作业人员专项培训且考试合格和安全技术交底。

（2）特种作业人员持证上岗。

（3）帽梁顶设置防撞墙（防坠物），安设警示标牌。

（4）设置防护栏，上下安全通道，施工区域配备足够多的救援器材。

（5）特种设备操作司机，交接班时必须确认设备运转情况。

（6）运输车辆统一指挥，严禁超速、酒后驾驶。

（7）渣土车不能装满过顶，驶出工地需在洗车台进行冲洗。

### （三）内衬钢筋施工安全卡控要点

内衬钢筋在加工场加工成半成品，并按不同的规格编号标识，运输车运至现场，塔吊吊入基坑按设计和规范要求进行绑扎、连接。

内衬与地连墙钢筋采用预埋在墙体内的接驳器连接，内衬上、下段间竖向钢筋连接采用直螺纹套筒机械接头，环向钢筋采用搭接并按设计及规范要求将接头错开布置。

内衬钢筋安装时，注意安装与基础连接钢筋的接驳器，并做好防护。

针对内衬钢筋施工做好以下安全卡控：

（1）检查各类设备接线，电机防护装置是否完好。

（2）作业人员配备相应的防护用品。

（3）安排专职指挥人员，负责吊装作业。

（4）材料及设备分区放置，保证文明施工。

（5）拼装式操作平台抄垫平实，防止倾覆。

（6）钢筋原材、半成品存放时抄垫不能少于 20 cm，并进行覆盖。

（7）特种作业人员持证上岗。

### （四）内衬模板安装安全卡控要点

在黏土层或风化岩层层中底模直接设在修整成型的碎石垫层上，底模为砂浆垫层。侧模按模板拼装图用塔吊吊安，测量定位后，利用地连墙预埋接驳器连接的与内衬之间的接缝钢筋焊接拉杆，钢筋进行对拉固定，拉杆采用 $\phi$22 mm 螺纹钢，拉杆竖向间距 1.2 m，横向间距 1.2 m。

内衬混凝土强度达到 2.5 MPa 即可拆除侧模，达到 80% 设计强度后方可开挖下层内衬范围土方以拆除底模。为了不影响基坑内土方开挖，采用吊机将拆除后的模板有序吊运于环形施工道路外侧临时模板堆场，待下道内衬施工时再用吊机吊入基坑进行安装。

针对内衬模板安拆做好以下安全卡控：

（1）模板吊点明确，受力满足要求。

（2）拼装式操作平台抄垫平实，防止倾覆。

（3）选用吊机设备及钢丝绳检查，满足模板安装要求，如图 2-10-4 所示。

（4）高处作业需穿戴好安全带。

（5）禁止“三违”作业。

（6）模板安装履行签证手续，确保安装顺序及要求满足设计要求。

（7）拆除作业前需进行安全技术交底，确保拆除顺序、设备性能要求等方面满足方案要求。

（8）模板拆除时，螺栓不能全部拆除，留不少于 4 个螺栓，吊机通过吊具固定模板后方可拆除剩余螺栓。

图 2-10-4　内衬模板安装

## （五）内衬混凝土浇筑安全卡控要点

每层内衬混凝土初步分 12 段进行施工，每段浇筑长度为 22.8 m。

1. 混凝土浇筑强度及缓凝时间确定

混凝土配制时必须缓凝、早强。要求初凝前混凝土须浇筑完毕，同时为保证施工进度，混凝土必须早强，3 d 内须达 80% 设计强度。

内衬属大体积混凝土，在配合比设计时还需满足大体积混凝土温控要求，严格控制入模温度、养护温度、拆模时机等参数，防止出现温度裂纹。

2. 混凝土浇筑

混凝土由拌和站集中生产，采用罐车运至现场，用溜槽下料至导管。

（1）内衬上下接缝处因混凝土难以振捣密实，故模板加高 10 cm，通过高度差及多次振捣来保证接缝处混凝土质量。

（2）混凝土采用罐车运至现场，用溜槽下料至导管，再经溜槽和导管入仓，内衬混凝土采用分层浇筑，采用 ZN50 型插入式振捣器进行振捣。

（3）内衬混凝土浇筑前，在模板外侧搭设 1 m 宽标准脚手架施工平台，每次浇筑完毕用塔吊分段吊出坑外，等下段内衬施工前再整体吊入。

（4）为防止混凝土下落时离析，进行混凝土浇筑时需设置导管下料。

（5）内衬混凝土采用竖向水平分层浇筑，每层厚度不超过 30 cm，每层下料顺序为从一侧到另一侧往返下料。混凝土的浇筑应连续进行，上、下层浇筑间隔应不超过混凝土的初凝时间，如因故必须间断，间断时间应根据混凝土初凝时间和气温确定，并应尽量缩短。

（6）内衬混凝土浇筑时地连墙不得有漏水、渗水等问题，防止混凝土离析。要采取速凝混凝土、水玻璃堵漏后再浇筑混凝土。

（7）上下层内衬微膨胀后浇段应错开布置，不得在同一竖直线上，水平错开距离不少于 3 m。接缝要避开两幅地连墙的接缝位置。

（8）针对内衬混凝土浇筑做好以下安全卡控：

①接线应符合现行《施工现场临时用电安全技术规范》（JGJ 46）要求，并检查电缆线是否有破皮，避免触电事故发生，电工持证上岗。

②司机持证上岗，混凝土运输车辆状况良好，警示标志清晰，避免出现车辆伤害。

③现场设置专人指挥（混凝土运输车辆）及专人放料，避免出现放料过快溢出物体打击伤人。

④设置混凝土浇筑的安全操作平台。

### （六）石方爆破安全卡控要点

基岩爆破采取“多打孔，少装药”的减弱松动原则，选择低台阶（台阶高度 6.5 m、局部根据实际高度调整）、不耦合装药结构、毫秒延期网络和爆破防护的方法施工。施工时，沿 $\phi$84 m 圆边线布置密集炮孔，实施预裂隙爆破，其次以圆心为中心拉槽，最后以槽框为自由面沿顺时针方向两头推进。边缘地带和基坑台阶、根底平整用机械破碎处理，如图 2-10-5 所示。

图 2-10-5 石方爆破开孔

爆破前一天提前通知周边单位和住户做好准备，并在项目部内部通报爆破信息。爆破当天上午装药，严禁任何无关人员进入基坑作业，炸药装完用防爆布盖住孔眼，防止飞石乱溅。准时爆破，爆破前进行班前交底，对出入口进行安全警戒，确定安全距离，现场人员提前到安全区域，期间禁止闲人进入。爆破完成后经工作人员检查确认安全后施工人员方可进入。应力监测人员及时测量应力数据，做好数据统计，出现异常立即汇报项目部。

测量组及时检测边坡和帽梁位移，发现情况及时汇报。

每次爆破施工，严格管理钻孔深度、钻孔数量、装药量，以及雷管、导雷管的数量，可以欠爆不能超爆。

针对石方爆破做好以下安全卡控：

（1）对南锚碇周围建筑做好防护措施，防止石头飞溅打击周围建筑等。

（2）爆破前进行公示，对周边单位和住户履行告知义务。

（3）爆破时要配合当地公安局、安监局和当地其他政府部门联合警戒，禁止车辆和人员进入警戒范围内，防止发生物体打击事故。

（4）监控连续墙应力变化，根据实际情况采取措施。

（5）爆破后检查上下安全通道是否安全可靠，焊缝连接处是否完好。

### （七）基坑取土石方安全卡控要点

（1）开挖过程中，土方及机械吊运与内衬施工交叉作业极为频繁，工区为每台塔吊和履带吊配备一位信号工，一位民工配合，专职负责塔吊吊土作业的信号指挥，安全员全程旁站。起吊作业人员在施工前进行专业培训，合格后持证上岗。

（2）基坑深度较深，坑内作业人员较多，起吊时严禁吊斗土石方装满，防止荷载过重和吊运过程中石子滑落砸伤机械和施工人员，如图 2-10-6 所示。

图 2-10-6　基坑取土

（3）堆载在基坑顶的土石方距基坑边不得小于 2 m。

（4）吊土过程中密切注意塔吊与履带吊转动方向，以免大臂发生碰撞，遇到大风等恶劣天气时禁止吊装。

（5）吊斗使用频率较高，吊耳处极易出现钢板撕裂和吊耳磨损，工区职工和群安员每天吊土前检查吊耳及钢丝绳，发现吊耳焊缝不饱满及焊缝撕裂的吊斗，立即停止使用，重新加焊牢固后方可使用，如图 2-10-7 所示。

（6）起吊严格遵守“十不吊”原则。

图 2-10-7 基坑取土吊装

### （八）人员、设备安全卡控要点

（1）所有参与内衬施工的作业人员需经过三级安全教育培训并考试合格，并接受第三级安全技术交底。

（2）对塔吊操作司机、起重指挥人员、履带吊司机、汽车吊司机、挖机司机等特种作业人员进行针对性的安全及技术交底。

（3）塔吊基坑取土相互干扰，由专人统一指挥，确保施工安全，同时由专人指挥注意各起重机回转避让，防止交叉碰撞。

（4）作业人员按要求穿戴劳动防护用品。夏季施工期间，基坑内施工人员需做好防暑措施，基坑顶面做好防洪防汛措施；冬季做好防火措施。

（5）特殊工种如起重工、司机持证上岗，相互间密切配合，按操作规程作业，基坑上、下采用无线对讲机一对一发布指令，吊机起吊和落斗时均发出警铃信号。

（6）起重设备经审查检验、取得准用证后才能工作。

（7）各类塔吊安装完成后对基础、电气系统、制动装置及各类安全装置进行验收，设备必须办理安全使用许可证。

（8）完善通信系统，保证通信畅通，各类吊装过程由专人指挥，统一指挥信号。

（9）严格执行起重吊装“十不吊”和“十禁止”。

（10）各类钢丝绳及吊斗每天进行检查，达到报废标准的立即报废处理。

（11）加强设备维修保养，消除安全隐患。

## 六、结　　语

五峰山大桥基坑开挖的顺利完成，肯定了基坑开挖施工中安全管控工作的先进性和必要性，同时在施工过程中各工序安全卡控要点和管理难点产生的问题，通过相应的方法改进、完善管理后得以解决，并为后续的基础安全管控工作提供如下经验：

（1）加强作业人员培训，对于吊装、凿毛等安全要求较高的工序进行多次安全交底，并组织现场人员培训。

（2）加强管理人员施工过程中的管控力度，及时发现并整改施工过程中遇到的安全相关问题，建立安全问题库，定期交流讨论施工中遇到的安全难题，不断总结经验，采取相关措施，保证施工顺利进行。

（3）建立严格的奖惩机制，及时整改回复安全隐患排查系统里的安全问题。

（4）技术人员及安全员在现场实时盯控，发现违规操作及时制止，并进行批评教育。

# 第十一章
# 锚碇锚体施工安全卡控总结

## 一、施工概况

### （一）南锚碇锚体概况

锚体从结构受力和功能上分为锚块、鞍部、前锚室及压重块。锚碇主缆散索点高程为 +50.00 m，主缆横桥向上下游中心线距离为 43.0 m。整个锚体在平面呈圆端形，尾部矩形横向宽 71.0 m，锚体顺桥向全长 88.0 m。鞍部和锚块高度 31 m；前锚室墙体高度 20.6 m，前锚室顶面高程 +57.60 m。

### （二）总体施工方案

南锚碇鞍部、锚块混凝土浇筑、锚固系统支架及锚固系统安装等各项工序同步进行。鞍部施工完成后开始散索鞍安装；锚体浇筑完成后开始压重块施工；主缆架设完成且 S3 号墩、S4 号墩墩身完成后开始锚室侧墙、前墙及盖板施工（与散索鞍支墩相连部分的前墙及侧墙与散索鞍支墩同步施工）。锚碇大、小里程施工流程如下：

大里程施工流程：锚碇基础填芯（至 –2 m）→悬臂区施工→锚固系统支架安装、锚固系统安装、锚块基础施工（+7.1 m）→剩余锚固系统支架安装、锚固系统安装→锚块施工（+31 m）→压重块施工→ S4 号墩施工。

小里程施工流程：锚碇基础填芯（至 –2 m）→鞍部基础施工（+7.1 m）→鞍部施工（+31 m）→散索鞍垫石施工（含部分前墙及侧墙）→散索鞍安装→主缆架设完成及 S3 号墩施工完成→锚室前墙、侧墙施工→锚室盖板施工。

## 二、工序流程

南锚碇锚体施工工序流程如图 2-11-1 所示。

## 三、施工过程存在风险

过程中可能发生物体打击、高处坠落、触电、机械伤害、车辆伤害、坍塌等事故。

## 四、各工序安全卡控要点

### （一）施工准备阶段卡控要点

（1）施工方案、作业指导书已编制完成。

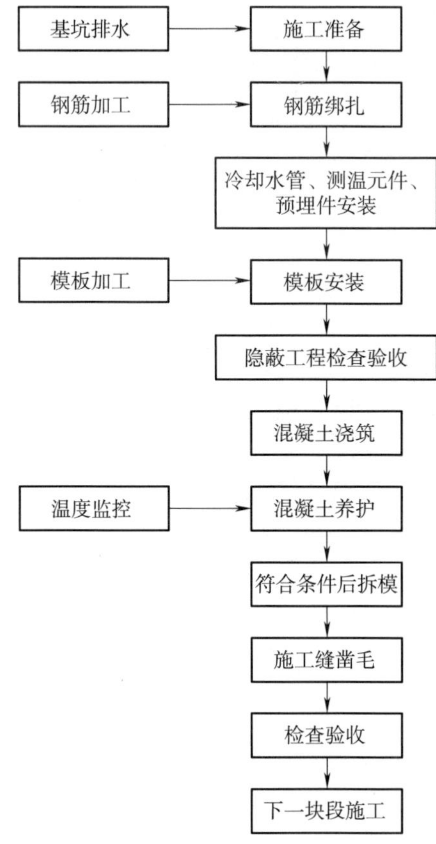


图 2-11-1　南锚碇锚体施工工序流程

（2）对作业人员入场、班前安全教育、机械设备进场等制定相关制度。

（3）组织工人进行安全技术交底。

（4）新进人员培训合格后发放劳保用品。

（5）上下通道设置，不低于 2 个，临时结构检查。

### （二）钢筋安装阶段卡控要点

（1）钢筋成型时，小型机具严格按照安全操作规程操作，如图 2-11-2 所示。

（2）钢筋成型使用的机械设备规范用电管理，避免出现触电事故。

（3）钢筋半成品吊装时，要捆绑牢靠，避免发生物体打击事故。

（4）钢筋成品或半成品运输时人料不能混装，防止发生物体打击事故。

（5）钢筋安装作业高度超过 2 m 时要搭设人员作业平台，平台要有设计图纸且满足规范要求，高处作业人员穿戴安全带，如图 2-11-3 所示。

（6）电气焊作业时，设备及气瓶使用满足临时用电及气瓶管理相关规定，避免出现触电及爆炸事故。

（7）特种作业人员和特种设备操作人员持证上岗，不违反法律规定。

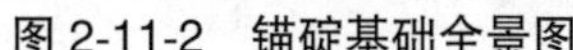
图 2-11-2　锚碇基础全景图

图 2-11-3　锚体施工图

## （三）模板安拆阶段卡控要点

锚体外侧模板采用单侧悬臂模板，通过预埋爬锥及拉杆固定在锚体外侧。模板安装完成后，需检查拉杆加固情况、操作平台围护情况。主背楞斜撑与背楞扣件采用销轴连接，不得采用钢筋等物替代。检查操作平台板与操作平台支架连接情况。模板采用塔吊吊着单侧悬臂模板进行提升。提升前检查模板与锚体连接情况，下方设置警戒线，操作平台上严禁站人。

（1）特种作业人员和特种设备操作人员持证上岗，不违反法律规定。

（2）模板吊点检查，避免发生物体打击事故。

（3）选用吊机设备应对站位及钢丝绳进行检查，满足现场工况要求，避免出现吊机倾覆、机械伤害、物体打击事故。

（4）安装作业高度超过 2 m 时要搭设人员作业平台，平台要有设计图纸且满足规范要求，高处作业人员穿戴安全带。

（5）模板顶面四周及时安装防护栏杆，防止人员高处坠落。

（6）拆除模板前清理平台杂物，检查模板顶撑是否脱模，开口销是否完好。

## （四）混凝土施工阶段卡控要点

（1）司机持证上岗，混凝土运输车辆状况良好，警示标志清晰，避免出现车辆伤害。

（2）现场设置专人指挥（混凝土运输车辆）及专人放料，避免出现料斗伤人。

（3）混凝土浇筑施工过程中，振捣棒使用规范用电管理，避免出现触电事故。

（4）布料机安装设置专用基础，安装前进行安全技术交底。

（5）布料机使用过程中严格执行安全操作规程。

（6）布料机操作实施定人定岗，进行专项培训并考试合格。

（7）布设安全浇筑通道，如图 2-11-4 和图 2-11-5 所示。

图 2-11-4　采用布料机浇筑

图 2-11-5　采用滑槽浇筑

**（五）施工缝凿毛阶段卡控要点**

（1）作业人员佩戴口罩，防止发生职业病。

（2）规范用电管理，遵守“一机一闸一箱一漏一锁”。

（3）作业过程做到“四不伤害”，保证作业安全。

**（六）人员和设备安全卡控要点**

（1）进入冬期施工后，高空作业前，如遇作业面有水、冰、雪、霜应及时清除，在作业面、通道口铺设麻布、草包等。

（2）进入高空作业的斜道、通道、操作平台等必须有可靠的防滑措施（铺设麻袋、加防滑条、土工布包裹踏板）。高空作业防护设施（外脚手架、立网及水平网）必须设置严密，防止施工人员因霜冻、雨雪大风因素滑跌而高空坠落。

（3）所有临边、临水的作业施工平台的立面全部用栏杆进行防护并需绑扎安全网。要求所有进入施工现场作业人员在冬期施工期间穿防滑鞋，遇有大雪天必须安排人员将现场施工道路、脚手架上、斜道板、操作平台板等处的积雪及时清扫干净。

（4）锚固系统吊装前检查定位架杆件焊接质量。定位架杆件连接均采用双面角焊缝焊接，焊缝要求饱满，焊池均匀，纹路平顺。

（5）液压顶升前，对钢结构及液压系统进行检查，发现钢结构构件有脱焊、裂缝等损伤或液压系统有泄漏，必须停机整修后方可再进行安装。

（6）塔机顶升应严守操作规程。顶升前，将臂杆转到规定位置。顶升时，必须在已加上的标准节的连接预紧力达到要求后，方可再进行加节，顶升中禁止回转和变幅，齿轮泵在最大压力下持续工作时间不得超过 3 min。

（7）作业人员必须听从指挥。如有更好的办法和建议，必须得到现场施工及技术负责人同意后方可实施，不得擅自作主和更改作业方案。

（8）顶升完毕，应检查电源是否切断，左右操作杆要退回中间零位，各分段螺栓紧固。有抗扭支撑的，必须按规定顶升后经过验收方可使用。

（9）安装时务必将各部位的栏杆、平台、扶杆、护圈等安全防护零件装齐。

（10）禁止使用普通螺栓代替高强度螺栓，而且高强度螺栓的等级必须符合说明书要求。

（11）现场施工技术负责人应对塔吊作全面检查，对安装区域安全防护作全面检查，组织所有安装人员学习安装方案；塔吊司机对塔吊各部机械构件作全面检查；电工对电路、操作、控制、制动系统作全面检查；吊装指挥对已准备的机具、设备、绳索、卸扣、绳卡等作全面检查。

（12）参与作业的人员必须持证上岗，进入施工现场必须遵守施工现场各项安全规章制度。熟悉塔吊性能及安装程序，严格遵守安全技术规范。

## 六、结　　语

五峰山大桥锚体施工的顺利完成，肯定了锚体施工中安全管控工作的先进性和必要性，同时在施工过程中各工序安全卡控要点和管理难点产生的问题，通过相应的方法改进、完善管理后得以解决，并为后续的锚体安全管控工作提供如下经验：

（1）加强作业人员培训，对于锚杆及锚梁吊装等安全要求较高的工序进行多次安全交底，并组织现场人员培训。

（2）加强管理人员施工过程中的管控力度，及时发现并整改施工过程中遇到的安全相关问题，建立安全问题库，定期交流讨论施工中遇到的安全难题，不断总结经验，采取相关措施，保证施工顺利进行。

（3）建立严格的奖惩机制，及时整改回复安全隐患排查系统里的安全问题。

（4）高空作业平台安装、锚固系统的运输、锚固系统的吊装等重大危险源的工作，应该组织技术人员及安环部进行检查、验收，验收合格后才允许后续作业。

# 第十二章 锚固系统安装施工安全卡控总结

## 一、结构概况

### （一）锚固系统锚梁及锚杆结构概况

五峰山大桥主缆锚固系统由后锚梁和锚杆组成，后锚梁埋于锚碇混凝土内，锚杆一端连接在后锚梁上，另一端伸出锚体前锚面与主缆索股相连接。主缆索股散开后，先与锚体前锚面的锚杆相连，通过锚杆将主缆索股力沿主缆散开方向继续扩散后，再传给锚体后端的后锚梁，通过后锚梁的承压面将主缆索股力传给锚体混凝土。

（1）锚杆和后锚梁及垫板均采用 Q345qD 材料制造。

（2）锚杆分单束股锚杆和双束股锚杆，每根主缆对应的锚体上一端共布置锚杆 192 根，其中单束股锚杆 32 根，为 Mg3（Mg4），双束股锚杆 160 根，为 Mg1（Mg2）。锚杆分为两段制作，下端锚杆 Mg2、Mg4 分别于后锚梁和上端锚杆连接，采用焊接 H 形截面，长度均为 27.8 m。上端锚杆 Mg1、Mg3 长度均为 6 m，下端分别与锚杆 Mg2、Mg4 连接，上端则伸出前锚面，与主缆索股锚头连接。

（3）后锚梁采用：“］［”形截面，由两片分离的“］”形梁通过缀板、加劲肋等连接而成。

（4）上、下锚杆之间及锚杆与后锚梁之间的连接均采用高强度螺栓进行连接。

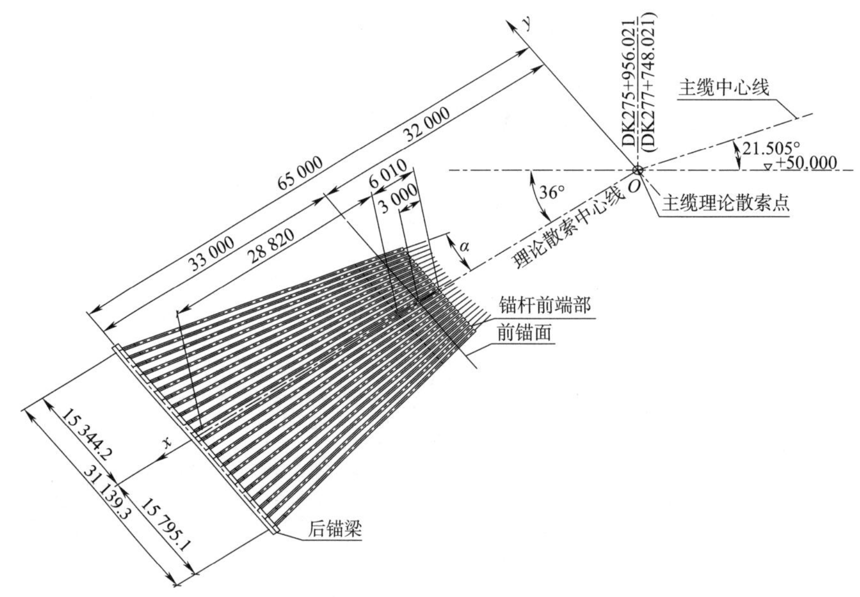


图 2-12-1　主缆锚固系统结构立面图（单位：mm）

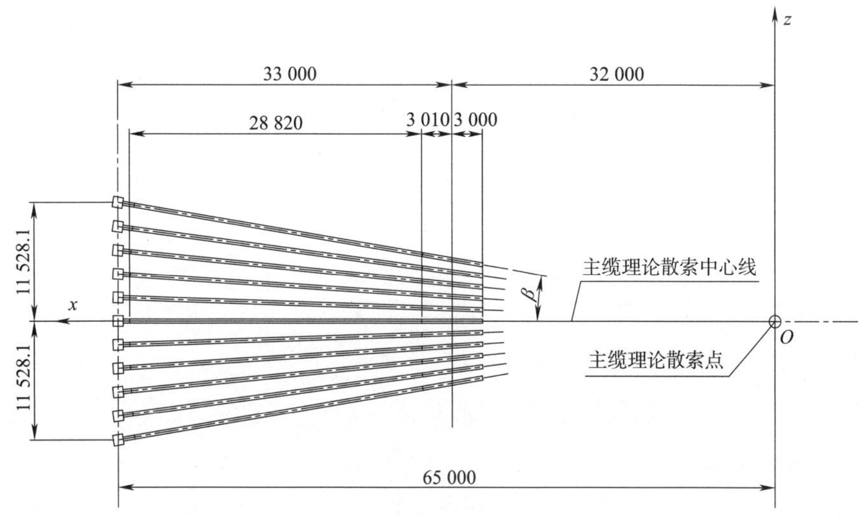


图 2-12-2　主缆锚固系统结构平面图（单位：mm）

### （二）锚固系统定位支架结构概况

锚固系统杆件通过定位支架支撑，定位支架在桥梁上下游各设置一个，其间距为 17.3 m，单个定位支架外轮廓长约 25 m、宽约 40 m、高约 42 m。定位支架按结构组成分为后支架、前支架和前后支架连接系三类，如图 2-12-3 所示。

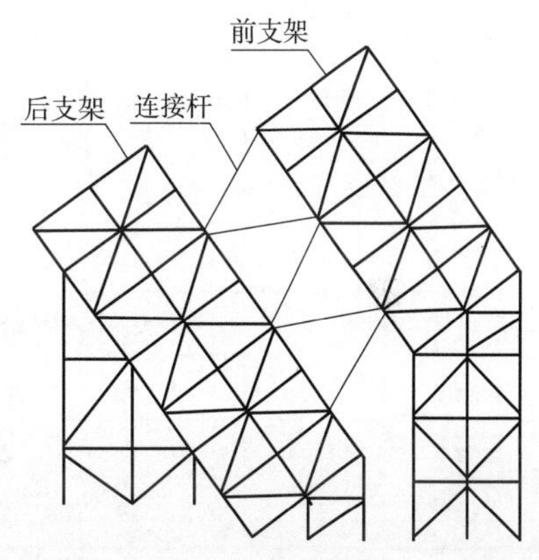


图 2-12-3　南锚碇主缆锚杆定位架布置图

## 二、资源配置

### （一）施工组织及劳动力配备

锚固系定位架制作安装及锚固系统安装由项目部二分部统一管理。由于施工工序复杂，现场交叉作业内容较多，故需配备足够的管理人员进行现场协调。现场人员具体配备详见表 2-12-1。

表 2-12-1　锚固系统安装劳动力配置表

| 序　号 | 职　务 | 人　数 | 备　注 |
| --- | --- | --- | --- |
| 1 | 管理人员 | 6 | |
| 2 | 质检员 | 2 | 支架及锚固系统现场质量验收 |
| 3 | 安全员 | 2 | 吊装及现场安装盯控 |
| 4 | 材料员 | 2 | 辅材进场、高栓保管 |
| 5 | 技术员 | 4 | 各工点盯控，技术把关 |

续上表

| 序　　号 | 职　务 | 人　　数 | 备　　注 |
|---|---|---|---|
| 6 | 测量人员 | 6 | 支架及锚固系统定位 |
| 7 | 装吊工 | 20 | 锚固系统安装 |
| 8 | 电焊工 | 20 | 现场支架焊 |
| 9 | 高栓施拧人员 | 10 | |
| 10 | 电工 | 2 | |

## （二）主要设备配置

锚固系统主要采用 300 t 履带式起重机吊装，零星杆件安装采用塔吊配合吊装。

1. QUY300 履带吊

锚梁吊装采用 300 t 履带吊，300 t 履带吊臂长 54 m 能满足后锚梁、锚杆吊装，相关吊装参数详见表 2-12-2。

**表 2-12-2　锚固系统吊装参数**

| 名　　称 | 编　　号 | 宽　　度（mm） | 高　　度（mm） | 长　　度（mm） | 质　　量（kg） | 数　量 | 质　　量（kg） | 吊装半径（m） |
|---|---|---|---|---|---|---|---|---|
| 双束锚杆 | Mg1 | 480 | 570 | 6 000 | 3 173.2 | 320 | 1 015 424 | 最大 42 |
| 双束锚杆 | Mg2 | 480 | 570 | 28 800 | 13 172.8 | 320 | 4 215 296 | |
| 单束锚杆 | Mg3 | 580 | 530 | 6 000 | 1 946.2 | 64 | 124 556.8 | 最大 42 |
| 单束锚杆 | Mg4 | 420 | 400 | 28 800 | 7 444 | 64 | 476 416 | |
| 后锚梁 | Mh1 | 860 | 2 182.3 | 32 871.3 | 29 635.2 | 2 | 59 270.4 | 25 |
| 后锚梁 | Mh2 | 1 030 | 218.5 | 31 440.3 | 42 424.6 | 4 | 169 697.4 | 25 |
| 后锚梁 | Mh3 | 1 030 | 1 990.1 | 28 490.9 | 38 403.2 | 4 | 153 612.8 | 25 |
| 后锚梁 | Mh4 | 1 030 | 1 927.4 | 25 536.7 | 3 479.3 | 4 | 138 845.2 | 25 |
| 后锚梁 | Mh5 | 1 030 | 1 926.7 | 22 576.8 | 31 241.1 | 4 | 124 964.4 | 25 |
| 后锚梁 | Mh6 | 1 030 | 1 990.3 | 19 614.1 | 27 881.7 | 4 | 111 526.8 | 25 |

2. 其他设备

其他设备主要包括履带式起重机、塔吊、电焊机、切割机等，相关参数详见表 2-12-3。

**表 2-12-3　主要机械设备配置计划一览表**

| 序号 | 名　称 | 规格型号 | 单　位 | 数　量 | 备　　注 |
|---|---|---|---|---|---|
| 1 | 履带吊 | QUY300，主臂 84 m | 台 | 1 | 场内装卸车及锚杆安装 |
| 2 | 履带吊 | SCC80 | 台 | 1 | 配合锚固系统支架安装 |
| 3 | 塔吊 | 315 t·m | 台 | 1 | |
| 4 | 塔吊 | 250 t·m | 台 | 1 | |

续上表

| 序号 | 名　称 | 规格型号 | 单　位 | 数　量 | 备　　注 |
|---|---|---|---|---|---|
| 5 | 塔吊 | 200 t·m | 台 | 2 | |
| 6 | 电焊机 | — | 台 | 20 | |
| 7 | 切割机 | — | 台 | 2 | |
| 8 | 倒链 | 5 t | 套 | 10 | |
| 9 | 平板车 | 12 m | 台 | 1 | |
| 10 | 运输车 | | 台 | 2 | 运送锚固系统杆件 |
| 11 | 扭矩扳手 | | 套 | 6 | |

### （三）材料物资

施工中所用的主体结构材料和辅助材料均需满足技术规范要求。进场前，用于永久结构的材料、设备均需有关材料质量保证书。施工中所用钢结构、钢板、电焊条等，进场后均必须按规范要求进行全面复检，不合格的材料坚决不允许用于本工程，检验结果报监理工程师审核。进场的设备必须经安环部及机电部联合验收后方可进场，配电箱、开关箱、电缆均需符合临时用电要求，电焊机需带二次侧降压保护器。

材料、设备进场后，按要求分类、分批存放，堆码整齐。

### （四）锚固系统装载、运输

1．构件包装

（1）构件的包装应在涂层干燥后进行，包装和存放应保证杆件不变形、不损坏、不散失，包装和发运应符合交通运输的有关规定。

（2）锚固系统在高栓连接处的摩擦面应加以防护。细而长的工形构件采用框架捆装，构件之间应加垫层。摩擦面的保护如图 2-12-4 所示。

图 2-12-4　摩擦面的保护

（3）需栓合发送的零部件用螺栓栓接，每处栓合螺栓不少于 2 个。

（4）对包装有特殊要求时，应按技术文件办理。

（5）散件包装：该种包装发运形式适用于杆件的发运，当采用本形式发运杆件时，对喷铝面和有孔部位用塑料或其他柔软物单独进行防护包装，装车时杆件与杆件之间用木料隔开，防止杆件表面损坏。

（6）打捆发运：将相同或类似的杆件用螺栓栓联或支架固联在一起，形成一个发运起吊单元。

相同或类似杆件的打捆形式：杆件之间用螺栓连接牢固，螺栓螺母与杆件之间加垫塑料垫圈，捆扎件与杆件之间用橡胶间隔，喷铝面用塑料布包裹，中间悬空部位用木头垫实，如图 2-12-5 和图 2-12-6 所示。拼接板打捆如图 2-12-7 所示。

捆扎件与杆件之间用橡胶间隔，板与板之间用 40 mm × 40 mm 三合板间隔，喷铝面用塑料布包裹，捆与捆之间用木头垫实。

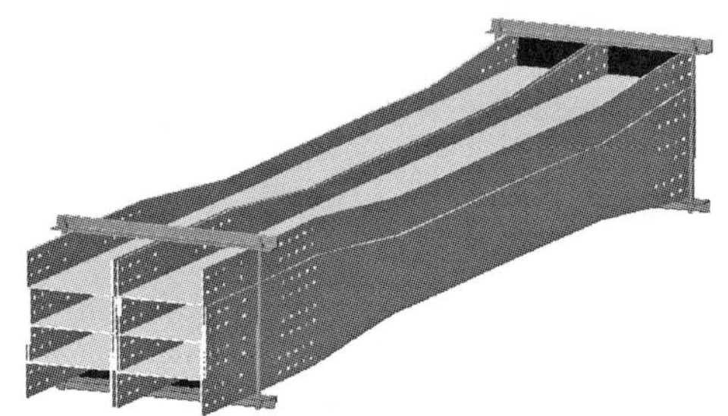

图 2-12-5　杆件发运包装示意图一

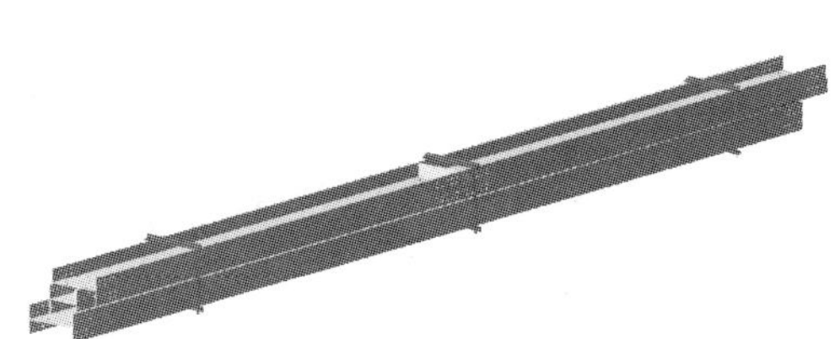

图 2-12-6　杆件发运包装示意图二

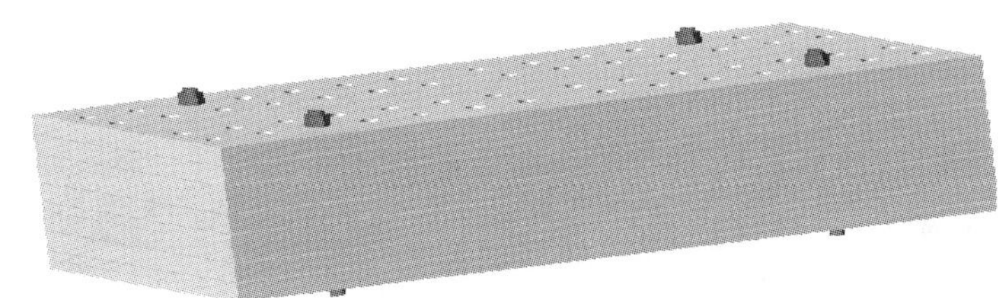

图 2-12-7　拼接板发运包装示意图

（7）装箱发运：这种包装发运形式适用于小型杆件和无法打捆的杆件的发运，如螺栓、小型联结板等。

（8）锚杆运至现场后，必须按要求采用专用吊具进行吊装，减少对已涂密封胶的损伤。

（9）现场存放锚杆时，场地平整，下方必须采用不得少于 5 件枕木抄垫，既减少杆件变形，同时减少密封胶的损伤。

（10）运至现场的锚杆，高栓面防护不得拆开，待使用时方能打开，避免灰尘、油污等污染。

（11）由于现场存放场地及条件有限，杆件按需发运，避免杆件摆放时间过长。

2. 装载及加固

装载方法是保障构件运输安全的重要设施，而加固捆扎是保证构件安全的重要环节，因此为使全部构件安全、完整地运输至施工现场，经过精心计算及验证，采用以下装载和加固措施：

（1）装载

结合本次项目运输的节段尺寸及重量相对应的选择车型进行装载，在构件装车前必须在装载车辆的平板与构件相接触的位置铺设垫木以防止杆件在运输过程中与车辆平板发生摩擦。具体装载办法如图 2-12-8 所示。

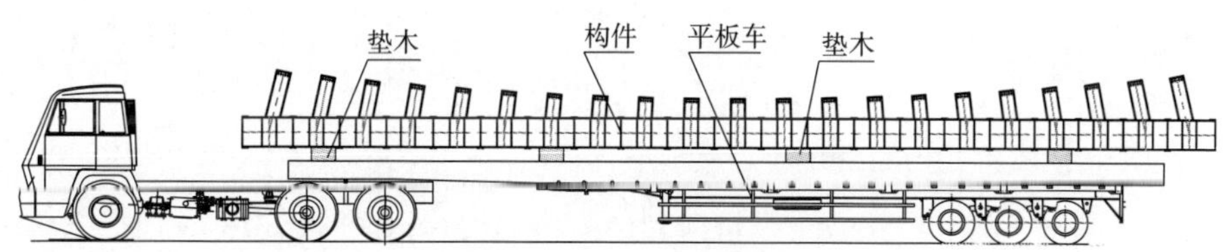


图 2-12-8　装载示意图

（2）加固捆扎

加固捆扎是保证节段安全的重要环节。为使构件顺利到达施工现场，在运输途中使用手动葫芦及钢丝绳将构件和装载车辆的平板（大梁）之间进行锁定，以保证运输的稳定性及安全，具体加固捆扎办法如图 2-12-9 所示。

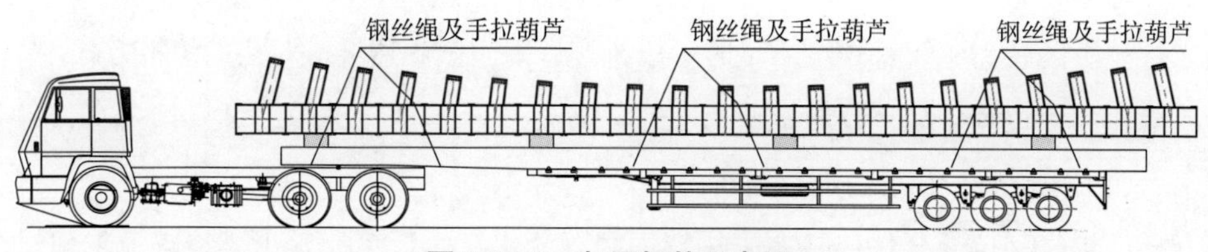


图 2-12-9　加固捆扎示意图

## 三、工序流程

### （一）锚固系统支架制造安装

1. 支架的分节制造

定位架的分节制造在钢结构加工车间进行，加工时按照平台的搭建、单元划分、下料与切割、材料拼接、单元组装焊接、杆件焊接等步骤有序进行。

（1）搭建定位架施工平台

定位架在现场钢结构加工区制作，后支架制作平台和前支架制作平台各搭设一个，用来加工定位架单元构件。定位架施工平台应符合以下要求：

①对平台基准面起固定支撑作用的构件强度要高，能保证在定位架施工过程中不变形、无位移，施工过程中要经常检测平台的平整度。

②在平台上放线要精确，横向、纵向和竖向三维定点符合图纸设计要求。

③在施工过程中防止大型构件对平台的撞击、摩擦导致平台发生变形和位移。

（2）单元划分

定位支架单元划分根据结构形式，总体按照后支架、前支架、连接系三个大类。

单个支架或连接系单元划分原则如下：

①方便现场吊装施工，总体施工重量不超过吊重设备能力范围。

②锚固系统锚杆定位水平横杆在现场最后焊接安装，不考虑与支架整体安装。

③后支架杆件在允许吊装范围内划分成单元桁片制作，现场整体拼装。

④前支架制作成单元桁片，现场焊接成整体。

根据划分原则，将前后支架按纵桥向划分为单元桁片，横向连接杆及连接系单独下料加工，根据安装进度现场与前、后支架焊接成整体。

（3）下料与切割

下料与切割的施工要求如下：

①杆件应严格按照施工图纸要求进行下料。

②预留制作和安装时的焊接收缩余量及切割加工余量。

③对于形状复杂的杆件，应通过放样校对后确定。

④材料拼接 H 型钢单件长度不足时可以拼接，采用全焊透坡口对接的焊接方式。

⑤单元焊接过程中应严格控制焊接变形，焊缝要求饱满，满足图纸设计要求，各单元件在工厂加工完毕后，在场内进行组拼。

⑥杆件焊接定位架杆件连接要采用双面角焊缝焊接，焊缝要求饱满，焊池均匀，纹路平顺。

2. 支架吊装

锚固系统定位架利用塔吊进行吊装，采用捆绑的吊装形式。使用 21.5 mm（吊装重量小于 8 t）或 28 mm 钢丝绳（吊装重量大于 8 t）进行吊装。

3. 支架焊接

（1）锚固系统支架分杆件吊装到位后进行粗定位，点焊固定后进行精定位，焊接完成后再进行测量复核，确保安装位置准确。

（2）锚固系统支架与锚固系统安装穿插进行，在上层锚固系统支架焊接时需在下放铺好铁片，防止焊渣烫伤、污染锚固系统。

4. 定位控制

锚固系统定位支架安装采用绝对控制法和相对控制法相结合的方法进行，主要定位控制需要使用高精度全站仪进行。

安装前须对基础预埋件进行测量复核检查，预埋件高程和中心点坐标应在允许偏差范围内，若出现较大偏差，须对单元件安装进行调整，并经设计计算复核通过。

支架安装时应在锚梁背靠支撑面上布置斜垫板调整倾斜角度，如图 2-12-10 所示。斜垫板应根据每个后锚梁的角度进行加工，并安装到定位支架后锚梁面横梁连接梁上，每根后锚梁 6 块。

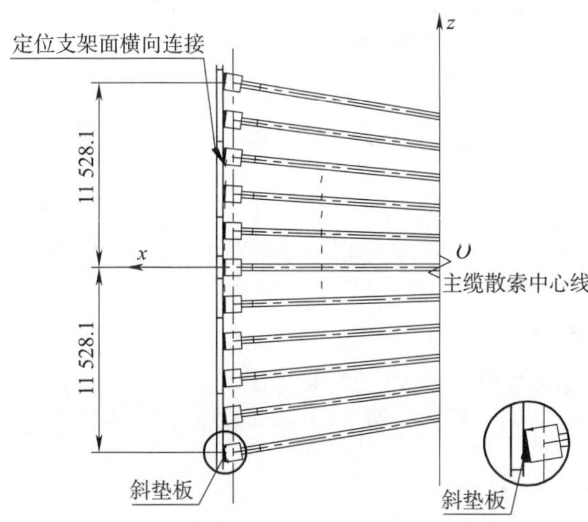


**图 2-12-10　后锚梁安装斜垫板示意图**（单位：mm）

支架安装完后，复核中心偏差、高程，并放出支架后锚梁及锚杆十字中心线。

（1）绝对定位控制

定位架预埋件安装采用绝对定位控制，即安装时采用全站仪控制预埋件的空间位置，主要控制横、纵桥向位置偏差及高程偏差。

安装定位架桁架时采用绝对定位控制，全站仪控制桁架的空间位置，保证桁架安装满足设计图纸要求。

前、后支架横梁连接杆最底部杆件和中间一根杆件采用绝对定位控制，使用全站仪控制横梁连接杆的空间位置（主要是高程），再次校正前、后支架位置。

（2）相对定位控制

前、后支架横梁连接杆大部分杆件采用相对定位控制，即以绝对定位控制的横梁连接杆为基准，采用直尺控制其余杆件的安装。安装过程中相互校正横梁连接杆的空间位置，并在锚杆安装前进行全部杆件位置及定位架位置的精确测量复核。

5. 附属设施搭建

前、后支架安装、焊接时，必须搭设施工平台、走道及爬梯，施工平台及走道采用脚手板铺设在连接杆上，爬梯焊接在外侧桁架上。施工平台可以按照定位架和锚固系统的安装进度不断调整和拼装。爬梯及平台布置如图 2-12-11 所示，爬梯结构如图 2-12-12 所示。

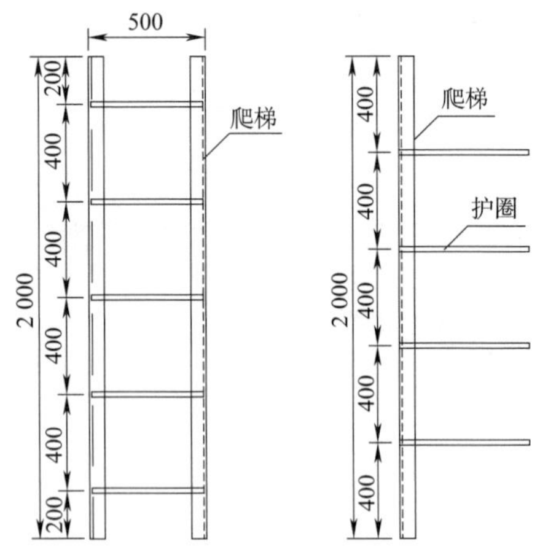


图 2-12-11 爬梯及平台布置示意图（单位：mm）

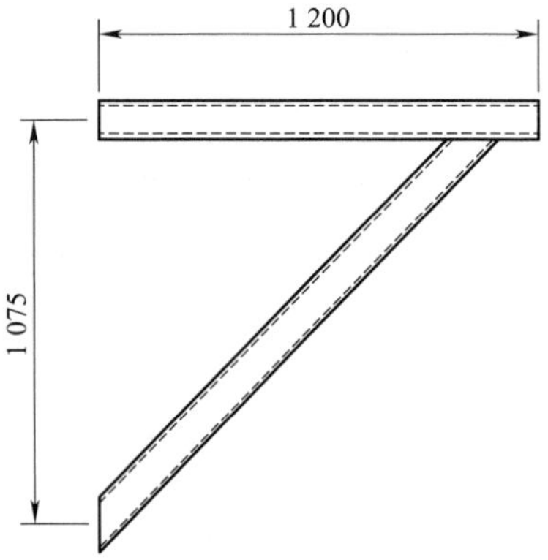

图 2-12-12 爬梯结构示意图（单位：mm）

6. 安装注意事项

（1）预埋件安装必须保证按照设计图纸要求控制其空间位置。

（2）桁架及杆件安装过程中采取的临时固定措施必须安全可靠。

（3）支撑锚杆的横梁连接杆随着顶板施工顺序逐层安装。

（4）后支架安装进度必须经过精确测量控制，保证锚梁安装时空间坐标位置的准确性。支架安装过程中必须复核测量锚碇横纵桥向轴线位置，以轴线位置控制定位架安装，以便消除前期施工产生的精度误差。

（5）安装过程中存在用电、吊装、脚手架、高空作业等危险源，必须加强施工人员的安全意识，保证安装安全。

（6）底板浇筑完成后，清理出定位支架预埋件，按照锚固系统定位架施工步骤，分别安装后支架纵向单元桁片与前支架纵向单元桁片，最后焊接前后支架间纵向连接系。根据锚杆安装批次逐层连接前、后支架水平杆。

（7）安装前须对基础预埋件进行测量复核检查，预埋件高程和中心点坐标应在允许偏差范围内，若出现较大偏差，须对单元件安装进行调整，并经设计计算复核通过。

### （二）锚固系统安装

1. 起吊安装

（1）吊机站位

锚固系统采用 QUY300 履带吊和现场 3 号、4 号塔吊进行吊装。其中后锚梁 Mh2 重量最大，达到 42.5 t。单根锚杆最重为 13 t，锚杆组合吊重最大为 16.6 t。底下四层锚杆采用分段吊装，Mg2、Mg4 用 300 t 履带吊安装，Mg1、Mg3 用塔吊吊装。其他层的锚杆用 300 t 履带吊组合吊装。

履带吊及塔吊布置如图 2-12-13 所示。

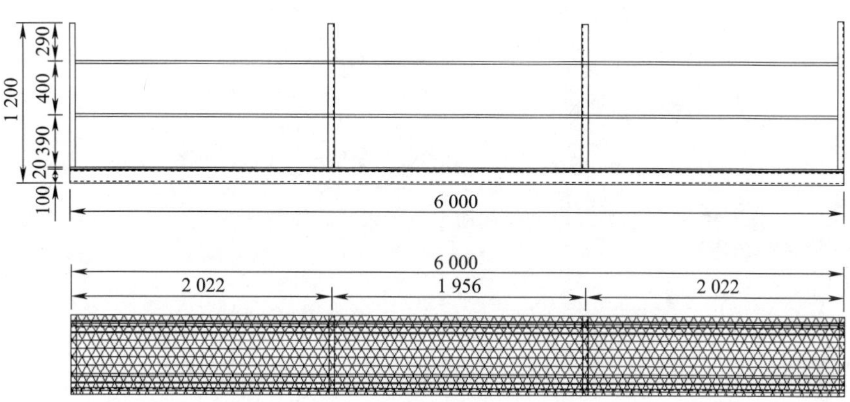


**图 2-12-13　走道示意图**（单位：mm）

（2）吊装方法

锚固系统锚梁和锚杆转运时采取四点平吊，安装时采取四点立吊，每处吊点采用单绳起吊。起吊时必须使吊钩中心与锚梁、锚杆重心相重合，保证起吊平衡。

锚梁、锚杆吊装施工步骤及要求如下：

①第一步：设备的进场。

在各项准备工作完全做好的情况下，开始组织吊装设备的进场和场地的布置。

②第二步：吊装前的准备工作。

吊装前，必须做好全面仔细的检查核实工作。检查设备安装基准标记、方位线标记是否正确。

③第三步：试吊。

试吊前检查确认吊装索具的系接必须牢固；吊装总指挥进行吊装操作交底；起吊放下进行多次试验，使各部分具有协调性和安全性；复查各部位的变化情况等。

④第四步：吊运就位。

由总指挥正式下令各副指挥，检查各岗位到岗待命情况；各岗位汇报准备情况，并及时通知总指挥；正式起吊，使吊物离开地面 500 ～ 800 mm 时停止，并作进一步检查，各岗位应汇报情况是否正常；正常则继续起吊。

⑤第五步：构件就位。

构件下落就位时，应严格按照信号工指示慢放慢落，必要时应有操作工人配合吊装。

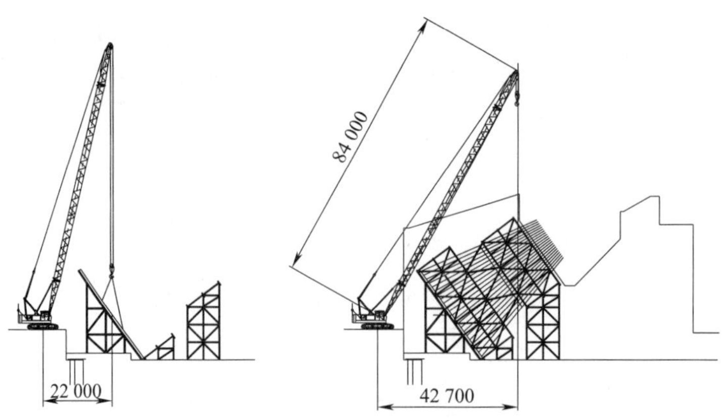


图 2-12-14　QUY300 履带吊机吊装后锚梁站位布置图（单位：mm）

图 2-12-15　QUY300 履带吊机吊装锚杆及塔吊吊装锚杆站位平面布置图

2. 锚梁、锚杆起吊吊具及吊点

（1）锚梁吊具及吊点

由于后锚梁最大长度达到 31.44 m，截面面积较小，为确保锚梁及锚杆不产生变形，采用多吊点吊装，每根杆件采用四吊点进行吊装。

吊装结构形式如图 2-12-16 所示。吊具下端钢丝绳设置 15 t 手拉葫芦，通过葫芦调整钢丝绳长度从而调整锚梁及锚杆角度。

后锚梁上设置 4 个吊点，吊点采用耳板座与锚杆接头采用螺栓连接，吊具钢丝绳通过 20 t 卸扣与耳板座连接，如图 2-12-17 所示。

（2）锚杆吊具及吊点

锚杆安装需要在锚杆上设置吊点，锚杆吊点示意图如图 2-12-18 所示，专用吊具如图 2-12-19 所示。

单面有孔，孔径 $\phi$26 mm，配 M24 普通 7.8 级螺栓。

图 2-12-16　吊装结构形式

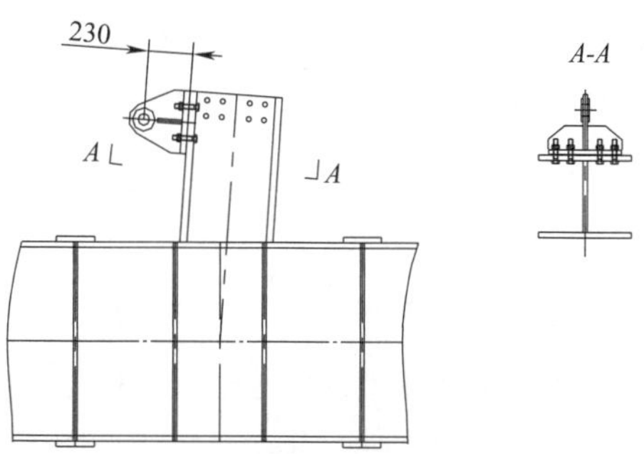


图 2-12-17　锚梁吊点设置（单位：mm）

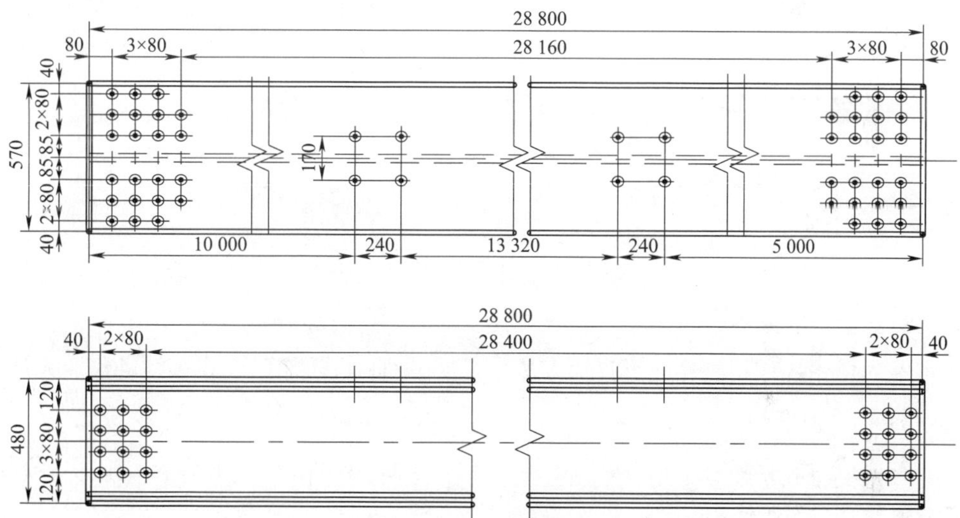


图 2-12-18　Mg2 吊点孔布置图（单位：mm）

图 2-12-19　根据吊架上已有的洞眼设置专用吊具

（3）吊具选择

吊装最重节段重量 42 t，采用钢丝绳，安全系数取 5，钢丝绳最小破断拉力为 15.76 t，保证钢丝绳与钢梁夹角不小于 60°。钢丝绳与水平面角度按 60° 计算，起吊时钢丝绳上的拉力为（42/4）/sin60° =12.1 t，起吊时钢丝绳上的拉力小于 5 倍安全系数下的钢丝绳最小破断拉力。选择 15 t 卸扣，具体型号为 S-BW15，钢丝绳及卸扣满足钢梁起吊要求。

锚固系统吊装选用吊具如下：

① $\phi$40 mm 钢丝绳 2 根，安全拉力为 15.76 t。

②后锚梁选用 15 t 卸扣 4 个，锚杆用 15 t 卸扣 2 个。

③钢丝绳之间的夹角要小于 60°，保证钢丝绳能够有最大的承载能力，如图 2-12-19 所示。

## 四、各工序施工安全卡控要点

### （一）基础卡控要点

1. 人员卡控

（1）所有参与锚固系统安装施工的作业人员需经过三级安全教育培训且考试合格，并接受三级安全技术交底。

（2）对塔吊操作司机、起重指挥人员、履带吊司机、汽车吊司机等特种作业人员进行针对性的安全专项交底。

（3）完成对所有高空作业人员的体检工作，严禁患有高血压、心脏病、癫痫、恐高症、严重贫血等高空作业禁忌证者从事高空作业。

（4）作业人员按要求穿戴劳动防护用品；高空作业人员需穿防滑鞋，穿戴好安全带，配合防坠器使用；特种作业人员持证上岗。

2. 设备卡控

（1）对各类设备进场进行验收及报备，确保其性能良好，手续完善。

（2）完善通信系统，保证通信畅通，各类机械设备起吊过程中专人指挥，统一指挥信号。

（3）各类钢丝绳经常性的检查，达到报废标准的立即报废处理。

（4）现场空间狭小，履带吊必须做到保证安全，安装红外线及倒车影像。

### （二）施工准备安全卡控要点

（1）作业人员进场作业前已完成三级安全教育培训及安全交底。

（2）作业人员已领取符合要求的个人安全防护用品。

（3）锚杆安装现场已做好“三通一平”准备工作。

（4）320 t 履带吊已做好设备报验及进场验收工作。

（5）超宽超限杆件运输路线已规划，已准备好押运车辆，超限运输已报交警部门备案。

（6）锚杆运输中有专车押车保证超限运输安全，运输车辆安装好信号警示标志。

（7）锚杆运输中对已装车的锚杆进行加固，防止运输中出现滑落。

（8）锚杆进场临时存放堆码不得超过 1.5 m 高，并堆码整齐。

（9）锚杆装车及卸车设备已备案并对吊具做好使用前的检查验收工作。

**（三）杆件吊装安全卡控要点**

（1）锚杆安装前对锚固系统安装平台及通道进行检查，发现问题及时完善。

（2）平台及通道要求通道顺直、有栏杆，通道脚手板搭设不得出现挑头板并捆绑牢固，通道有安全绳挂设安全带，平台牢固且有栏杆，并挂设安全警示标志。

（3）锚杆吊装前已对吊机、吊具、吊点进行检查确认无误后开始吊装。

（4）吊装信号指挥人员必须持证上岗。

（5）锚杆吊装时必须设置好溜绳，作业人员在高空吊装作业时必须做好个人防护，穿戴好安全带，划分吊装作业区域防止人员进入吊臂投影范围内。

（6）杆件吊装严格执行“定人、定机、定岗”制度。

（7）严格按照专项安全方案施工，每天利用早班安全交底将安全操作规程、安全注意事项及应急措施对起重机械操作司机、司索工、信号工、作业人员等进行安全交底。

（8）起重机械的变幅指示器、力矩限制器、起重量限制器以及各种行程限位开关等安全保护装置必须完好齐全、灵敏可靠。

（9）特种起重设备必须经过检验并取得合格证书和安全标志，使用过程中做好检修维护，合格证书过期前进行再次检验。

（10）为起重机械作业提供足够的工作场地，清除或避开起重臂起落及回转半径内的障碍物。

（11）吊装时机身固定平稳，支撑安放牢固，作业区周边设置人员警戒和警示标志。

（12）钢丝绳、滑轮、吊钩等必须符合规定要求，达到报废标准必须更换。

（13）起重吊装作业必须严格遵守安全操作规程和起重机械“十不吊”原则，严禁简化操作程序。

（14）吊装作业有人指挥；操作司机严格按照信号工发出的指令进行操作，上、下吊装作业时必须同时设置上、下信号工。

（15）在 6 级及以上大风或大雨、大雾等恶劣天气下停止吊装作业。

**（四）杆件定位安全卡控要点**

（1）锚杆定位前对所有定位点进行检查，做好通道及作业平台。

（2）对无法防护到位的地方安装好生命绳或挂好防坠器做好安全防护。

（3）锚杆定位完成后在附近平台位置及时安放并固定灭火器并采取防火棉被覆盖有高处焊接的作业点，做好防火措施。

（4）冲钉定位时需注意防止冲钉冲出伤人。

**（五）高栓施工安全卡控要点**

（1）施拧前检查个人防护用品及通道平台。

（2）高空施拧高栓做好防高空坠物措施，工具入袋，现场的冲钉、工具栓、高栓做到装箱管理，不得随意散放在通道平台上。

（3）高栓施拧前作业人员必须将安全带挂设在合理位置，整个通道的生命绳必须贯通，保证作业人员任何时候都能有地方挂设安全带、防坠器。

（4）高栓施工时必须注意下方不得有人施工，防止高空坠物伤人。

（5）高栓施工前检查施拧扳手电缆，发现电缆破皮及时更换。每天对开关箱的漏电保护器进行检查。

（6）冲钉退出时需注意防止用力过度导致冲钉掉落伤人，要求现场冲钉尾部必须钻孔穿绳。

**（六）涂装安全卡控要点**

（1）做好补涂装时的个人安全防护，如果通道不能完全到达，作业人员需采用安全带配合防坠器、生命绳做好防坠落措施。

（2）涂装层做好防火措施，防止高空焊接火花引燃聚硫密封胶，现场备好灭火器。

（3）高空锚固系统支架焊接时严格按照“1211”防火措施进行，即 1 个动火点、2 人作业、1 个灭火器、1 个接火盆。

## 五、结　　语

五峰山大桥的顺利完成，肯定了锚固系统安装施工中安全管控工作的先进性和必要性，同时在施工过程中各工序安全卡控要点和管理难点产生的问题，通过相应的方法改进、完善管理后得以解决，并为后续的安全管控工作提供如下经验：

（1）起重机行驶和工作的场地应平坦坚实，保证在工作时不沉陷，不得在倾斜的地面行驶和作业，视其土质的情况，起重机的作业位置应离沟渠、基坑有必要的安全距离。

（2）司机必须与指挥人员（起重工）密切配合，严格按照指挥人员发出的信号（旗号或手势）进行操作；操作前必须鸣号（铃或喇叭）示意；如发现指挥信号不清或错误，有权拒绝执行，并采取措施防止发生事故；操作时，对其他人员发出的危险信号，司机也应采取制止措施，以避免发生事故。

（3）必须经常检查钢丝绳接头和钢丝绳与轧头结合处的牢固情况。轧头有螺帽和压板的一面应在靠钢丝绳长的一端，以免松动、脱落；确定轧头的规格、数量和间距，并根据钢丝绳的直径按标准排列；机械运行中禁止用手触摸钢丝绳和滑轮，以防发生事故；通过滑轮的钢丝绳不准有接头，以防通过时被卡住。

（4）加强管理人员施工过程中的管控力度，及时发现并整改施工过程中遇到的安全相关问题，建立安全问题库，定期交流讨论施工中遇到的安全难题，不断总结经验，采取相关措施，保证施工顺利进行。

# 第十三章

# 主（散）索鞍安装施工安全管控总结

## 一、索鞍概况

主桥鞍体由 3 号墩、4 号墩主塔各 2 个主索鞍以及南北锚碇各 2 个散索鞍组成，共计 8 个鞍体。

### （一）主索鞍概况

主索鞍由鞍体、上承板、下承板、安装板、隔板、锌填块、拉杆、密封条、铜衬板组成。主索鞍鞍体总重达 360 t，考虑运输及现场施工条件，主索鞍鞍体分为三段加工安装，即边跨鞍体、中间鞍体和主跨鞍体。鞍体下上、下承板之间设不锈钢板 - 聚四氟乙烯板滑动副，以适应施工中的相对位移，主索鞍结构如图 2-13-1 所示。

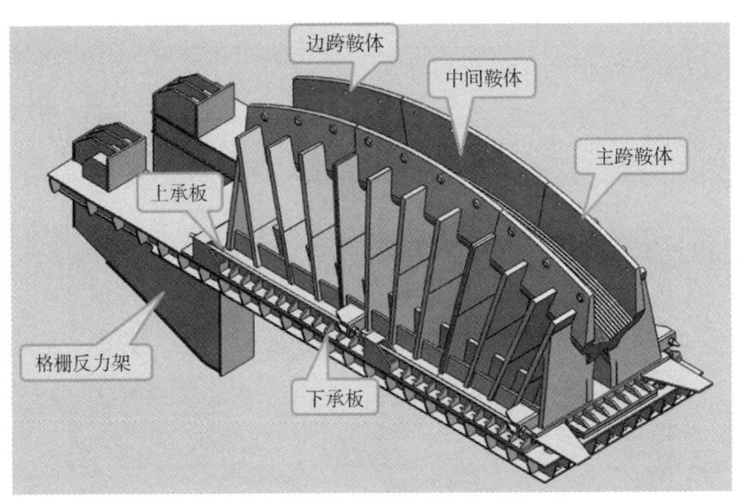


图 2-13-1　主索鞍结构图

### （二）散索鞍概况

散索鞍为摆轴式结构，由鞍体、上承板、下承板、底座、底板、隔板、锌填块、拉杆、密封带、侧板、楔形块、压板组成。散索鞍鞍体重量为 232.5 t，散索鞍结构如图 2-13-2 所示。

## 二、索鞍安装施工资源配置

索鞍施工人员配置详见表 2-13-1。

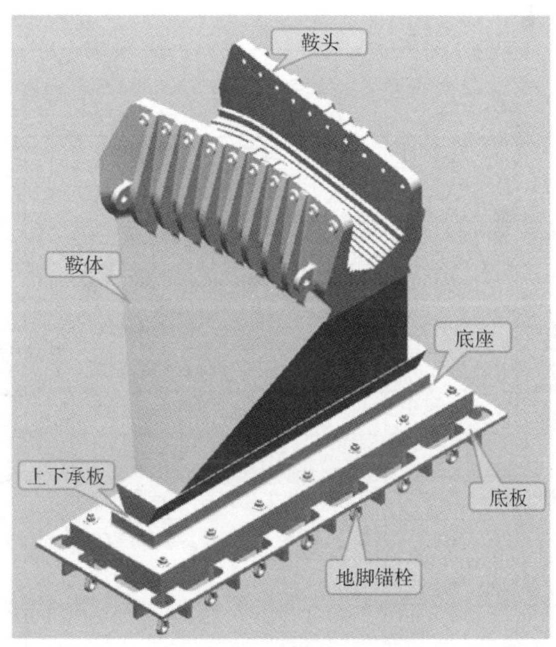


图 2-13-2　散索鞍结构图

表 2-13-1　索鞍施工人员配置表

| 序　号 | 职　务 | 人　数 | 负责内容 |
|---|---|---|---|
| 1 | 架子队队长 | 1 | 全面负责 |
| 2 | 技术负责人 | 1 | 技术负责 |
| 3 | 技术员 | 4 | 技术、质量监督 |
| 4 | 安全员 | 2 | 现场施工安全 |
| 5 | 调度 | 4 | 现场生产监督协调 |
| 6 | 测量员 | 4 | 测量放样 |
| 7 | 物资采购 | 2 | 施工材料采购 |
| 8 | 试验员 | 2 | 高强螺栓检验，施工扳手标定 |
| 9 | 电工 | 1 | 施工安全用电 |
| 10 | 作业队 1 | 60 | 索鞍施工 |
| 11 | 作业队 2 | 40 | 相关钢结构加工制作 |

主、散索鞍施工主要机械配置分别详见表 2-13-2 和表 2-13-3。

表 2-13-2　主索鞍施工主要机械设备表

| 序号 | 设备名称 | 单　位 | 数　量 | 用　途 | 备　注 |
|---|---|---|---|---|---|
| 1 | 16 t 施工塔吊 | 台 | 4 | 门架拼装 | |
| 2 | 2 t 施工电梯 | 台 | 4 | 门架拼装 | |
| 3 | 75 t 履带吊 | 台 | 2 | 门架拼装 | 3 号、4 号墩各 1 台 |
| 4 | 10 t 卷扬机 | 台 | 8 | 主索鞍吊装 | |

续上表

| 序号 | 设备名称 | 单　　位 | 数　　量 | 用　　途 | 备　　注 |
|---|---|---|---|---|---|
| 5 | 20 t 千斤顶 | 个 | 4 | 主索鞍纵移 | |
| 6 | 80 t 滑车组 | 套 | 4 | 索鞍构件吊装 | |
| 7 | 120 t 卸扣 | 套 | 8 | 索鞍构件吊装 | 美标 |
| 8 | 100 t 卸扣 | 套 | 12 | 承板、鞍体吊装 | 美标 |
| 9 | 50 t 卸扣 | 套 | 8 | 格栅、承板吊装 | 国标 D 型 6 级 |
| 10 | $\phi$24 mm 钢丝绳 | m | 10 | 对拉钢丝绳 | 1 770 MPa 纤维芯 |
| 11 | $\phi$36 mm 钢丝绳 | m | 30 | 上承板吊装 | 1 770 MPa 纤维芯 |
| 12 | $\phi$48 mm 钢丝绳 | m | 30 | 下承板吊装 | 1 770 MPa 纤维芯 |
| 13 | $\phi$60 mm 钢丝绳 | m | 50 | 格栅吊装 | 1 770 MPa 纤维芯 |
| 14 | $\phi$64 mm 钢丝绳 | m | 30 | 鞍体吊装 | 1 960 MPa 钢芯 |
| 15 | 扭矩测试仪 | 台 | 1 | 测高栓扭矩系数 | SPNJS-2000-500 |
| 16 | 数显扳手 | 套 | 1/1 | 检查扳手 | SBS1000/ SBS2000 |
| 17 | 电动扳手 | 套 | 2/1 | 用于高栓施拧 | P1D-LP-1000/2000 |
| 18 | 万能试验机 | 台 | 1 | 高栓性能测试 | LEX-1000 |
| 19 | 荷重传感器 | 台 | 4/4 | 测抗滑移系数 | SFHY27/ SFHY30 |
| 20 | 布洛维硬度计 | 台 | 1 | 测螺母、垫圈硬度 | HR-150A |
| 21 | 400 t 浮吊 | 艘 | 1 | 构件吊装 | |
| 22 | 运输船 | 艘 | 1 | 构件运输 | |

**表 2-13-3　散索鞍施工主要机械设备表**

| 序号 | 设备名称 | 单　　位 | 数　　量 | 用　　途 | 备　　注 |
|---|---|---|---|---|---|
| 1 | 150 t 履带吊 | 台 | 1 | 北岸门架拼装 | |
| 2 | 200 t 履带吊 | 台 | 1 | 南岸门架拼装 | |
| 3 | 散索鞍运输平车 | 台 | 1/1 | 南、北岸散索鞍运输 | |
| 4 | 30 t 卷扬机 | 台 | 2 | 构件吊装 | |
| 5 | 20 t 千斤顶 | 个 | 4 | 散索鞍纵纵移 | |
| 6 | 150 t 滑车组 | 套 | 2 | 索鞍构件吊装 | |
| 7 | 150 t 卸扣 | 套 | 6 | 索鞍构件吊装 | 美标 |
| 8 | 120 t 卸扣 | 套 | 8 | 底座、鞍体吊装 | 倒用主索鞍 |
| 9 | 10 t 卸扣 | 套 | 8 | 底板吊装 | 国标 D 型 4 级 |
| 10 | $\phi$36 mm 钢丝绳 | m | 2 × 800 | 门架卷扬机 | 1 960 MPa 钢芯 |
| 11 | $\phi$24 mm 钢丝绳 | m | 10 | 对拉钢丝绳 | 1 770 MPa 纤维芯 |
| 12 | $\phi$24 mm 钢丝绳 | m | 30 | 底板吊装 | 1 770 MPa 纤维芯 |
| 13 | $\phi$42 mm 钢丝绳 | m | 30 | 底座吊装 | 1 770 MPa 纤维芯 |
| 14 | $\phi$64 mm 钢丝绳 | m | 50 | 鞍体吊装 | 1 960 MPa 钢芯 |

说明：高栓施拧设备、浮吊及运输船与主索鞍施工共用，不再单列。

## 三、工序流程

主索鞍安装施工工序流程为：施工准备→格栅及顶推架预埋件安装→预埋钢筋定位架安装→预埋钢筋安装→混凝土浇筑（塔柱第32节）→门架安装（含试吊）→格栅及顶推架安装→混凝土浇筑（格栅范围内预留的后浇混凝土）→下承板安装→上承板安装→主索鞍安装。

散索鞍安装施工工序流程为：施工准备→底板定位架安装→底板及地脚螺栓安装→混凝土浇筑（支墩顶部）→门架安装（含试吊）→底座组件安装→散索鞍安装。

## 四、主（散）索鞍安装施工过程风险

索鞍安装施工涉及高空作业、起重吊装作业、船舶作业、水上作业、动火作业等，主要可能发生高处坠落、物体打击、机械伤害、起重伤害、船舶失控、倾覆、淹溺及火灾等事故。

## 五、各工序安全卡控要点

### （一）施工准备安全卡控要点

（1）所有参与索鞍安装施工的作业人员需经过三级安全教育培训并考试合格，并接受第三级安全技术交底。

（2）对塔吊操作司机、起重指挥人员、电梯司机、履带吊司机、汽车吊司机等特种作业人员以及卷扬机操作司机、拖轮船员进行针对性的安全及技术交底。

（3）完成对所有高空作业人员的体检工作，严禁患有高血压、心脏病、癫痫、恐高症、严重贫血等高空作业禁忌证者从事高空作业。

（4）对各类设备进场进行验收及报备，确保其性能良好，手续完善。

（5）各类卷扬机安装完成后对其安装基础、预埋件、电气系统、制动装置及各类安全装置进行验收。

（6）完善通信系统，保证通信畅通。

（7）对进场的各类钢丝绳进行检查确认标准，完成各类钢丝绳及其他辅材的进场验收工作。

介于主索鞍格栅及顶推架预埋件安装、预埋钢筋定位架安装、预埋钢筋安装、混凝土浇筑及散索鞍的底板定位架安装、底板及地脚螺栓安装等均属于常规施工，在此对其安全卡控要点不再赘述。

### （二）门架安装安全卡控要点

1. 门架制造

门架为索鞍吊装期间主要受力构件，门架的质量为索鞍施工基础。为保证门架质量，门架采用工厂化精加工制作，首先采用全站仪将门架 1 ∶ 1 放样在工厂加工胎架上，根据放样尺寸与位置摆放型钢，焊接节点板，焊接过程中，对焊接完成部分要及时检查焊缝质量，如图 2-13-3 所示。门架各杆件采用栓接，螺栓孔采用套钻进行施工。门架加工制作完成后，在场内进行预拼装。

图 2-13-3　门架厂内加工

2. 主索鞍门架安装（含吊装系统）

在塔柱施工至 31 节时预埋 75 mm × 75 mm 角钢，作为门架预埋件支撑，在 32 节埋设门架预埋件。

主索鞍门架加工完成后，运输至现场分单元进行拼装，考虑塔吊的吊装性能，单片主索鞍门架分单元进行拼装，各杆件采用连接板加高强度螺栓进行连接，如图 2-13-4 所示。拼装完成后按顺序依次吊装门架，如图 2-13-5 所示。

图 2-13-4　主索鞍门架拼装

图 2-13-5　主索鞍门架吊装

每台主索鞍门架配置 2 台 10 t 卷扬机作为构件起重设备，钢丝绳采用 $\phi$30 mm 钢芯钢丝绳，2 台 80 t 滑车组走 10 线布置。主索鞍门架吊装系统如图 2-13-6 所示。

3. 散索鞍门架安装（含吊装系统）

散索鞍支墩施工至最后一节，预埋散索鞍门架预埋件。预埋件采用临时连接杆进行连接以保证精度。散索鞍门架加工完成后，运输至现场分单元进行拼装，单片散索鞍门架分单元进行拼装，各杆件采用连接板加高强度螺栓进行连接。拼装完成后按顺序依次吊装门架。每台门架配置 2 台 30 t 卷扬机作为构件起重设备，钢丝绳采用 $\phi$36 mm 钢芯钢丝绳，2 台 150 t 滑车组走 10 线布置。北岸散索鞍倒用南岸 30 t 卷扬机，在北锚沉井顶面布置卷扬机及储绳桶、对称桥轴线布置，底座通过设置的预埋件固定，如图 2-13-7 所示。

图 2-13-6　主索鞍门架吊装系统

图 2-13-7　北岸散索鞍吊装卷扬机布置

南岸散索鞍采用 30 t 卷扬机进行吊装，共设置 2 台卷扬机，单台容绳量不小于 4 000 m，如图 2-13-8 所示。在南锚碇锚块顶面布置卷扬机及储绳桶、对称桥轴线布置，底座采用预埋件固定。

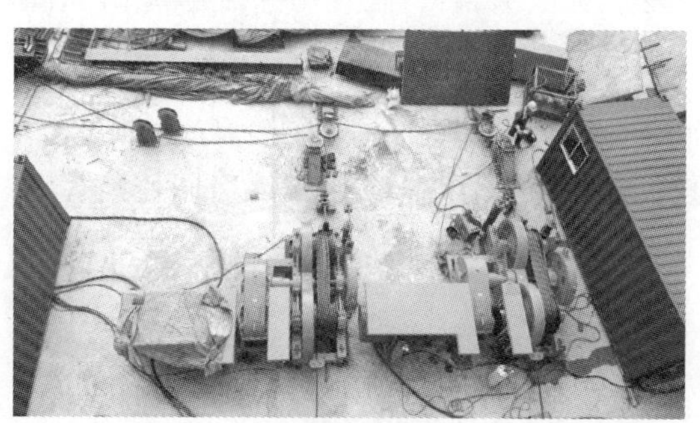

图 2-13-8　南岸散索鞍吊装卷扬机布置

4. 门架试吊

为检验门架与吊装机械性能，门架在安装完成且验收合格后应进行试吊。试吊采用定制框栏加配重钢板。主索鞍门架吊装最大构件重量为中间鞍体 119.23 t，散索鞍门架吊装最大构件重量为散索鞍鞍体组件 232.5 t。试吊钢丝绳采用散索鞍吊装钢丝绳（直径 80 mm，抗拉强度 1 960 MPa 的钢芯钢丝绳，吊点采用 120 t 美标卸扣，动滑车采用 150 t 美标卸扣）。主、散索鞍门架试吊分别如图 2-13-9 和图 2-13-10 所示。

5. 门架安装（含吊装系统）安全卡控要点

（1）门架预埋件位置需准确，避免门架拼装后杆件内存在应力。

（2）门架构件出厂前必须在工厂进行预拼装。所有钢结构工件均需标识编号，并标注方向标志。

图 2-13-9　主索鞍门架试吊

图 2-13-10　散索鞍门架试吊

（3）门架构件制造需结合门架安装方案进行分块及分段，并设置安装用吊点。

（4）为保证门架拼装精度，门架杆件在现场拼装成单元件时，需在胎膜上进行拼装。焊接过程中，对焊接完成部分要及时检查焊缝质量，并进行防锈涂装。

（5）对于易变形的门架单元，需进行临时加固。

（6）门架两侧未进行横向连接前，应拉设缆风绳，防止倾覆。

（7）上下爬梯按照方案要求布设，并安装护圈。

（8）水平通道平台及门架拼装节点平台需设置防护栏杆。

（9）门架安装投影面下方设置警戒区，安排人员值守。

（10）根据门架单元重量选择合适的吊索具。

（11）吊装系统卷扬机及各转向导轮固定牢靠。

（12）转向导轮安装完成后对其进行加内存，导轮轴线需与吊装钢丝绳保持垂直。

6. 门架试吊安全卡控要点

（1）试吊用的定制框栏需经专项设计，进场后对其进行验收，确保其结构、吊耳等满足设计要求。

（2）试吊区域拉设警戒线，防止无关人员进入。

（3）各关键点（卷扬机、转向轮、滑轮组等）安排专人负责盯控，如有异常，及时采取应急措施。

（4）严格按照方案要求的加载顺序加载。

7.（主索鞍）格栅及顶推架安装安全卡控要点

（1）格栅及顶推架安装

格栅及顶推架吊装采用四点捆吊方式进行，起吊过程中缓慢、匀速进行，如图 2-13-11 所示。格栅提升至设计高度，开始纵移，纵移采用连续式千斤顶及钢绞线拖拉天车。纵移至设计位置后进行格栅下放工作。

图 2-13-11　格栅及顶推架吊装

（2）安全卡控要点

① 吊装作业前完成对门架结构、卷扬机、吊索具等检查签证工作。

② 根据被吊物重量合理选用钢丝绳及卡环等，钢丝绳长度、角度满足方案要求。

③ 吊装作业区域拉设警戒线，禁止无关人员进入，吊装过程中做好门架变形监测。

④ 格栅及顶推架应缓慢匀速提升。

⑤ 格栅及顶推架提升至设计高度后，进行打稍，绳卡数量、安装方向及间距需满足规范要求。

⑥ 塔顶设置临时防护栏杆，待格栅及顶推架纵移前将其拆除，纵移完成后，将临时防护栏杆及时恢复，如图 2-13-12 所示。

⑦ 格栅及顶推架纵移前，在门架纵移梁上粘贴刻度尺（如图 2-13-13 所示），纵移过程中保证两侧纵移的同步性。

⑧ 纵移扁担梁两侧设置限位卡板，防止纵移过程中发生横桥向位移。

考虑主索鞍下承板安装、上承板安装及散索鞍底座组件安装工况，与格栅及顶推架安装基本相同，在此不再赘述。

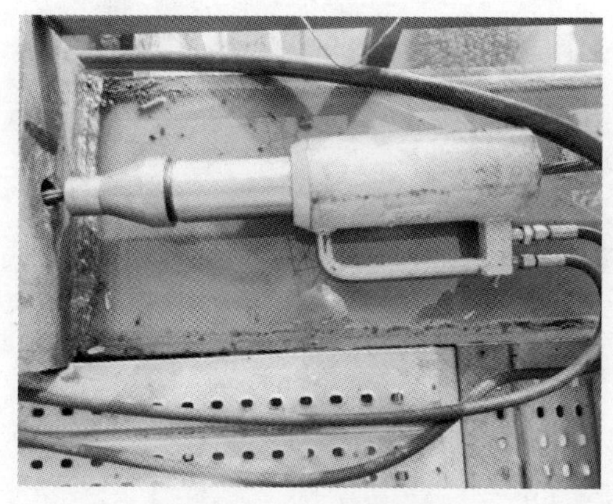

图 2-13-12　格栅纵移

图 2-13-13　纵移前粘贴刻度尺

8. 主索鞍安装安全卡控要点

（1）主索鞍安装

主索鞍分三部分进行安装，待安装完成后，各鞍体之间采用高强度螺栓进行连接。安装顺序依次为边跨鞍体、中间鞍体和主跨鞍体。鞍体吊装前纵移天车至吊装位置，吊装采用4点起吊，选用直径64 mm钢丝绳，吊点处配100 t美标卸扣，动滑车部分采用120 t美标卸扣。

索鞍起吊至设计高度后，开始纵移工作，纵移方法与格栅相同。边跨、主跨鞍体纵移到位后，可直接下放到位，中间鞍体不可直接下放到位，需等待主跨鞍体安装到位后，重新进行对位，如图2-13-14所示。

（2）安全卡控要点

主索鞍鞍体安装卡控要点与格栅及顶推架类似，因其使用的吊装钢丝绳为定制的挤压头钢丝绳，需厂家出具相关合格报告及证书。

9. 散索鞍安装安全卡控要点

（1）散索鞍吊装

散索鞍鞍体同样采用4点起吊方式进行吊装，采用直径80 mm的钢丝绳，吊点与动滑轮处均采用美标200 t卸扣。鞍体起吊位置同底座起吊位置相同。

起吊至要求高度后进行鞍体横移。由于散索鞍体积大、质量大，横移前，首先对其进行打稍工作，打稍结束后，南岸鞍体纵移至设计位置下放。北岸鞍体需先横移，后纵移，再行下放。南北岸散索鞍鞍体，横移到位后，均要先解除打稍方可下放，在下放到距底座30 cm处，停止下放利用手拉葫芦调整索鞍位置，精确对位，保证销孔与销轴顺利对位，如图2-13-15所示。

**图2-13-14 主索鞍鞍体吊装**

**图2-13-15 散索鞍下放措施**

（2）安全卡控要点

① 钢丝绳长度搭配合理，保证散索鞍起吊后角度与其工作状态的角度基本相同。

② 吊装作业前完成对门架结构、卷扬机、吊索具等的检查签证工作。

③ 吊装作业区域拉设警戒线，禁止无关人员进入。

④ 吊装过程中做好门架变形监测，做好转向滑轮基础观测工作。

⑤ 散索鞍提升至设计高度后，进行打稍，绳卡数量、安装方向及间距需满足规范要求。

⑥ 设置临时防护栏杆，待鞍体横移（纵移）前将其拆除，横移（纵移）完成后，将临时防护栏杆及时恢复。

⑦ 鞍体横移（纵移），在门架纵移梁上粘贴刻度尺，纵移过程中保证两侧纵移的同步性。

⑧ 横移（纵移）扁担梁两侧设置限位卡板，防止移动过程中发生位移。

⑨ 由于散索鞍鞍体呈狭长状，与底座相连后可纵向摆动，且“空缆”安装状态向锚跨侧倾斜一定角度，吊装前在散索鞍墩安装型钢支架作为临时支撑，使散索鞍呈“空缆”状态倾角放置，并确保散索鞍定位精度、主缆架设过程中的稳定性，如图 2-3-16 所示。

图 2-13-16　散索鞍吊装

## 六、结　　语

索鞍安装主要涉及非常规的大型起重吊装作业，安全管控的重点包括门架制造及安装、吊装系统布设以及鞍体的吊装。门架厂内的制造及预拼，运输至现场进行拼装，有力地保证了门架安装的质量。鞍体安装过程中各类钢丝绳及吊索具的选用应保证其质量，必要时需厂家提供有效的合格证件。加强索鞍安装过程中检查签证管理，尤其是各类卷扬机基础、各类钢丝绳、转向导轮基础及门架结构的检查，确保索鞍安装过程安全无事故。

# 上部结构

# 第十四章

# 连续梁挂篮施工安全卡控总结

## 一、概　　况

### （一）铁路 4 × 57.2 m 连续梁概况

铁路 4 × 57.2 m 连续梁从 6 号墩至 S4 号墩，采用直腹板单箱单室箱型截面，梁高 4.8 m。主梁顶宽 12.2 m，顶板厚 0.34 m；底宽 6.4 m，底板厚 0.35 ～ 0.6 m；腹板厚 0.5 ～ 0.9 m。全联梁共设 5 道横隔板，边支点横隔板厚 1.5 m，中支点横隔板厚 2.5 m。主梁 0 号块梁段长 11.2 m，中、边跨合龙段长 2 m，近主桥侧边跨现浇梁段梁长 26.4 m，近引桥侧边跨现浇段梁长 27.5 m。除 0 号块和边跨现浇段在支架上施工外，每墩挂篮悬臂浇筑施工阶段为 2 × 5 个。

### （二）挂篮概况

挂篮采用菱形挂篮，由主桁系统、锚固系统、吊挂系统、底平台系统、模板系统等组成。挂篮主桁各杆件采用槽钢对扣，各杆件之间采用销轴相连。挂篮总重 66.87 t，连续梁最重为 1 号块 173 t，挂篮与连续梁重量比为 0.39，满足挂篮重与最大节段重量比在 0.3 ～ 0.5 之间。挂篮总体布置如图 3-14-1 所示。

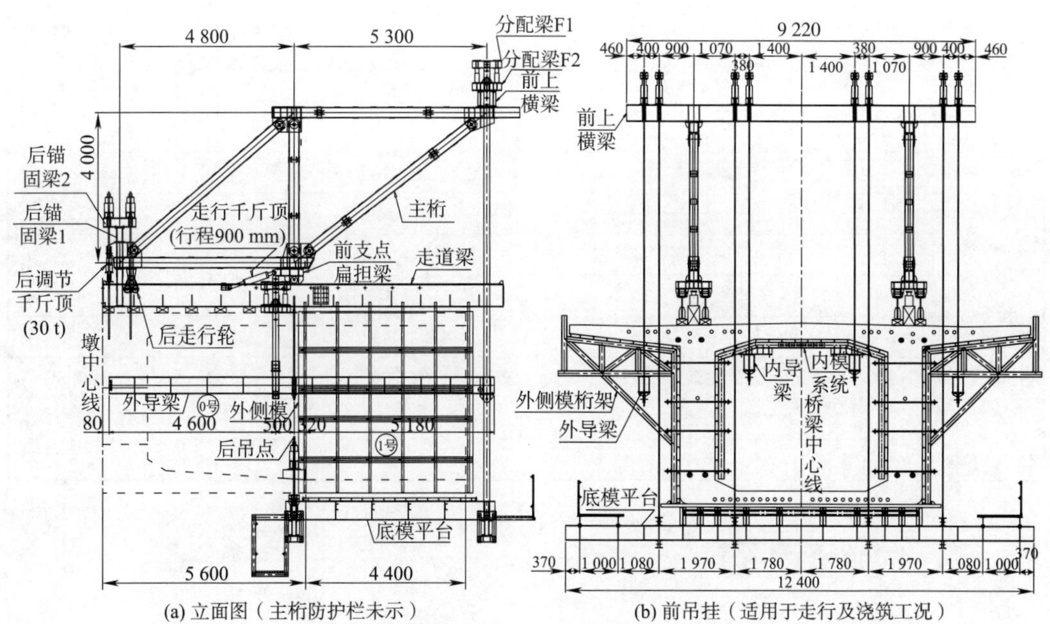


(a) 立面图（主桁防护栏未示）　　(b) 前吊挂（适用于走行及浇筑工况）

图 3-14-1　挂篮结构总体布置图（单位：cm）

挂篮结构由主桁、连接系、前上横梁、底模平台、吊挂系统、内外模导梁、后锚固系统、走行轨道、模板系统。

每只挂篮由两片主桁组成，两片主桁 5.7 m，中间通过连接系连成整体，主桁各杆件由槽钢对扣焊接而成，各杆件之间通过销轴连接。连接系为 2[12.6 型钢焊接桁架，通过销轴将两片主桁连接成整体。

底平台由底纵梁及前、后下横梁和活动吊点组成，前、后下横梁由 2[40b 双拼组成，底纵梁为 HN500 型钢，底纵梁通过螺栓连接在前、后下横梁上。

吊挂系统由底平台吊挂系统及内、外导梁吊挂系统组成，前吊挂采用吊带，后吊挂采用 $\phi$40 mm 精轧螺纹吊杆。底平台吊挂系统由底模平台后吊挂、底模平台前吊挂、底模平台走行吊挂组成。外模吊挂系统由外模前、后吊挂，外模走行后吊挂组成。内模吊挂系统由内模前、后吊挂，内模走行后吊挂组成。

走行系统由走道梁、锚固梁组成，其作用是将所有荷载传递至已灌注节段箱梁上，同时作为挂篮主桁滑移时的滑行设施。锚固系统由后锚固梁、锚固筋等组成，以使挂篮在灌注混凝土时，具有必要的稳定性。

各构件结构采用焊接，杆件之间连接采用销轴或吊带，对挂篮主桁架焊缝采用超声波探伤检查，要求焊缝等级二级；对主桁销轴、挂篮施工吊带、吊杆均进行力学性能试验。

挂篮浇筑及走形节段抗倾覆稳定系数大于 2，满足挂篮技术规程要求；各杆件在走行及浇筑工况中应力均小于设计值，满足规范要求。

挂篮各构件重量汇总详见表 3-14-1。

**表 3-14-1　挂篮各构件重量汇总表**

| 序　号 | 名　称 | 重　量（kg） | 备　注 |
|---|---|---|---|
| 1 | 主桁及连接系 | 11 883.4 | 含走形结构 |
| 2 | 后锚固梁及前后支点垫梁 | 1 547.4 | |
| 3 | 前上横梁 | 1 970.4 | |
| 4 | 底模平台及前后吊挂 | 15 140.9 | |
| 5 | 内、外导梁及前后吊挂 | 11 030.6 | |
| 6 | 外侧模及支架 | 17 010.1 | |
| 7 | 主桁及前上横梁操作平台 | 1 449.2 | |
| 8 | 走道梁及锚固梁 | 6 209.8 | 含顶进千斤顶顶座 |
| 9 | 后锚筋 | 299.9 | 8 根 |
| 总　计 | | 66 541.7 | |

## 二、生产资源配置

### （一）人员配置

根据作业内容以及工期要求，施工现场应配备足够数量的作业人员和管理人员，涉及的工种有钢筋工、混凝土工、电焊工、电工、机修工、预应力工、运输司机、普工等。

### （二）机械设备配置

施工所需机械设备有塔吊、汽车吊、空气压缩机、风镐、液压油泵、液压千斤顶、插入式振捣棒、水泵、压浆泵、高速水泥搅拌机、电焊机、混凝土搅拌运输车、混凝土输送泵、汽车泵、定制挂篮以及相应的测量仪器等。

### （三）主要材料配置

连续梁施工采用挂篮施工法，投入6套模板，采用新制和利用旧模板进行改造。承台钢筋按照设计要求组织进场，混凝土原材料由局指统一采购，验收合格后方可使用，搅拌站生产成品混凝土通过混凝土运输车运送到施工工点，由混凝土泵车泵送入模。钢板桩及内支撑材料按照施工计划要求组织进场。主要工程数量详见表3-14-2。

表3-14-2 主要工程数量表

| 材料名称 | 材料规格 | 单　位 | 工 程 量 |
|---|---|---|---|
| 混凝土 | 现浇混凝土C50 | $m^3$ | 3 285 |
| 预应力 | $\phi$15.2 mm钢绞线 | t | 136.8 |
| 锚具 | 群锚15-17锚具 | 套 | 412 |
| 锚具 | 群锚15-15锚具 | 套 | 32 |
| 预应力管道 | 波纹管内径$\phi$90 mm | m | 7 272.4 |
| 普通钢筋 | HRB400 | t | 666.9 |
| 普通钢筋 | HPB300 | t | 18 |
| 钢料 | Q235 | t | 11.7 |

## 三、工序流程

施工准备→0号块支托架施工→支架预压→模板安装→钢筋及预埋件作业→波纹管及喇叭口锚垫板施工→混凝土施工→预应力张拉→压浆、封锚→拆模→挂篮拼装静载试验→挂篮移动调整固定→连续梁悬臂段循环施工（钢筋、模板、混凝土、预应力）→合龙段施工（钢筋、模板、混凝土、预应力）→挂篮拆除。

### （一）连续梁悬臂段循环施工工艺流程图

悬臂段施工工艺流程如图3-14-2所示。

### （二）挂篮拼装

1. 拼装步骤

挂篮组拼顺序为：测量放线→安装走道梁并锚固→吊装主桁、安装后锚→吊装主桁连接系→吊装前上横梁→拼装底模及底平台→安装吊带，提升底平台就位→安装侧模、外导梁→安装内模、内导梁。要求大小里程侧两只挂篮同步安装。

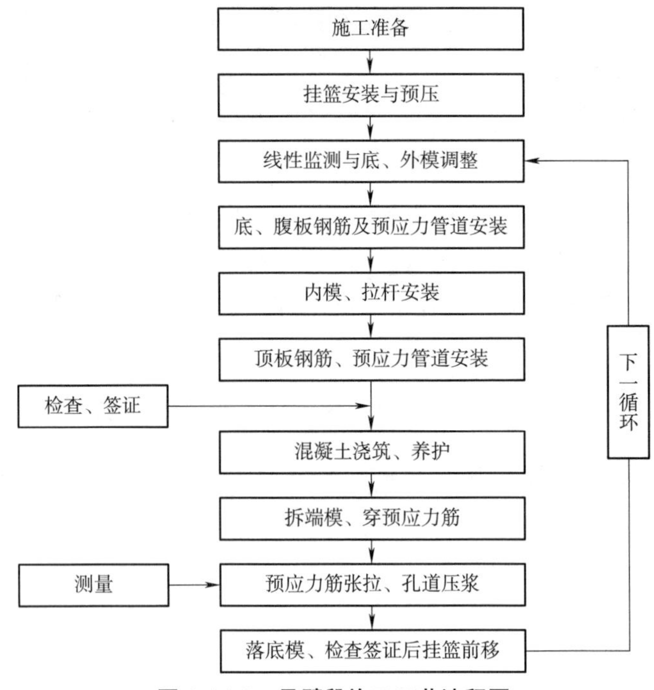


**图 3-14-2 悬臂段施工工艺流程图**

（1）安装走道梁

清除 0 号节段梁面两侧腹板部位的杂物，根据挂篮图纸设计位置，在已浇箱梁顶面放出滑道铺设位置，安装走道梁，确认走道梁安装位置无误后，利用锚固梁和螺母通过 U 形筋将走道梁和梁体锁定。两节走道梁之间接头要求平顺、整齐；走道梁顶面要求平整、光滑，以利于挂篮走行。

（2）吊装主桁架

走道梁安装完成后，在走道梁上准确放出主桁架安装位置轮廓线。主桁架运至墩位处利用塔吊分片吊装，单片桁架吊起后与已做标记对准安装，安装就位后需用［10 型钢斜撑临时固定，防止桁架倾覆。待两片桁架均安装就位后，按照设计要求对桁架位置进行微调，经测量无误后，利用后锚筋和后锚扁担梁将主桁架后端锚固在已浇筑箱梁顶板上。

主桁重心在腹杆处，吊装时采用兜吊的栓挂方式，吊点设置在上水平杆与腹杆节点两侧，如图 3-14-3 所示。利用 $\phi$30 mm 吊装钢丝绳配 10 t 卸扣进行吊装，钢丝绳允许拉力为 9.5 t（考虑 6 倍安全系数），单片主桁重 5.0 t ＜ 2×9.5=19 t，满足吊装要求。

（3）安装连接系

主桁安装固定好之后，利用塔吊吊装连接系。连接系吊装到位之后，打入销轴，将两片主桁连接成整体，拆除主桁临时支撑。

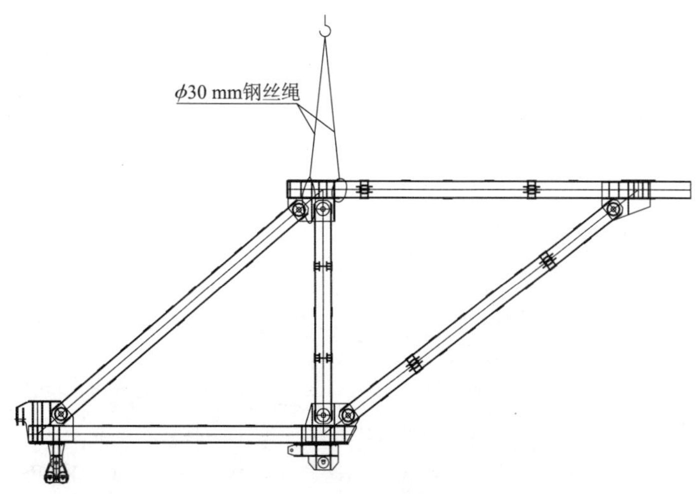


图 3-14-3　挂篮主桁吊装示意图

（4）吊装前上横梁

根据设计要求在桁架上弦杆相应位置处准确放样出前上横梁的安装位置，并用油漆做好标记。利用塔吊吊装前上横梁，将前上横梁吊运至主桁上方 20 cm 左右处时，放慢下放速度，利用人工对前上横梁位置及角度进行调整，与标记的安装线对准后缓缓下放，经测量检查无误后将后上横梁与桁架上弦杆采用螺栓连接。上横梁安装完成之后，在上横梁上安装前吊带，在梁体预留孔位置安装精轧螺纹吊杆。

（5）拼装底平台及底模

挂篮底平台在地面上进行拼装成整体，然后在其上方安装底模，安装完成之后，利用现场塔吊和一台 130 t 汽车吊将底模平台提升到位。提升时，吊点分别设置在底模两侧，要求两边同步水平起吊，起吊缓慢平稳。底模平台提升到位后，穿入前后吊挂，吊带孔打入销轴固定。

底平台及底模重 16.2 t，采用现场塔吊及 130 t 汽车吊进行抬吊，单台吊机承载力需大于 8.1/0.8=10.13 t，底平台起吊高度约为 48 m。130 t 汽车吊工作幅度为 12 m，主臂长度为 57.5 m 时，起升高度为 56 m，起吊重量为 12.5 t > 10.13 t，满足吊装要求；250 t·m 塔吊工作幅度为 20 m 时，起吊重量为 14.57 t > 10.13 t，满足吊装要求。两吊机性能参数分别详见表 3-14-3 和表 3-14-4。

表 3-14-3　130 t 汽车吊性能参数表

| 工作半径（m） | 主臂长度（m） | | | | | | | | | | | |
|---|---|---|---|---|---|---|---|---|---|---|---|---|
| | 13 | 17.14 | 21.28 | 25.42 | 29.56 | 33.7 | 37.84 | 41.98 | 46.12 | 50.26 | 54.4 | 58 |
| 3 | 130.3 | 108.0 | | | | | | | | | | |
| 3.5 | 125.0 | 102.0 | | | | | | | | | | |
| 4 | 115.0 | 98.0 | 90.0 | 75.0 | | | | | | | | |

续上表

| 工作半径（m） | 主臂长度（m） | | | | | | | | | | | |
|---|---|---|---|---|---|---|---|---|---|---|---|---|
| | 13 | 17.14 | 21.28 | 25.42 | 29.56 | 33.7 | 37.84 | 41.98 | 46.12 | 50.26 | 54.4 | 58 |
| 4.5 | 105.0 | 91.0 | 85.0 | 72.0 | 60.0 | | | | | | | |
| 5 | 98.0 | 85.0 | 76.5 | 68.5 | 55.0 | 50.0 | | | | | | |
| 6 | 85.0 | 78.0 | 69.2 | 62.0 | 53.6 | 45.0 | 38.0 | | | | | |
| 7 | 70.0 | 70.0 | 62.8 | 56.5 | 50.5 | 43.0 | 36.5 | 28.5 | | | | |
| 8 | 60.0 | 60.0 | 57.0 | 51.2 | 46.5 | 40.5 | 35.0 | 28.0 | 25.0 | | | |
| 9 | 52.0 | 52.0 | 50.0 | 47.0 | 43.6 | 37.5 | 32.5 | 27.5 | 24.0 | 20.0 | | |
| 10 | 45.0 | 45.5 | 45.3 | 43.0 | 39.2 | 35.8 | 30.0 | 26.5 | 22.0 | 18.0 | 16.5 | 13.5 |
| 12 | | 39.0 | 38.5 | 37.5 | 34.3 | 31.5 | 27.0 | 23.7 | 20.6 | 16.5 | 15.5 | 12.5 |
| 14 | | 29.6 | 29.3 | 30.1 | 30.2 | 27.0 | 24.8 | 20.8 | 18.8 | 15.3 | 13.5 | 12.0 |
| 16 | | | 23.1 | 23.9 | 24.0 | 24.0 | 22.0 | 18.6 | 17.1 | 14.0 | 13.0 | 11.5 |
| 18 | | | 18.5 | 19.4 | 19.6 | 19.9 | 19.6 | 17.2 | 15.5 | 13.2 | 12.0 | 10.5 |
| 20 | | | | 16.0 | 16.2 | 16.5 | 17.3 | 16.3 | 13.9 | 12.5 | 11.5 | 10.0 |
| 22 | | | | 13.3 | 13.5 | 13.9 | 14.6 | 14.6 | 12.1 | 11.5 | 11.0 | 9.3 |
| 24 | | | | | 11.4 | 11.7 | 12.5 | 12.5 | 11.2 | 10.8 | 10.5 | 8.6 |
| 26 | | | | | 9.6 | 10.0 | 10.8 | 10.7 | 10.5 | 10.0 | 10.0 | 8.0 |
| 28 | | | | | | 8.5 | 9.3 | 9.3 | 9.5 | 9.5 | 9.5 | 7.5 |
| 30 | | | | | | 7.2 | 8.0 | 8.0 | 8.2 | 8.6 | 8.8 | 7.1 |

注：配重 38 t，支腿全伸。

**表 3-14-4　250 t·m 塔吊性能参数表**

| 幅度（m） | | 3.75~18.5 | 20 | 25 | 30 | 35.5 | 40 | 45 | 50 |
|---|---|---|---|---|---|---|---|---|---|
| 起重量（t） | 2 倍率 | 8.00 | | | | | 6.97 | 6.07 | 5.35 |
| | 4 倍率 | 16.00 | 14.57 | 11.16 | 8.94 | 7.22 | 6.20 | 5.29 | 4.57 |

底模吊装时，共设置 4 个吊点，吊点分别设置在前后下横梁两端，采用兜吊的栓挂方式，吊点处需设置临时限位板，临时限位板结构与 0 号块支架桁架吊装时临时限位板结构相同。吊具选用 $\phi$30 mm 钢丝绳配 10 t 卸扣，钢丝绳允许拉力为 9.5 t（考虑 6 倍安全系数）。吊装时，要求吊索与水平面夹角不得小于 60°，单根钢丝绳最大受力为（16.2/4）/sin60° = 4.68 t < 9.5 t，满足吊装要求。

为防止吊装过程中下横梁发生过大的旁弯，起吊之前先在前后下横梁之间焊接两根撑杆。撑杆设置在吊点附近，采用 2[10 型钢。撑杆按压杆计算，受压力（16.2/4）/ tan 60° =2.37 t，撑杆长 5.3 m，横截面积为 2 548 $mm^2$，长细比 $\lambda$=5 300/39.45=134.3，查表得稳定性系数 $\varphi$ =0.37，则 $\sigma=\frac{23\ 700}{0.37\times 2\ 548}$=25.14 MPa < [ σ ] =168 MPa，满足要求。

（6）安装外导梁、外侧模板

挂篮侧模倒用0号块侧模，在侧模吊装之前，将外导梁穿入侧模桁架，将外导梁与侧模桁架连接，利用塔吊将外侧模及外导梁起吊到位，将前上横梁吊带及后翼缘外吊挂穿入外导梁，解除吊装钢丝绳，侧模坐落在外导梁上，利用千斤顶调节导梁吊挂，侧模及外导梁安装到位。

（7）安装内导梁、内模

底腹板钢筋绑扎完成后，安装内导梁和内模。内模采用15 mm竹胶板＋方木小肋＋槽钢大肋的结构形式。内侧模竹胶板及方木安装完成后，吊装内吊梁，用前上横梁吊带及顶板吊挂锚固，在内导梁上安装槽钢大肋，安装内模顶板，完成内模及内导梁安装。

（8）根据设计图纸设置挂篮前上横梁施工平台及上人爬梯；在底平台前、后下托梁设置挂篮下部操作平台及防护栏杆。栏杆下部四周悬挂防护网，以防空中坠物。

（9）挂篮拼装完毕后，用经纬仪对中，拔正挂篮中线位置，抄平挂篮，进行检查验收。

（10）拼装注意事项

①挂篮安装完毕，其平面中心偏差应满足，顺桥向偏差不超过 ±10 mm，横桥向偏差不超过 ±5 mm，主梁前支点其前、后位置相对偏差不超过5 mm。

②为消除在浇筑混凝土过程中锚杆受力变形对挠度的影响，主桁后锚杆在浇筑混凝土前应预紧，用50 t千斤顶进行预紧，预紧力为20 t。

③混凝土灌注前，用千斤顶给底平台后吊杆施加20 t预紧力，以防止各阶段混凝土浇筑时由于吊带变形出现错台，其余吊带收紧即可。

④前吊带需涂刷油漆防腐，后吊挂精轧螺纹钢筋不得施焊、碰火，为防止发生意外，吊带须外套PVC管。精轧螺纹吊杆两端锚固处需设置双螺母，且加设垫板。

⑤顶板有锯齿块节段需割开内模，采用竹胶板拼装。

⑥主桁节点、锚固系统、吊挂系统等关键部位必须经常检查，并做好记录。

### （三）挂篮预压

1. 预压流程

挂篮预压流程如图3-14-4所示。

2. 挂篮预加力施加

挂篮预压采用焊接在腹板上的反力桁架通过千斤顶施加预加力，桁架在腹板位置各安装一组，一组桁架由两片桁架组成，桁架采用［25a型钢，反力桁架下方安装千斤顶，千斤顶下方放置分配梁将荷载分配至底平台纵梁上。

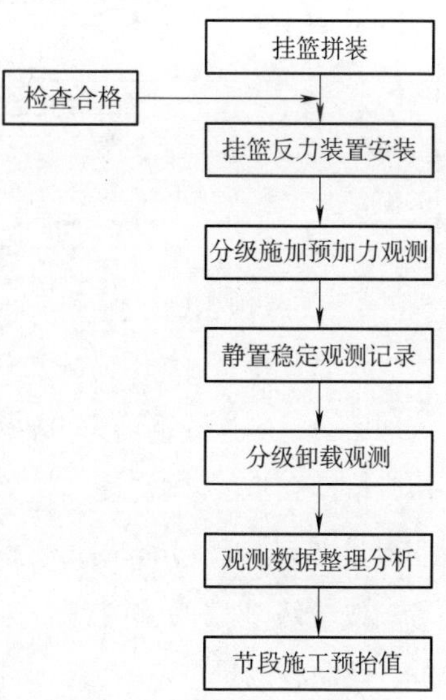


图3-14-4　挂篮预压流程图

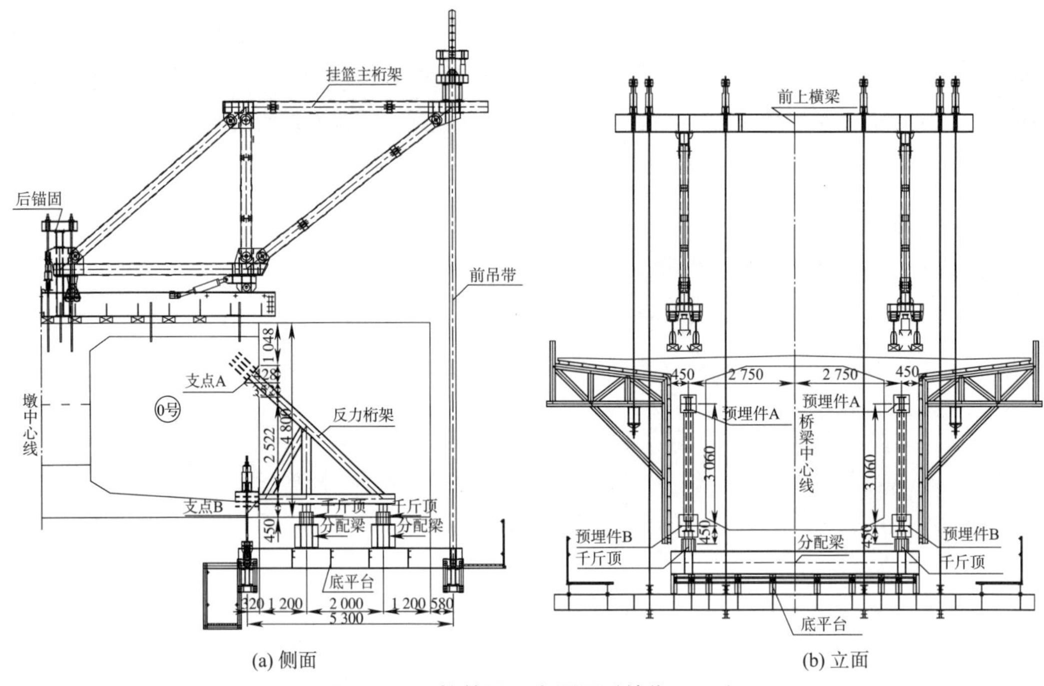


(a) 侧面 (b) 立面

**图 3-14-5 挂篮预压布置图**（单位：cm）

最重悬臂块段为 1 号块，重 173 t；内导梁及内模重 5 381.9 kg；2HM88 分配梁重 4 001 kg。

挂篮预加力为 1.2 倍（1 号块重 +1/2 的内导梁及内模重 – 分配梁重）则挂篮预加力为 171.7 × 1.2=206.04 t。

共两组桁架，每片桁架承受 103 t，每组两点施加预加力，每点施加荷载 51.5 t。

**表 3-14-5 机械设备配置表**

| 序　号 | 设备名称 | 规格型号 | 数　量 | 备　注 |
|---|---|---|---|---|
| 1 | 钢吊带 | 12.44 m | 1 | |
| 2 | 千斤顶 | 100 t | 4 台 | |
| 3 | 全站仪 | | 1 台 | 变形观测 |
| 4 | 水准仪 | | 1 台 | 变形观测 |

3. 加载预压程序

挂篮预压按 1.2 倍荷载加载，加载按 3 级加载，即按 0 → 60% → 100% → 120% 荷载进行加载，对应加载重量为 30.9 t、51.5 t、61.8 t。每级加载完毕静置稳定 6 h 后，测量观测点位置横向和竖向变形值，第三级加载完毕后，每隔 6 h 观测一次，当最后测量时间段的两次变形量之差小于 2 mm 时即可卸载。

按分级加载的相同荷载逐级卸载并测量各级卸载后的变形量。根据加、卸载实测数据，绘制各测量点位的加、卸载过程变形曲线，通过分析计算挂篮在各阶段荷载作用下的变形值。

4. 观测方法及数据整理分析

（1）观测方法

观测设备采用高精度水平仪和毫米刻度尺。严格执行测量范围，保证测量的精度要求。

（2）数据整理

荷载影响变形计算如下：

总变形量 = 加载前的初始值—满载稳定后的最终值

非弹性变形量 = 加载前的初始值—空载稳定后的最终值

弹性变形量 = 总变形量—非弹性变形量

（3）数据分析

根据实测的弹性变形量和非弹性变形量设置梁底立模高程。

5. 挂篮预压试验施工工艺

（1）挂篮按要求拼装完毕后，组织检查验收并办理签证后进行挂篮预压。

（2）在挂篮前端对应吊带后锚固位置处侧出初始数据。

（3）按照其总荷载分级加载，每次加载后观测控制点的变形，并详细记录。

（4）各顶加载到满荷载时，观测前支点的变形情况，并停止堆载，同时对后锚及主桁焊缝进行检查。

（5）每级卸载后测量控制点变形，并记录。直至荷载为 0 时，记录控制点变形，对比满荷载变形值，差值即为弹性变形值。

（6）将吊杆的变形换算到使用长度的变形。

## （四）钢筋绑扎、预应力管道安装和混凝土浇筑

挂篮悬臂施工中的钢筋绑扎、预应力安装、混凝土浇筑与 0 号块施工基本相同，具体施工参见上节，混凝土浇筑为地泵浇筑。泵管顺着桥墩位置到 0 号块顶面，再通过弯管将混凝土输送到悬臂端。

浇筑前根据静载试验结果进行预抬，调整挂篮吊带，办理现场检查签证，合格后方可进入到下一步工序，每块段采用一次浇筑完成。在挂篮悬臂施工前建立箱梁线型控制点，桥梁中线控制点。

悬臂浇筑过程中，应做好箱梁块段悬浇的监测、监控工作。箱梁块段模板应与前段梁段紧密结合，严格按设计要求进行接缝处理。严防接缝处错台和漏浆，挂篮底模后下横梁刚度要大，采用强度高的后短吊带收紧，以防底板接缝处错台和漏浆。

梁段混凝土悬臂浇筑，严格遵照对称、平衡的原则进行，严格控制各浇筑块段混凝土方量，任何梁段实际浇筑的混凝土重量不得超过该梁段理论重量的 1%，箱梁顶板顶面浇筑

混凝土的坡度、底板厚度应予以严格控制。

桥墩两侧的浇筑速度应尽量做到对称、均衡，两对称梁段混凝土不得相差其重量 5%，两侧混凝土浇筑速度相差不得大于 8 $m^3$。悬臂段混凝土浇筑时要求从端部向根部浇筑，并对已完工梁段接茬混凝土充分湿润。

## （五）挂篮前移

1. 挂篮前移步骤

（1）箱梁块段预应力束张拉完成后，将滑道梁接长到位并与已浇筑梁段锚固。切换内外模导梁吊挂，将固定吊挂切换为滑动吊挂。

（2）放松底平台前、后吊挂，先将底平台后外吊挂切换到外导梁上，再拆除底平台后内吊挂拆除，完成底平台走形切换。

（3）拆除挂篮后锚系统，经检查确认主桁走行后钩装置或平衡压重正常工作时，启动走行系统走行挂篮。

（4）挂篮走行不宜过快，两边主桁走行应同步，可用油漆在主桁上标出刻度线，走行时设专人观察，发现不一致时及时调整。

（5）挂篮走行到位后，安装后锚固系统，对每根后锚筋施加 20 t 预加力。

（6）安装底平台后吊带，然后收紧前后吊带。切换内、外导梁后吊挂为施工状态并收紧吊带。

2. 挂篮前移注意事项

（1）为便于主桁架在轨道上滑行，需保证走道梁顶面平整光洁。

（2）挂篮滑移时要求均匀、同步，其速度不大于 0.1 m/min，就位时中线偏差不应大于 5 mm，在接近梁端 1.0 m 处应放慢，挂篮滑移时应选择无风或微风时进行。

（3）测量标出已施工梁段的中线及高程，并宜按间距不大于 0.5 m 测量标出移位位置横向标线，以观测和保证 T 构两侧挂篮同步对称前移。

（4）松紧吊带时，旋转螺母不得带动螺杆，以免使底部螺母或中间套筒旋落。

（5）纵移底模平台时，机具设备、内模支撑构件等不得放置在底模平台上随走；并将平台上部构件临时固定，以免因纵移时晃动而造成滑落，纵移前调整吊挂系统，使底平台放平。

（6）每次挂篮走行前，应先铺设好走道梁，并将限位反力座转移至走道梁前端，为挂篮行走提供反力，并在挂篮走行到位后提供限位。垫梁与箱梁顶面之间应抄垫密实，并保证垫梁成水平状态。

### （六）挂篮拆除

挂篮各构件拆除工序如下：

底模及底平台→内模、外侧模→吊带→前上横梁→连接系→主桁架→走行轨道→梁面清理。

1. 底模和底平台的整体拆除

挂篮悬臂段施工完成后，开始拆除挂篮，先整体拆除底模及底平台。采用塔吊及 130 t 汽车吊整体起吊下方底模。先用塔吊及汽车吊承受底平台荷载，然后拆除底平台前、后横梁上的吊带，再塔吊及汽车吊同步缓慢下方底平台至地面。

2. 外模及外导梁的拆除

先将外模与梁体进行临时锁定，再将外导梁的吊带全部解除。用钢丝绳吊住外导梁上的两个吊点，通过塔吊将外模及外导梁匀速降至地面。

3. 主桁架及上横梁的拆除

待底模及底平台、侧模和外导梁等构件拆除完毕后，先用钢丝绳临时固定主桁或用 [10 型钢撑住主桁，然后拆除连接系与主桁之间的销轴，采用塔吊吊装连接系至地面，连接系拆除之后，再吊装桁片至地面。

4. 拆除轨道

解开走道梁之间的连接螺栓，利用塔吊将走道梁一段一段吊放至地面。

### （七）合龙段施工

4 × 57.2 m 连续梁共设 4 个合龙口，其中两个边跨合龙口、两个中跨合龙口，每个合龙段长 2 m。施工时先合龙小里程边跨合龙口，再合龙 S1 号～ S2 号墩中跨合龙口，然后合龙大里程边跨合龙口，最后合龙 S2 号～ S3 号墩中跨合龙口。

合龙方式采用挂篮合龙，挂篮向前走行适当距离，边跨合龙时挂篮底模与边跨底模相接，侧模向前至边跨翼缘底部锚固；中跨合龙时挂篮底平台及侧模向前至另一端箱梁底部锚固。

1. 工艺流程

合龙段施工流程如图 3-14-6 所示。

2. 挂篮走行

边跨合龙段利用边跨直线段支架和边跨侧挂篮配合施工。挂篮向前走行适当距离，至边跨直线段支架与挂篮底平台相接，在其间隙之间铺设方木，方木间距 25 cm，方木顶铺 12 mm 厚竹胶板。挂篮走行到位之后，将侧模向前滑行至边跨翼板下部并锚固，完成合龙平台，如图 3-14-7 所示。

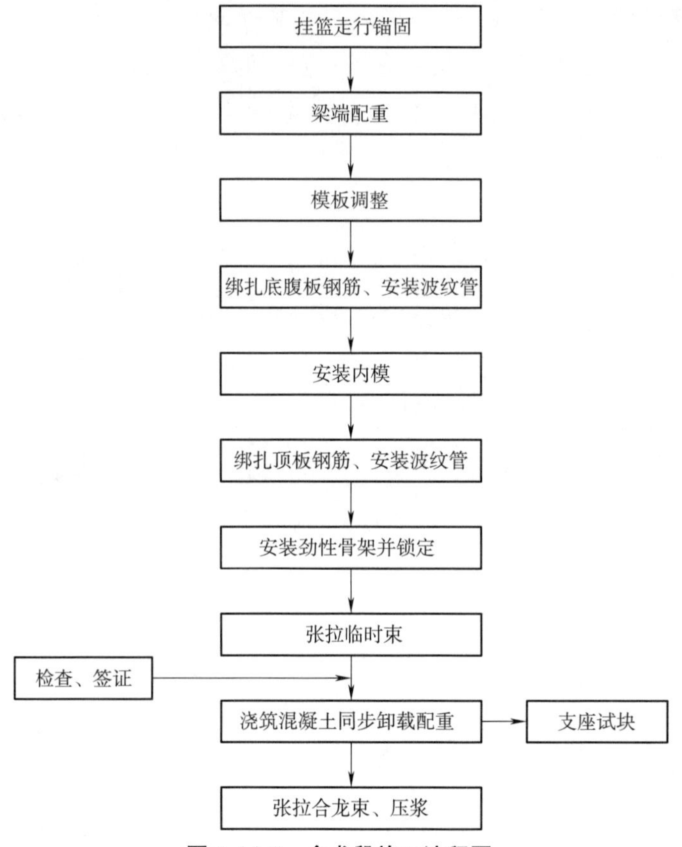


图 3-14-6　合龙段施工流程图

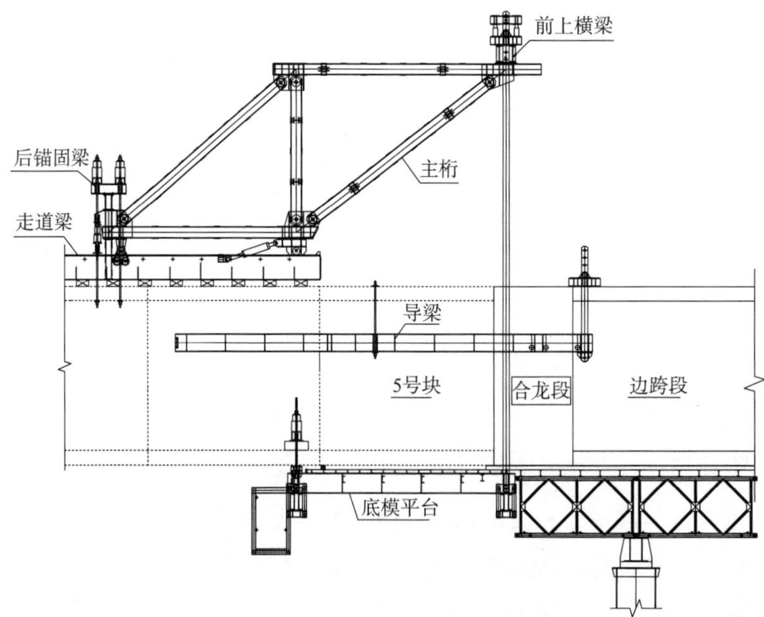


图 3-14-7　边跨合龙挂篮布置图

中跨合龙段利用挂篮合龙，挂篮向前走行至底平台及侧模前端伸入另一端箱梁底部 30 cm，将底平台及侧模前端在另一端箱梁处锚固，如图 3-14-8 所示。

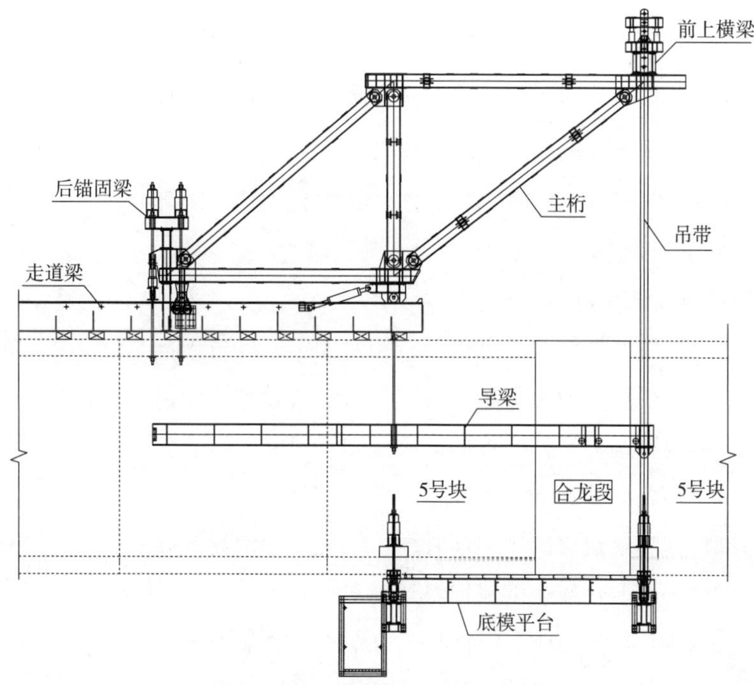


图 3-14-8 中跨合龙挂篮布置图

3. 合龙口配重

（1）边跨合龙压重

边跨合龙施工时，考虑合龙用挂篮需占用 4 号、5 号梁面，故 6 号、S4 号墩边跨合龙施工时，边跨侧压重钢筋均布置在 3 号块梁面。

连续梁边跨合龙段总重 61.4 t，钢筋重 4.9 t，混凝土重 56.5 t。配重只考虑混凝土重量，按照平均分配的原则，5 号块端部需承受混凝土重量为 28.3 t。混凝土荷载作用点距 0 号块中心距离为 27.6 m，压重钢筋作用点距 0 号块中心距离为 16.6 m，则压重钢筋的重量为 $\frac{28.3}{16.6}\times 27.6=47$ t。

每捆钢筋按 2.5 t 考虑，共需压重约 19 捆。

（2）中跨合龙压重

连续梁两中跨合龙段均采用 S2 号墩挂篮施工。S1 号墩及 S3 号墩中跨侧挂篮拆掉底平台及侧模，挂篮主桁向后退约 2 m，S2 号墩挂篮向前走行约 2 m 至底平台及侧模锚固至箱梁两端。

挂篮主桁系统及锚固系统重 23.7 t，因 S1 号、S3 号墩中跨侧挂篮后退，S2 号墩挂篮前进，需在 S1 号、S3 号墩中跨侧配压重钢筋，钢筋配置在 3 号块顶面，距 0 号块中心 16.6 m。S1 号、S3 号墩中跨侧挂篮距 0 号中心 21 m，S2 号墩挂篮距 0 号块中心 25 m，则 S1 号、

S3 号墩中跨侧配重为（23.7 × 25−23.7 × 21）/16.6=5.7 t。

连续梁中跨合龙段总重 61.4 t，钢筋重 4.9 t，混凝土重 56.5 t。配重只考虑混凝土质量，按照平均分配的原则，每个 5 号块需承受混凝土重量为 28.3 t，混凝土荷载作用点距 0 号块中心距离为 27.6 m。S1 号、S3 号墩中跨侧钢筋配置在 3 号块顶面，距 0 号块中心 16.6 m，则压重钢筋的重量为$\frac{28.3}{16.6} \times 27.6=47$ t。S2 号墩中跨侧钢筋配置在 4 号、3 号块交界处，距 0 号块中心 18.8 m，则压重钢筋的重量为$\frac{28.3}{18.8} \times 27.6=41.5$ t。

综合上述计算，则中跨合龙时，需在S2号墩3号、4号块交界处配重41.5 t，需在S1号、S3 号墩中跨侧 3 号顶面配重 5.7+47=52.7 t。

4. 合龙口锁定及体系转换

合龙前将合龙口临时锁定，尽可能保持相对固定，以防止合龙段混凝土在浇筑及早期硬化过程中发生明显的体积改变。锁定时间按合龙口锁定设计执行，临时“锁定”是合龙的关键，合龙“锁定”遵循又拉又撑的原则，即“锁定”包括焊接劲性骨架和张拉临时预应力束。支撑劲性骨架采用 2I45a 分配量，布置为“口对口”，间距为 30 cm，上面利用缀板相连，腹板与预埋件焊接连接。锁定前骨架一端优先与预埋件焊接固定，另外一端根据要求选取一天中的低温、变化较小的时段迅速、对称进行焊接。骨架焊接固定完毕后按设计要求进行临时锁张拉，临时预应力张拉吨位至 600 kN，临时束张拉锚固后不压浆，合龙完毕后将补张至设计吨位。

边跨合龙段施工时，边跨合龙口临时锁定完成后立即解除对应侧边墩永久支座临时约束，让永久支座能自由位移。

中跨合龙段施工时，中跨合龙口临时锁定完成后立即解除 S1 号、S3 号墩 0 号块处墩梁临时固结和永久支座临时约束，中跨合龙段施工完成后解除 S2 号墩 0 号块处墩梁固结及永久支座临时约束，保证连续梁在体系转换时不受约束处于自由状态。

模板安装、钢筋绑扎、混凝土施工与 0 号块施工相同。

### （八）悬浇施工线形控制

挂篮悬浇施工混凝土连续箱梁，需加强施工测量及箱梁的线形控制。施工中配备高精度全站仪和水准仪等设备进行监控。悬臂箱梁线形受到多种因素影响，其中挠度影响极为重要，而影响挠度的因素较多，主要有挂篮变形、箱梁段自重、预应力大小、施工荷载等。挠度控制将影响合龙的精度，故必须对挠度进行精确的计算和严格的控制，线形控制流程如图 3-14-9 所示。

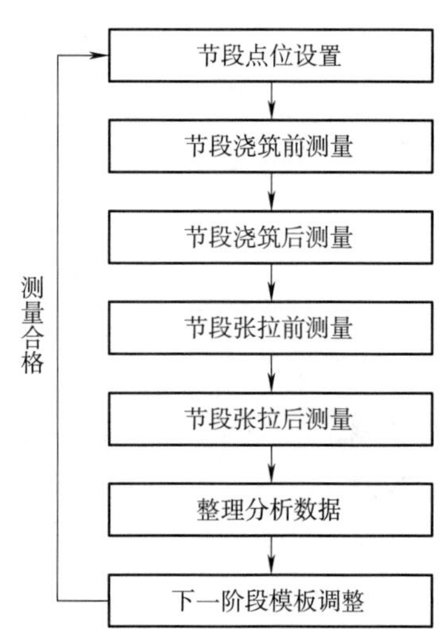


图 3-14-9 线形控制流程图

1. 监控项目要求及原则

预应力混凝土连续梁桥施工控制的原则以主梁线形控制为主，悬臂施工阶段梁段是静定结构，合龙过程如不施加额外的压重，成桥后内力状态一般不会偏离设计值很远。施工中确保线形满足设计要求是第一位的，以高程控制为主，确保顺利合龙。

线形控制主要是严格控制主梁每一节段的竖向挠度及横向偏移。若偏差较大时，必须立即进行误差分析并确定调整方法，为下一节段更为精确的施工做好准备。主梁线形（变形）控制的最终目标是保证主梁的整体高程和局部平顺性，使成桥后（通常是长期变形稳定后）主梁的高程满足上述两方面的要求。其次主梁的实际桥轴线与理论桥轴线的偏差应符合设计和规范要求。主梁线形调整最直接的手段是调整主梁的立模高程。

2. 立模高程的确定

在每一梁段悬臂浇筑过程中，应跟踪监测挂篮走行前后、混凝土浇筑前后和预应力筋张拉前后六种工况时已施工及在施工梁段的高程（挠度）变化情况，与理论计算值进行比较分析，合理调整确定下一施工梁段的施工立模高程。

挂篮模板立模高程调整时，主要调整待施工梁段前端模板高程，模板后端须与已施工梁段紧密、牢固连接为一体。当已施工梁段前端高程偏差较大时，应分次逐步调整待施工梁段前端模板高程，以保持梁体顶面及底面平顺无明显凸凹变化。

悬臂浇筑第 $n$ 号梁段合龙侧（前端）施工立模高程 $H_n$ 应按式（3-14-1）计算确定。

$$H_n=A_n+B_n+C_n+D_n \tag{3-14-1}$$

式中　$A_n$——$n$ 号梁段前端设计高程；

$B_n$——$n$ 号梁段前端计算挠度；

$C_n$——$n$ 号梁段前端预计挂篮变形值；

$D_n$——$n$ 号梁段前端高程调整值，包括考虑模板间隙、支架沉降、（$n$–1）号梁段高程偏差调整值、计算与实际挠度差值调整值等。

3. 挠度观测

挂篮悬臂施工的挠度观测分三个阶段，分别为挂篮前移后、混凝土浇筑后及预应力张拉后。

三个阶段均需对已施工箱梁上的监测点进行观测，即三阶段挠度观测法。每阶段由专门成立的测量监控小组进行测量，根据汇总后的实测挠度，通过计算分析，预测下一节段的立模高程，以使悬臂的施工状态最大限度地接近设计状态。

对控制网中各点的高程进行平差，将高程基准点引测到 0 号块上，作为线形控制的基准点，需经常复核基础的沉降值。挠度观测资料是控制成桥线形最主要的依据，在每个施工块件上布置 5 个对称的高程测量桩，如图 3-14-10 所示。高程测量桩设置在每一梁段的前端顶面边缘 10 cm 位置处，在桥梁中心处及两侧共预设 5 个钢质测量桩（桩顶应高出混凝土面 5 ～ 10 mm）。同时在挂篮前端模板顶面设置临时测量点，作为浇筑混凝土过程中监测挂篮变形和监控混凝土横桥向对称平衡浇筑使用。在施工过程中，对每一截面进行三阶段高程观测，以便观察各点的挠度及箱梁曲线的变化历程，保证箱梁悬臂端的合龙精度及桥面线形。

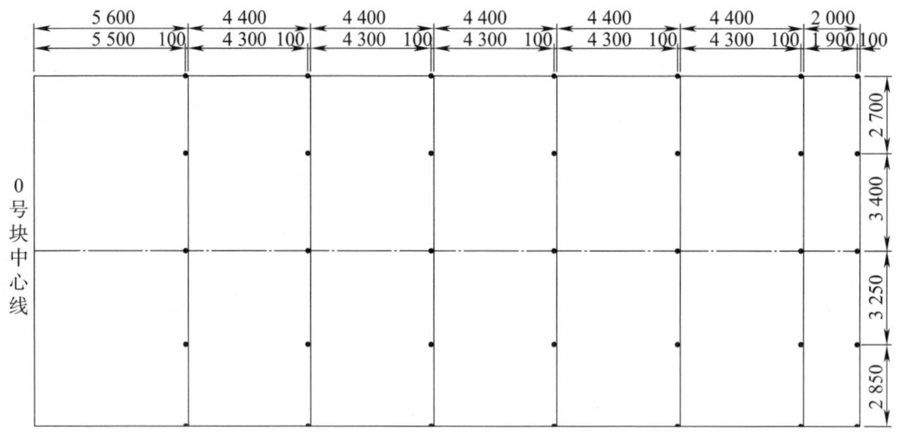


**图 3-14-10　高程测点平面布置图**（单位：mm）

温度是影响主梁挠度的重要因素之一，悬臂梁段中线、高程测量监控工作，应重视气温变化的影响。中线、高程测量工作宜在早晨日出前的固定时段进行，以避免由于梁体变形与气温变化不同步（变形滞后 2 ～ 3 h）影响测量结果评估。

梁段高程测量应符合下列规定：

（1）应用经过校定的钢尺和高精度水平仪把高程引测到 0 号块梁段顶面方便测量的位置，测量精度不低于四等水准测量的规定。

（2）待浇梁段挂篮端模板立模高程测量偏差不应大于 2 mm。

（3）挂篮模板安装完毕，在浇筑混凝土前应全面检查各部位纵、横向高程并测核挂篮各部位变形量，符合设计立模高程方可浇筑梁段混凝土。

（4）梁段混凝土浇筑过程中，应跟踪监测模板前端高程变化情况，当发生大于允许偏差时应及时进行调整纠正。

4. 中线控制

利用导线点计算出各节块端截面中心点坐标，采用全站仪现场测放。

（1）0 号块施工完毕，利用导线控制点测放出 0 号段中心作为顶板中心控制点，箱梁底板根部引设临时中线控制点，并预埋钢板固定，同时要定期进行复测。

（2）挂篮组装完毕，在浇筑混凝土前应全面检查安装质量和挂篮中线，符合设计要求方可浇筑梁段混凝土。

（3）利用顶底板各临时中线控制点，分别计算出各节段端截面中点位置坐标，测放时，利用全站仪确定方向线，在已完成的前一节段的顶底板上用墨线弹出。

（4）立设模板时，依据已弹出的节段中心控制线拉线吊垂球定位、固定。

（5）随着节段的延伸，底板高程根据圆曲线的设置而抬高，影响底板中线测放视线时，将中线临时控制点前移，埋设钢板固定，按前述方法继续测放。

（6）为保证测放精度，各临时控制点每施工三个节段后联测一次。

5. 断面尺寸控制

为保证梁体的结构尺寸满足设计及验收标准要求，同时保证合龙精度，断面尺寸必须严格控制。控制难点主要是梁体各节段间接缝的处理及梁体外围轮廓的控制，施工时采用以下措施：

（1）在挂篮模板设计时，适当减小底模板同已完节段的搭接长度，在待浇梁段尾部适当增加侧模横向对拉杆，保证各节段间接缝的平顺。

（2）采取混凝土浇筑前后的严格控制及认真复核和调整的方法，保证梁体的结构尺寸。

（3）每节段封端模拆除后，测量每节段的断面尺寸并记录。

## 四、各工序施工安全卡控要点

施工过程中可能会发生物体打击、高处坠落、触电、机械伤害、坍塌等事故。

## 五、各工序施工安全卡控要点

### （一）基础卡控要点

1. 一般卡控

（1）施工前，针对锚碇施工进行专项安全技术交底。

（2）施工人员随时佩戴安全帽、安全带等防护物品，施工现场配备足够的安全设施。

（3）各工种操作人员均要进行专门培训，做到持证上岗。

（4）工作前应先检查使用的工具是否牢固，扳手等工具必须用绳链系挂在身上，螺栓等必须放在工具袋内，以免掉落伤人。

（5）安拆模板时操作人员应有可靠的落脚点，并应站在安全地点进行操作，避免上下在同一垂直面工作。

（6）操作人员要主动避让吊物，增强自我保护和相互保护的安全意识。

（7）模板安装应按规定的作业程序进行，模板未固定前不得进行下一道工序，严禁在连接件和支撑件上上下攀登。

（8）模板安装时操作人员不得站在支撑上，而应站在模板外挑架上，以利操作。

（9）模板安装过程中，如需中途停歇，应将模板放于安全位置，不得悬空吊放。拆模间歇时，应将已活动的模板、支撑等运走或妥善堆放，防止因踏空、扶空而坠落。模板上有预留洞者，应在安装后将洞口盖好，混凝土上的预留孔洞等，应在模板拆除后立即将洞口盖好。

（10）模板及其支架在安装过程中，必须设置防倾覆的临时固定设施。

（11）模板装拆时，需上下有人接应。钢模板及配件应随装拆随运送，严禁从高处掷下。高空拆模时，应有专人指挥。地面应标出警戒区，用绳子和红白旗加以围挡，暂停人员过往。

（12）模板上施工时，模板堆放不宜过多，且不宜集中一处。

（13）遇 6 级及以上的大风时，应暂停模板安拆作业。雪、雷、雨后应先清扫施工现场，待地面略干不滑时再恢复工作。

（14）所有作业人员必须严格遵守有关安全规程，提高安全意识，消除不安全因素。

（15）材料堆放时，必须搁置牢固，堆放有序，以免材料滚落基坑伤人。

（16）混凝土泵送过程中，排除堵塞、重新泵送或清洗混凝土泵时要特别注意，防止堵塞物或废浆高速飞出伤人。

2. 设备安全卡控

（1）定期岗前培训，提高机械作业人员的技术素质和操作维修技能。

（2）保证机械作业人员的相对稳定，使各个环节责任明确，责任到人。

（3）机械使用必须坚持“两定三包”，即定人、定机、包使用、包保管、包保养；操作人员做到“三懂四会”，即懂构造、懂原理、懂性能、会使用、会保养、会检查、会排除故障。

（4）机械作业人员必须经过技术培训，经考核合格，获得机械操作合格证后方能上机操作。

（5）交接内容有机械运转记录、完成任务和生产情况、设备技术状况、维修保养情况，以及备件、附件、工具情况等。

（6）坚持安全教育，以及日常和定期安全检查，发现不安全作业要及时制止，追查原因，及时整改，杜绝事故隐患，真正做到“安全第一”。

3. 施工用电安全卡控

（1）临时用电必须符合有关安全运行规程，施工用电设施设专人管理，并经培训合格持证上岗。

（2）低压架空线必须采用绝缘铜线或铝线，架空线必须设在专用电杆上，严禁架设在树杆、脚手架上。

（3）电缆线沿地面铺设时，不得采用老化脱皮的电缆线，中间接头牢固可靠保持绝缘强度；过路处穿管保护，电源端设漏电保护装置。

（4）移动的电气设备的供电线，使用橡胶套电缆。

（5）电缆线路采用“三相五线”接线方式，电气设备和电气线路必须绝缘良好。

（6）使用自备电源或与外电线路共用同一供电系统时，电气设备根据当地要求作保护接零或作保护接地，不得一部分设备作保护接零，另一部分设备作保护接地。

（7）移动式发电机供电的用电设备，其金属外壳或底座，与发电机电源的接地装置有可靠的电气连接。

（8）手持电动工具和单机回路的照明开关箱内必须装设漏电保护器，照明灯具的金属壳必须做接零保护。

（9）各种型号的电动设备按使用说明书的规定接地或接零。传动部位按设计要求安装防护装置。

（10）维修、组装和拆卸电动设备时，断电挂牌，防止其他人私接电动开关发生伤亡事故。实行“一机一箱一闸一漏”制，严禁“一闸多用”。

（11）现场的配电箱坚固、完整、严密，有门、锁和防雨装置。同一配电箱超过 3 个开关时，设总开关、熔丝及热元件，按技术规定严格选用，禁止用铁丝、铝丝、铜丝等非专用熔丝代替。

（12）室内配电盘、配电柜要有绝缘垫，并安装漏电保护装置。

（13）变压器设接地保护装置，其接地电阻不大于 4 Ω。变压器设护栏，设门加锁，专人负责，近旁悬挂“高压危险、请勿靠近”的警示牌。

（14）施工现场临时用电要定期进行检查，防雷保护、接地保护、变压器及绝缘强度，每季测定一次，固定用电场所每月检查一次，移动式电动设备、潮湿环境和水下电气设备每天检查一次。对检查不合格的线路、设备及时予以维修或更换，严禁带故障运行。

4. 起重安全卡控

（1）起重机械操作人员和车辆驾驶人员，必须取得操作合格证，对机械操作人员要建立档案，专人管理。

（2）操作人员必须按照说明规定，严格执行工作前的检查制度和工作中观察及工作后检查保养制度。

（3）驾驶室或操作室要保持整洁，严禁存放易燃、易爆物品，严禁酒后操作机械，严禁机械带病运转或超负荷运转。

（4）起重设备在施工现场停放时，选择安全的停放地点，夜间设有专人看管。

（5）严禁对运转中的机械设备进行维修、保养、调整等作业。

（6）起重机械作业指挥人员，必须站在可以瞭望的安全地点，并明确指挥联络信号。

（7）定期组织机械安全大检查，对检查中查出的安全问题，严格调查处理，并制定防范措施，防止机械事故的发生。

（8）遇 6 级及以上的大风时，禁止进行起重作业。

（9）使用的钢丝绳，在运转中严禁用手套或其他物件接触钢丝绳，用钢丝绳拖、拉机械或重物时，人员远离钢丝绳。

### （二）挂篮安全卡控要点

连续梁挂篮施工区域在主桥、南锚碇等作业区，作业机械、施工人员较多，同时伴随着两侧猫道、主缆架设等施工工区，安全隐患较大，对挂篮及支架应进行防护，防止发生安全事故。

1. 支架防护

各支架搭设完成之后，应在贝雷梁底或分配梁底挂设防护网，在支架周边安装防护栏杆。栏杆采用脚手钢管搭设，高 1.2 m，栏杆上用铁丝绑扎细目防护网，底部设 10 cm 高踢脚板。

2. 挂篮防护

挂篮为悬浇施工主要设备，挂篮的安全防护对悬浇施工的安全具有决定性作用。挂篮防护分为底平台防护和主桁及上横梁防护。挂篮防护栏杆高 1.1 m，立杆采用 $\phi$38 mm × 3 mm 钢管，三道横杆，间距 0.35 m，采用 $\phi$38 mm × 3 mm 钢管；横梁采用 [10 型钢，两端头焊接 $\phi$45 mm × 3 mm × 100 mm 钢管，防护如图 3-14-11 所示。

图 3-14-11　挂篮平台防护图

## 六、结　　语

挂篮施工中风险控制的重点是防坍塌和防高处坠落，其中挂篮拼装、走行为高风险工序，也是挂篮施工的重难点，通过掌握挂篮各单元结构，选择合理、详细的拼装方案能有效促进挂篮拼装作业安全；选用吊重曲线满足的塔吊才能保证拼装正常进行；挂篮走行前需要将支腿与墩顶的锚固进行预张拉，并解除模架与梁体的所有连接，在走行过程中操作人员需特别注意两端的同步性，并控制走行速度并安排专人对挂篮进行盯控，听到任何异常声响，发现异常变动需立即停止；钢筋、模板、混凝土和预应力等常规作业重点通过高空防坠措施的落实来保证作业安全。

# 第十五章 TMS33 型移动模架施工安全卡控总结

## 一、概　　述

移动模架也称移动支架，是一种利用两根钢箱梁支撑模板、可自力移动的非标大型临时施工设备，主要用来对桥梁箱梁进行现场浇筑。这种设备还没有列入国家产品名录，仅有部委规范提及关于移动模架施工的要求，同样也没有明确纳入《特种设备安全监察条例》。

本桥采用的移动模架为 TMS33 型移动模架，为连镇铁路五峰山项目南引桥公路连续梁特别定制。该移动模架采用双主梁上行式结构，离地面 55 m，整机长度 103 m，整机重量 690 t。主要部件包括主梁、前后导梁、挑梁、倒 T 吊梁、底模及侧翼模系统、前后辅助支腿、前后承重支腿、横梁及吊挂系统、布料机、液压系统、电气系统、倒腿门吊、走行系统。通过部件可看出移动模架是集模板、支撑系统、过孔功能于一体的施工设备，其施工工艺大大优于传统施工技术。但其拼装难度大，施工过程控制程序多，施工风险高。本文通过对 TMS33 型上行式移动模架的施工进行总结，理出移动模架施工安全控制重点，并提出改进建议，旨在为后续移动模架拼装提供经验，减小施工风险。

## 二、移动模架施工主要风险

移动模架施工风险集中在拼装、拆除及过孔，主要的事故类型是坍塌及高处坠落及物体打击，最大的风险点是移动模架坍塌，其中导致坍塌的主要原因如下：

（1）结构设计缺陷。

（2）制造用材不合格及制造缺陷。

（3）安装质量缺陷。

（4）操作人员业务不熟、违章操作。

（5）走行过程中支点（牛腿）发生位移及变形。

在移动模架施工中，风险控制重点在坍塌及高处作业，这两点控制住就将移动模架施工风险限制在一个较低的水平。坍塌的风险存在于结构设计、制造安装和施工走行，需要按照规范要求严格控制。在施工阶段可以采用原地面拼装、整体提升的方案，如果做不到就尽可能地在地面拼装成单元，再吊装，以减少高空作业，降低施工风险。移动架模总布置如图 3-15-1 所示。

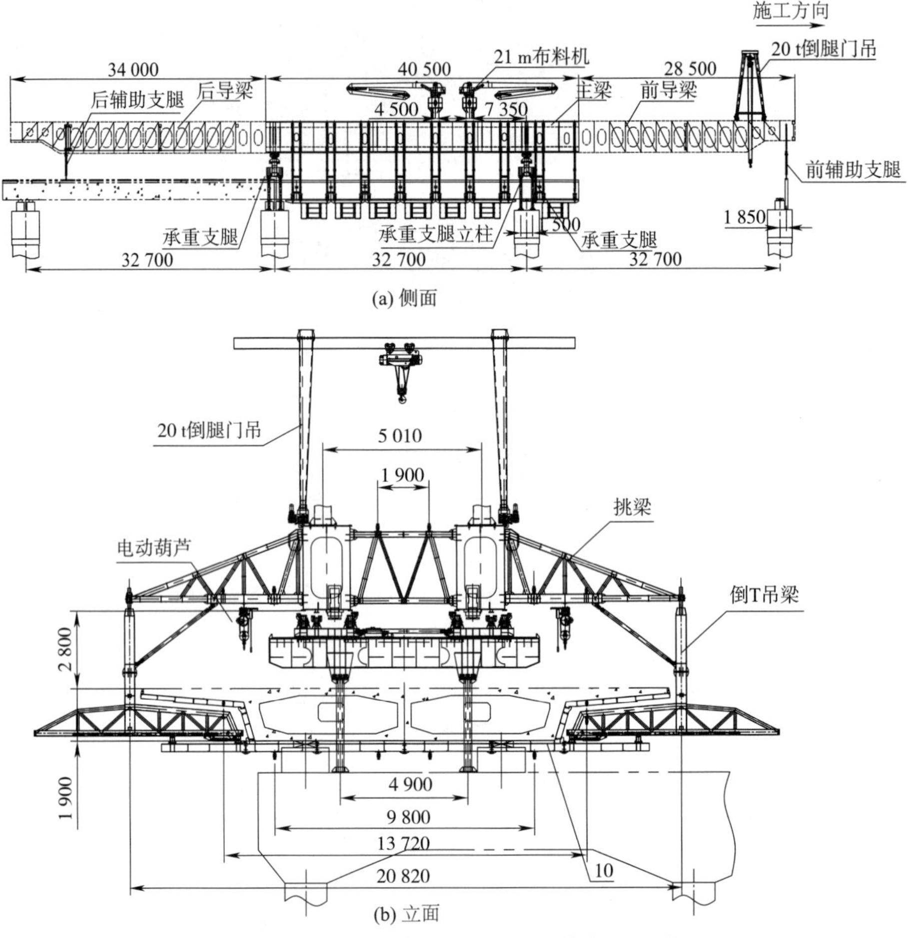


图 3-15-1　移动模架总布置图（单位：mm）

## 三、风险评估及危险源辨识

### （一）风险分级划分

根据《铁路建设工程风险管理技术规范》（Q/CR 9006—2014）对危险源进行辨识和分析详见表 3-15-1。

表 3-15-1　风险等级标准

| 频率等级 | | 后果等级 | | | | |
|---|---|---|---|---|---|---|
| | | 灾难性的 | 很严重的 | 严重的 | 较大的 | 轻微的 |
| | | 5 | 4 | 3 | 2 | 1 |
| 频繁发生 | 5 | 极高 | 极高 | 极高 | 高度 | 中度 |
| 可能发生 | 4 | 极高 | 极高 | 高度 | 高度 | 中度 |
| 偶然发生 | 3 | 极高 | 高度 | 高度 | 中度 | 中度 |
| 很少发生 | 2 | 高度 | 高度 | 中度 | 中度 | 低度 |
| 极不可能发生 | 1 | 中度 | 中度 | 中度 | 低度 | 低度 |

## （二）风险等级标准及评价

对移动模架施工可能存在的重要危险源进行调查、辨识和评价并制定防控措施，详见表 3-15-2。

表 3-15-2 移动模架施工危险源辨识及评价表

| 序号 | 事故类型 | 危险源因素 | 概率等级 | 后果等级 | 风险等级 |
|---|---|---|---|---|---|
| 1 | 坍塌 | 移动模架构件存在质量缺陷或连接销轴无保险，螺栓存在变形 | 1 | 4 | 中度 |
| 2 | | 200 t 履带吊抬吊主梁时地基承载力不够 | 3 | 3 | 高度 |
| 3 | | 移动模架过孔过程中倾斜、失稳 | 2 | 4 | 高度 |
| 4 | | 前后中支腿未进行锚固 | 2 | 2 | 中度 |
| 5 | | 导梁与主梁连接销板焊接不合格 | 3 | 3 | 高度 |
| 6 | | 主箱梁高强螺栓未进行检测 | 1 | 3 | 中度 |
| 7 | | 导梁和前辅助支腿销接不到位 | 2 | 2 | 中度 |
| 8 | | 未对称安装曲梁 | 2 | 2 | 中度 |
| 9 | | 移动模架未按照施工方案要求预压，堆载过程存在偏载 | 2 | 4 | 高度 |
| 10 | | 滑道梁或者垫梁被压垮 | 1 | 3 | 中度 |
| 11 | | 6 级及以上大风、雨雪等恶劣天气进行移动模架过孔作业 | 1 | 4 | 中度 |
| 12 | | 模板拉杆螺栓安装不全或不紧固造成爆模 | 1 | 4 | 中度 |
| 13 | 物体打击 | 高空向下抛物或使用抛掷方式进行传递工具材料 | 2 | 2 | 中度 |
| 14 | | 物料工具随意丢放在高空作业平台上 | 2 | 2 | 中度 |
| 15 | | 移动模架施工下方未设置警戒区 | 1 | 4 | 中度 |
| 16 | | 张拉作业材料不合格或违规操作造成夹片飞出或钢绞线断裂 | 3 | 3 | 高度 |
| 17 | | 预应力管道安装位置不正确，张拉过程造成混凝土崩脱 | 1 | 3 | 中度 |
| 18 | | 张拉压浆作业缺少防护挡板 | 2 | 3 | 中度 |
| 19 | | 压浆作业接头不牢固造成爆管 | 2 | 2 | 中度 |
| 20 | | 布料机甩尾伤人 | 2 | 2 | 中度 |
| 21 | | 物料堆码过高或抄垫不平 | 2 | 2 | 中度 |
| 22 | | 施工人员未佩戴安全帽或安全帽质量不合格 | 2 | 2 | 中度 |
| 23 | 高处坠落 | 施工过程未正确穿戴安全带等安全防护用品或安全带磨损严重未及时更换 | 2 | 1 | 低度 |
| 24 | | 施工平台、通道临边防护缺失或存在漏洞 | 3 | 3 | 高度 |
| 25 | | 脚手板存在绑扎不牢固或有探头板 | 1 | 4 | 中度 |

续上表

| 序号 | 事故类型 | 危险源因素 | 概率等级 | 后果等级 | 风险等级 |
|---|---|---|---|---|---|
| 26 | 高处坠落 | 悬空作业下方无防护网或坑洞上面无防护盖 | 3 | 2 | 中度 |
| 27 | | 高处作业缺少平台，人员直接站在模板等构件上 | 3 | 2 | 中度 |
| 28 | | 人员上下作业无梯子，直接在构件上攀爬 | 3 | 2 | 中度 |
| 29 | | 6级及以上大风、雨雪等恶劣天气进行高空作业 | 1 | 4 | 中度 |
| 30 | 起重伤害 | 移动模架、模板拆装过程吊装作业未按方案执行 | 2 | 4 | 高度 |
| 31 | | 无人专人指挥或信号不明确 | 2 | 3 | 中度 |
| 32 | | 无证人员及证件过期人员操作机械设备 | 2 | 1 | 低度 |
| 33 | | 吊物捆绑固定不牢固 | 2 | 3 | 中度 |
| 34 | | 钢丝绳、卡环等吊具使用前未检查，存在磨损严重等现象 | 3 | 2 | 中度 |
| 35 | | 吊机支撑不牢固，吊装过程吊机倾覆 | 2 | 3 | 中度 |
| 36 | | 两吊机配合作业时指挥混乱双机抬吊重物时，未按照规范规定的起重量进行分配 | 2 | 4 | 高度 |
| 37 | | 气瓶吊装无专用吊篮 | 3 | 2 | 中度 |
| 38 | | 零散物件吊装未使用容器 | 2 | 3 | 中度 |
| 39 | | 大型构件吊装未设置揽风绳 | 2 | 1 | 低度 |
| 40 | | 大型构件吊装棱角部分无衬垫 | 2 | 3 | 中度 |
| 41 | | 大型构件吊装过程碰撞到其他安装好的构件 | 1 | 4 | 中度 |
| 42 | | 吊机安全装置不全或失效 | 2 | 3 | 中度 |
| 43 | | 吊物下站人或通行 | 2 | 1 | 低度 |
| 44 | | 6级及以上大风及雨雪天气进行吊装作业 | 2 | 3 | 中度 |
| 45 | 触电 | 未编制施工现场吊装临时用电方案 | 1 | 2 | 低度 |
| 46 | | 现场配电不符合三级配电、两级保护原则 | 1 | 3 | 中度 |
| 47 | | 非电工人员私自安装、拆除、维修用电设备或更改线路 | 2 | 2 | 中度 |
| 48 | | 电线老化或破损，电器设备无漏电保护、不接零、不接地，配电柜存在一闸多机 | 3 | 3 | 高度 |
| 49 | | 施工现场配电箱、用电设备没有采取有效的防雨措施 | 2 | 2 | 中度 |
| 50 | | 使用四芯电缆 | 1 | 2 | 低度 |
| 51 | | 雨天进行焊接作业 | 3 | 2 | 中度 |
| 52 | | 电源线破损包扎不及时、包扎不符合规范 | 3 | 2 | 中度 |
| 53 | | 使用敞开式碘钨灯 | 2 | 3 | 中度 |

续上表

| 序号 | 事故类型 | 危险源因素 | 概率等级 | 后果等级 | 风险等级 |
| --- | --- | --- | --- | --- | --- |
| 54 | 车辆伤害 | 施工车辆不遵守交通规则，违规驾驶 | 3 | 2 | 中度 |
| 55 | | 车辆保养检修不到位 | 3 | 2 | 中度 |
| 56 | | 下坡转弯速度过快 | 2 | 3 | 中度 |
| 57 | | 酒驾或驾驶过程玩手机 | 2 | 3 | 中度 |
| 58 | | 平板车运输材料设备超载、偏载、材料设备无固定 | 3 | 2 | 中度 |
| 59 | 机械伤害 | 机械设备带病运转或超负荷运转 | 2 | 1 | 低度 |
| 60 | | 机械设备无防护栏杆、防护罩或防护栏、防护罩损坏 | 2 | 2 | 中度 |
| 61 | | 钢结构构件毛刺、飞边未打磨 | 2 | 3 | 中度 |
| 62 | | 机械操作未佩戴眼镜、手套等防护用品 | 3 | 1 | 低度 |
| 63 | 火灾 | 氧气、乙炔气瓶安全间距小于 5 m，气瓶距离明火过近 | 2 | 2 | 中度 |
| 64 | | 乙炔气瓶无防回火装置、倒放，压力表、气管破损 | 3 | 3 | 高度 |
| 65 | | 易燃材料（油、氧气瓶、乙炔气瓶、油漆）等存放点离火源较近 | 2 | 3 | 中度 |
| 66 | | 施工现场消防器材配备缺失或配备不足 | 2 | 1 | 低度 |
| 67 | | 在易燃材料区域（木模、混凝土养护）动火作业无防护隔离措施 | 3 | 3 | 高度 |

## （三）风险接受准则

各等级风险的接受准则按表 3-15-3 确定。

表 3-15-3 风险接受准则

| 风险等级 | 接受准则 | 风险控制原则 |
| --- | --- | --- |
| 极高 | 不可接受 | 必须高度重视并规避，否则必须采取有效措施处理 |
| 高度 | 不期望 | 应重视并采取有效措施处理，加强风险监测 |
| 中度 | 可接受 | 宜采取有效措施处理，并进行风险监测 |
| 低度 | 接受 | 可不采取措施，但需关注，防止风险等级上升 |

## （四）针对重大危险源的控制措施

1. 垮塌

（1）重大危险源：200 t 履带吊起吊主梁时地基承载力不满足要求。

防控措施：对起重区域土质较差的区域进行换填，并进行分层压实，在起吊主箱梁时，两台 200 t 吊机将主箱梁抬吊 10 cm 左右静置 5 min，并安排专门人员观测吊机履带处的地基变形情况，从而检测现场地基承载力是否满足要求。

（2）重大危险源：移动模架过孔过程中倾斜、失稳。

防控措施：移动模架安装及拆除前均应进行施工交底。安装完成后需进行检查、预压和验收。移动模架前，组织人员对移动模架各部件进行检查，并形成签证，移动模架支腿必须抄垫平整，锚固良好，防止出现倾斜，液压系统状态良好，顶升过程行程必须保持同步，操作要协调一致。过孔过程中安排专人在两端对移动模架平衡状态和支腿情况进行观察，发现异常立即停止作业，人员撤离，将情况进行汇报。

（3）重大危险源：主箱梁和导梁连接销板焊接不合格。

防控措施：更换不合格的连接板，按照图纸要求进行坡口焊，焊接完成后对焊缝进行探伤并出具合格报告。移动模架制造时，制造单位要具备相应的制造资质，材料材质要符合设计要求，有材质证明和质量检验合格报告；主要结构焊接质量要进行检测，满足设计要求的焊接质量；检测要出具检测报告。移动模架在工厂进行加工制造时，出厂前要进行试拼装。

（4）重大危险源：移动模架未按照施工方案要求预压，堆载过程存在偏载。

防控措施：预压前对移动模架各构件进行仔细检查，并形成检查签证，检查合格后方可进行预压。预压应对施工人员进行安全交底，并安排专职安全员进行全过程监控。预压应按照施工方案要求严格执行，混凝土块、砂袋堆码要分层、均匀，砂袋要注意防雨。预压过程应安排多人站在不同角度进行观察，发现出现异常情况，立即停止作业，人员撤离到安全区域，将情况进行汇报。

2. 物体打击

重大危险源：张拉作业材料不合格或违规操作造成夹片飞出或钢绞线断裂。

防控措施：锚具、夹片、钢绞线等材料应做进场检验，质量合格的材料方可使用。预埋孔位置必须与设计相符，防止张拉过程因预埋孔位置不对造成锚具损坏。夹片安装时不得缺失和松动。人员张拉过程不得站在油顶正面。

3. 高处坠落

重大危险源：施工平台、通道临边防护缺失或存在漏洞。

防控措施：作业平台应坚固可靠，满足受力要求，临边防护应按照标准化要求设置，整齐规范，严禁随意搭设作业平台。作业平台结构安全，应定期进行检查，发现问题及时加固。施工作业时如需拆除临边防护，应报架子队长同意后，在专职安全员的监控下进行作业。加强安全检查，发现临边防护出现缺失、破损、缺口等现象及时完善。高空作业应正确穿戴好安全帽和安全带。

4. 起重伤害

（1）重大危险源：移动模架、模板拆装过程吊装作业无方案或未按方案执行。

防控措施：移动模架、模板拆装过程吊装作业应编制方案，并对施工人员进行安全交底。拆装过程必须严格安全方案执行，专职安全员应全过程监控。吊装作业前应对吊机、吊具、通信设备、地基等多方面进行仔细检查，发现问题必须及时处理，各方面检查合格后方可进行吊装作业。吊装指挥人员和吊机司机必须安排经验丰富，技术娴熟的人员担任，夜间和恶劣天气不得进行拆装作业。

（2）重大危险源：吊机抬吊配合时指挥信号不明，双机抬吊重物时，未按照规范规定的起重量进行抬吊。

防控措施：对指挥人员进行安全交底；指挥人员在指挥过程中必须根据现场实际情况发出正确的指挥信号，指挥吊机使用的对讲机应设置在不同频道，防止指挥信号相互干扰；吊机指挥指定专门人员。双机抬吊重物时，分配给单机的重量不得超过单机允许起重量的80%，构件总重量不得高于两起重机械额定起重量之和的75%，并要求统一指挥。

5. 触电

重大危险源：电线电缆老化或者破损未包扎，无漏电保护，不接零不接地配电柜存在一闸多机。

防控措施：架子队专职电工每天必须对所有用电设施进行检查，认真填写电工巡检记录，发现问题及时整改。老化电缆及时更换，电缆破损使用绝缘胶带包扎牢固，配电柜及开关箱应安装漏电保护器、并接零接地，配电柜应符合一机一闸的要求。非电工人员严禁私自接线。

6. 火灾

（1）重大危险源：乙炔气瓶无防回火装置、倒放，压力表、气管破损。

防控措施：加强安全教育和安全交底，规范气瓶使用管理，气瓶使用人员必须持证上岗。加强安全检查，发现无防回火装置、倒放，压力表、气管破损及时更换整改。作业时配备消防器材，发生火灾及时扑灭。

（2）重大危险源：在易燃材料区域（木模、混凝土养护）动火作业无防护隔离措施。

防控措施：在易燃材料区域（木模、混凝土养护）动火作业必须经架子队长同意，在专职安全员的监控下进行，动火作业点下方必须设置钢板等接渣措施，动火点配备配备灭火器和消防水箱，模板（木模）作业点必须安排人员 24 h 值班，防止发生火情无人发现，作业区域内必须设置安全通道且通道畅通。

## 四、移动模架施工各工序专项安全措施

1. 移动模架拼装及过孔

（1）移动模架进场前设计图纸中的结构构件必须有第三方复核报告。

（2）施工操作步骤必须以图文形式张贴在操作室及其他醒目位置。

（3）移动模架系统必须具有所需的强度、刚度和稳定性，在安装时正确无误。

（4）移动模架安装前，必须对场地进行平整压实，对主梁拼装地基和吊机起吊区进行加固处理以防止沉陷，保证地基承载力满足要求，必要时可在吊机起吊区铺设钢板，防止地基沉降造成吊机倾覆。

（5）移动模架安装时，必须严格按安装图要求进行，严禁随意变动；螺栓安装困难时，现场处理措施必须征得设计单位人员确认后方可进行处理；主要受力构件（如轴销、连接板）变更处理，必须征得设计单位人员确认同意后由制造单位进行处理。主梁现场拼装，必须作好拼装记录。

（6）主梁整体吊装应进行安全技术交底，统一协调吊装；现场管理人员应经常检查吊车吊装时支腿摆放位置、地基承载力是否满足要求，以及检查钢丝绳、卸扣是否满足吊装吨位要求，特别是大型构件吊装时必须进行详细检查。

（7）各构件拼装完成后，必须安排专人使用扭力板手对所有连接螺栓统一进行检查紧固。

（8）使用有效的方法与措施，保证支撑、支点牢固，不产生相对移动。

（9）工作前应事先检查所使用的工具是否牢固可靠，扳手等工具必须用绳链栓挂在身上，工作时，思想要集中，防止从高空坠落造成人员伤害。

（10）遇大风时应暂停高处作业；下雨过后，应先清理施工现场，待工作处不打滑时，再进行作业。

（11）移动模架安装过程中，高空作业人员身体应满足高空作业要求，悬空、攀登作业时必须系挂安全绳；起重作业必须由专人指挥，禁止多人乱喊，以免发生误操作，指挥信号必须统一明确且符合规定，大型吊装应配备对讲机，小型吊装可采用手势或口笛、旗语，起重司机、指挥人员必须持特种作业操作证上岗。

（12）移动模架过孔作业前，必须组织进行检查签证，并经技术负责人确认后，方可进行过孔作业。

（13）移动模架过孔作业时，非操作人员禁止进入操作室，更不允许随意启动或操作各种控制元件。

（14）移动模架过孔作业前，必须彻底解除所有影响移动模架过孔的约束，并确保移动模架过孔限界内的杂物、机具等清理干净。

（15）移动动模架过孔作业过程中，必须设专人监视移动模架系统的平衡状态，确保移动模架在移动过程中纵、横向的整体稳定性。

（16）移动模架过孔时行走速度要均匀，移位速度不超过 1.5 m/min，防止对前支腿墩柱产生过大力矩。

（17）移动模架过孔时，需控制每次纵移行程，防止千斤顶伸出油缸过长而损坏。

（18）移动模架过孔时，两侧走行速度需尽可能一致，防止两侧走行不平衡而造成意外。

移动模架安装完成后，应立即进行检查，主要检查结构、液压、电气系统，包括：精轧螺纹钢筋是否有损伤，主梁连接部分螺栓是否完好；供电线路是否完好；液压管路阀件是否处于良好工作状态，连接螺栓是否松动；支撑主梁的油缸是否锁定；机构防雨措施是否到位；有无漏油现象；检查各种仪表及指示灯是否指示正常；液压系统工作前应检查油箱油位情况，各种球阀应在开启位置，若系统长期未工作或更换新油后，应向油泵、油马达壳体填充清洁油料，保证可靠润滑；检查主结构构件有无塑性变形，有无油漆剥落现象；检查支撑螺杆有无损伤、弯曲；检查模板有无变形。

移动模架拼装完成后需要对模架的强度、刚度和整体稳定性进行检验，并同步消除非弹性变形，获取弹性变形数据。虽然公路规范明确规定要求移动模架首次拼装完成后按照不小于 1.2 倍最大梁段荷载进行预压，但因移动模架未纳入国家特种设备名录，属于非定型产品，建议预压荷载遵照厂家指示进行。

2. 移动模架拆除

（1）移动模架拆除应经过施工负责人的同意后方准进行，并严格按拆除方案进行作业。

（2）所有高处作业人员，应严格按高空作业规定执行和遵守安全纪律。

（3）拆除施工前，应先清理拆除现场，划定拆除现场作业区并派专人警戒，一切非施工操作人员不得进入禁区。

（4）拆除时必须确保未拆除部分处于稳定牢固状态。当拆除中出现可能危及未拆部分的稳定情况时，必须对未拆部分增设临时支撑，确认安全后，方可拆除。

（5）移动模架拆除过程中，高空作业人员身体应满足高空作业要求，悬空、攀登作业时必须系挂安全绳；起重作业必须由专人指挥，禁止多人乱喊，以免发生误操作，指挥信号必须统一明确且符合规定，大型吊装应配备对讲机，小型吊装可采用手势或口笛、旗语，起重司机、指挥人员必须持特种作业操作证上岗。

（6）移动模架拆除过程中，如遇强风、暴雨、大雾等特殊气候，应停止进行拆除作业。

3. 钢筋工程

（1）钢筋堆放要分散、稳当，规整堆放，避免叠压，防止倾倒和塌落。照明灯具必须加网罩。

（2）多人合运钢筋，起、落、转、停等动作要一致，人工上下传送不得在同一垂直线上。

（3）在操作平台上堆放钢筋或物料应牢靠，操作工具不用时，必须装在工具袋内，以防坠物伤人。

（4）起吊钢筋时，严格遵守起重安全操作规程；下方禁止站人。必须待钢筋降落到离地或模板平台 1 m 以内方准靠近，就位支撑好方可摘钩。

（5）不得在绑扎好的钢筋或模板拉杆及支撑上行走和攀登，以防坠落伤人。

（6）钢筋为易导电材料，因此，雷雨天气应停止露天作业，以防电击伤人。

4. 模板工程

（1）模板施工时，作业人员必须正确使用防护用品，着装整齐、袖口扎紧，穿防滑鞋。作业时，配件及模板严禁上下抛掷，配件用箱或袋集中吊运；配件及工具放在袋内，不得乱堆乱放。

（2）模板上的脚手架必须符合安全要求，平台跳板必须与脚手架捆绑牢固，跳板尽量不要出现悬挑的现象，若需要时，必须按设计要求或规定的标准搭设跳板，发现有不符合要求时，应立即整改直至满足要求，否则不准进入下一道工序。

（3）施工现场的电气设备、线路与钢模间必须保持安全距离，严禁混放或拖拉在钢模、钢筋上。

（4）模板安装、拆除必须按模板的施工设计进行，严禁任意变动。

（5）模板及其支撑系统在安装过程中，必须设置临时固定设施，严防倾覆。

（6）支撑应按工序进行，模板没有固定前，不得进行下道工序。

（7）由试验室提供拆模试块强度，确认混凝土已达到拆模强度时，模板方可拆除。

（8）工作前，应检查所使用的工具是否牢固，扳手等工具必须用绳链系挂在身上，工作时思想要集中，防止钉子扎脚或从空中滑落。

5. 混凝土工程

（1）混凝土浇筑前，地泵及布料机均应进行检查，保证设备能正常工作。

（2）泵管使用前应进行壁厚检查，安装后应进行检查验收，保证泵管安装固定牢固。

（3）泵管不得直接与外侧模接触，以避免外侧模晃动。

（4）泵车的操作人员必须是设备商的专职人员，混凝土浇筑时设备商的技术维护人员在现场值班，对泵车进行检查并应对突发的机械故障。

（5）混凝土布料应保证上下游侧对称、纵向均匀，避免在浇筑过程中出现偏载。

（6）混凝土浇筑过程中安排专职人员对模板支撑进行检查、加固，重点检查内外模板底部支撑，以及拉杆螺栓是否松动。

6. 预应力工程

（1）预应力施工用千斤顶、液压油表、油泵、拌浆机、压浆机、真空泵使用前均需进行检查，确保工作性能正常、无漏油现象。

（2）张拉油顶的安装拆除必须设置牢固的挂点，利用倒链悬挂。不得随意利用主体结构钢筋系挂。

（3）张拉用工具夹片螺纹应完好，磨损严重或超过规定的使用次数后必须更换，避免工具夹片工作失效飞出伤人。

（4）张拉应按照设计顺序进行，腹板处对称张拉。千斤顶轴线与预应力筋要保持平行。操作人员要控制好进油泵的进油速度，给油平稳均匀，加荷平稳。千斤顶在有压力的情况下严禁拆卸液压系统中的任何零件。

（5）千斤顶工作时，应有专人观察压力表的工作情况，如发现压力突然增大时，要立即停止工作，待查明原因，处理好后，方可继续作业。张拉时千斤顶操作人员和测钢绞线伸长量人员必须在千斤顶侧面，张拉控制采用张拉应力和伸长值双控，以应力控制为主，以伸长值进行校核。当实际伸长值与理论伸长值之差超过 6% 时，应停止张拉，查明原因采取措施后再进行施工。

（6）操作千斤顶和测量伸长值的人员应站在千斤顶侧面操作，千斤顶作用线方向不得有人。

（7）张拉时必须服从统一指挥。预应力施工必须由专职人员进行操作，持证上岗。张拉时设置警戒区，非张拉人员不得进入张拉区域。

（8）张拉油顶、油泵、夹片必须定期检测，确保设备工作正常。夹片超过规定施工规范允许的次数后必须全部更换。

（9）压浆施工时需严格文明施工，拌浆机、压浆机及压浆管之间不得漏浆，出浆嘴处设置接浆桶，避免漏浆污染工作面、导致工作面湿滑。压浆施工人员佩戴口罩、眼罩进行防护，压浆设备的压力表必须完整有效，并不得被水泥浆污染遮盖，真空泵启动后抽真空度、压浆后稳压压力均不得超过规范允许值，避免爆管。

7. 翼缘板后浇段与加宽段

（1）翼缘板后浇段与加宽段施工前，需对已浇筑的梁段临边安装高度 1.2 m 的防护栏杆并安装踢脚板，防止人员坠落及物体打击。

（2）翼缘板后浇段与加宽段施工时在待施工段两端搭设型钢与钢板组成的通道，并在钢板上焊接临边护栏，做好施工中的防护。

（3）翼缘板后浇段与加宽段施工时要求在待浇段正下方周边 10 m 范围内设置警戒区域，并拉设警示带，挂设高空作业区、禁止靠近的警示牌。

（4）后浇段底模拆除时，不得使用吊机载人进行拆除，在拆模时，由钢丝绳通过预留孔拉紧底模，并通过卷扬机将底模缓慢下放至地面。

## 五、结　　语

移动模架施工中风险控制的重点是防坍塌和防高处坠落，其中超高空拼装为高风险工序，也是移动模架施工的重难点，在移动模架拼装前需要认真研读操作维护使用说明书及其相关图纸和函件，深入掌握移动模架结构构造及工作性能，才能在高空完成移动模架拼装；选择合理、详细的拼装方案能有效促进移动模架施工安全、经济、方便、可靠；选用适应高墩、吊装半径大的履带吊才能保证拼装正常进行；预压过程中合理的堆载，才能反应移动模架受力的均衡性和稳定性；移动模架走行前需要将支腿与墩顶的锚固进行预张拉，并解除模架与梁体的所有连接，在走行过程中操作人员需特别注意液压系统的压力，并控制走行速度并安排专人对模架进行盯控，听到任何异常声响，发现油压有异常变动需立即停止。

# 第十六章
# 钢梁工厂化制作安全管控总结

## 一、工程概况

钢桁梁悬索桥跨度布置为（84+84+1 092+84+84）m，全长 1 428 m，设计采用上层双向八车道高速公路和下层四线铁路标准建设。作为我国首座超千米跨径公铁两用悬索桥，五峰山大桥是当今世界荷载最大、设计速度最快的公铁两用悬索桥。

悬索桥主梁为板桁结合钢桁梁。采用两桁结构，标准节段长 28 m，两片主桁间距 30 m，桁高 16 m，节间长度 14 m。主要由桁片单元、桥面、主横桁架等部分组成。桥面采用正交异性钢桥面。钢梁主体结构采用 Q370qE 钢材，工程总量约 7.2 万 t，如图 3-16-1 所示。

图 3-16-1　大节段结构组成图

## 二、工序流程

大节段拼装采用多节段连续匹配拼装与焊接方案，首段按照铁路桥面板块就位→一侧主桁桁片拼装→另一侧主桁桁片拼装→横联桁片拼装→公路内侧桥面板块拼装→副桁斜撑杆拼装→副桁公路桥面板块拼装。

## 三、钢梁加工风险

钢梁加工过程中涉及高空作业、起重吊装作业、焊接作业等，可能发生高处坠落、物体打击、机械伤害、起重伤害等事故。

## 四、各工序安全卡控要点

### （一）杆件制作不安全因素

五峰山大桥杆件主要为工形和箱型杆件，制作过程中不安全因素有以下几点：

（1）杆件板面距离地面大于或等于 2 m 的临边作业属于高空作业。

（2）杆件翻身。

（3）杆件切边或钻孔施工。

### （二）单元件制作安全卡控要点

（1）针对杆件高处作业需要在临边设置护栏。

（2）所有登高作业都需制作安全牢固的斜梯（或爬梯）。

（3）桥面板块四点支撑存放。

（4）桁片及桥面制作采用标准化的组装胎，胎架刚性连接防止构件倾覆。

（5）严格按照起重吊装操作规程针对起吊设备、吊索具等关键部位进行检查验收。

### （三）大节段总拼安全安全卡控重点

（1）制作大节段组装及预拼装胎架。

（2）设计大节段组装胎架，设置弦杆连接接头，以孔定位两边桁片单元，确保大节段几何尺寸及桁片位置精度要求。同时，设置固定式上下通道、工作台，并在其上设置走台，作为上下层桥面的施工通道，如图 3-16-2 所示。

图 3-16-2 大节段组装及预拼装胎架

### （四）场内节段倒运和存放安全卡控要点

（1）存梁场地应统筹规划，充分考虑杆件、桁片单元、桥面板块和钢桁梁节段存放、风嘴单元的安装、节段发运的协调统一，确保杆件、单元和节段在场内的顺利周转。

（2）存梁场地地面承载力不小于 35 $t/m^2$；在正常使用状态下，不允许发生不均匀沉降。如果地面承载力不满足要求，应在支撑凳支腿位置布设预制混凝土块或钢板板件，保证钢桁梁节段存放期间，地面不发生不均匀沉降。

（3）存梁支撑墩布置应考虑墩之间的连接，增加支撑墩的稳定性，防止发生倾倒。

**（五）节段滚装装船安全防护技术措施总结**

（1）节段支撑墩（凳）应与运输船甲板焊接固定，支撑墩（凳）布置参照厂内存梁支墩位置布置。

（2）结合潮水水位情况，当条件具备时将船停到港池岸边，定位后搭设滚装专用桥板，平板车托节段缓缓上船，上船后将节段放下后，车辆缓慢退出。节段与船体紧固宜采用无油钢丝绳，钢丝绳直径大于 15 mm，将节段主桁架与船体固定，固定在节段重心位置。

**（六）桥位施工安全卡控要点**

（1）针对桥位施工全部为高处作业，作业区域受环境影响较大，临边作业较多问题，所有临边施工作业面（含孔洞）需要设置临边防护，钢桁梁节段之间施工设计专用的施工平台，且施工平台设置悬挂安全带位置，施工平台需使用安全网进行防护。

（2）针对上下层交叉作业面较多和临时预埋件割除坠落等不安全因素，所有的施工平台设计都需使用踢脚板进行围挡，防止高空坠物。

## 五、结　　语

钢梁大节段工厂化加工制作从安全角度出发大有裨益，首先降低了现场拼装带来的高处作业风险，其次各类焊接作业、吊装作业通过机械化减员减少了人的不安全行为，最后通过合理规划，优先设计满足作业要求的专用爬梯、防护栏杆、胎架等设施改善了人员作业环境。因此工厂化在钢梁大节段加工过程中充分体现出优越性、安全性、节约性。

# 第十七章
# 边跨钢梁架设安全卡控总结

## 一、钢梁简介

### （一）边跨钢梁概况

根据整节段吊装方案的要求，主桁设计时每两个节间为一个单元，即每节段主桁的单元长 28 m，有索区公路桥面全宽 46 m（含两侧 2 × 1.5 m 宽检修走道），无索区采用滑移施工方案，公路桥面宽度 41 m，两侧 1.2 m 宽的检修走道在滑移到位后通过高栓连接，如图 3-17-1 所示。

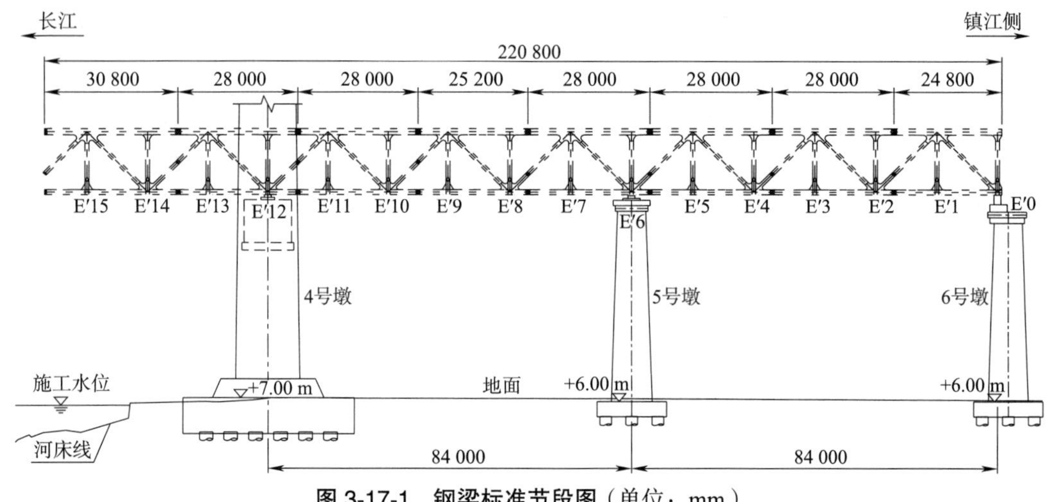


**图 3-17-1　钢梁标准节段图**（单位：mm）

边跨加劲梁跨度布置为（84+84）m，E'0 至 E'15 共 8 个大节段，采用浮吊逐个大节段吊装至滑移支架上，然后牵引滑移至预定位置存放并连接成整体。边跨钢梁节段最重达 1 759.98 t。

### （二）主要施工条件

1. 临建工程场地布置

镇江侧边跨钢梁架设时在绍隆寺路左侧料库区设置高强螺栓存储专用库房，螺栓及施拧扳手配套检验位于中心试验室内。钢梁架设时施工人员通过栈桥码头到达运梁船，临时工装由码头下河水运至浮吊旁进行吊装。

镇江侧边跨钢梁架设施工场地平面布置如图 3-17-2 所示。

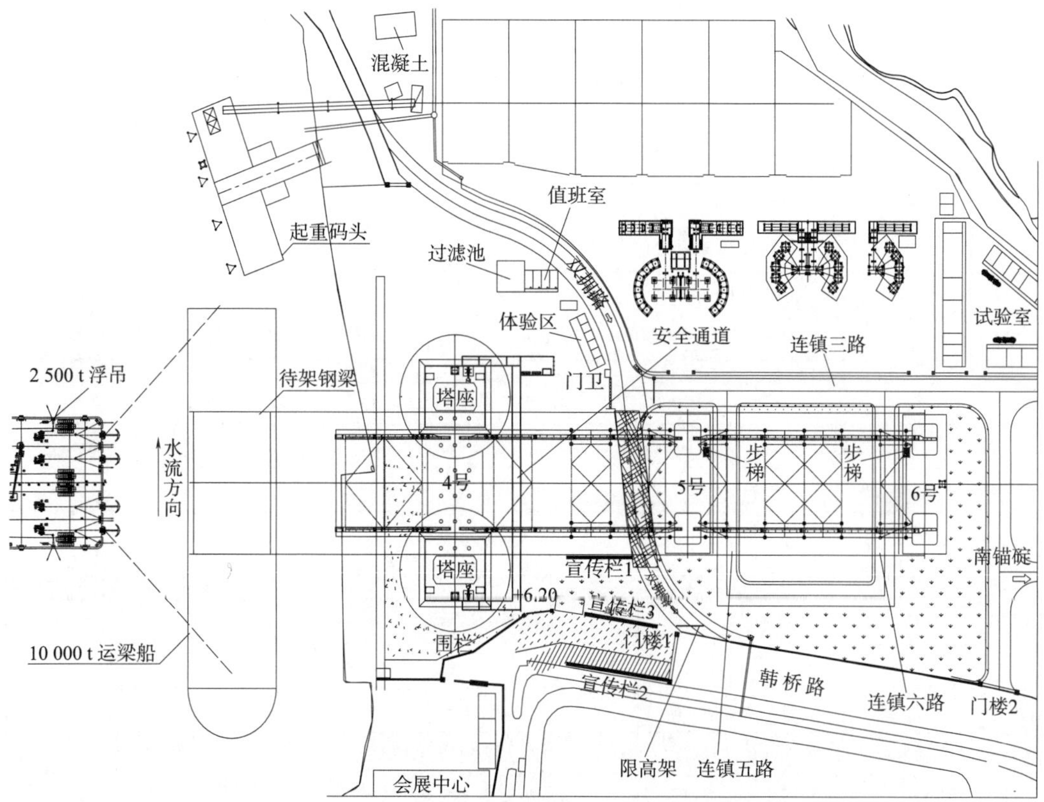


图 3-17-2 镇江侧边跨钢梁架设施工场地平面布置图

2. 施工用电

边跨钢梁施工时利用 4 号墩主塔施工已配备的 1 台 1 000 kV·A 变压器，电路自变压器引出至二级配电柜。

## 二、边跨钢梁架设施工资源配置

因南、北岸钢梁架设施工工艺相同，以下资源配置均以南岸（即镇江测）边跨钢梁架设施工为准。钢梁架设人员配置详见表 3-17-1，主要机械设备详见表 3-17-2。

表 3-17-1 镇江侧边跨钢梁架设人员配置表

| 序号 | 职务 | 人数 | 负责内容 |
|---|---|---|---|
| 1 | 架子队队长 | 1 | 全面负责 |
| 2 | 技术负责 | 1 | 技术负责 |
| 3 | 技术员 | 2 | 技术、质量监督 |
| 4 | 质检员 | 1 | 质量检查 |
| 5 | 安全员 | 2 | 现场施工安全 |

续上表

| 序　号 | 职　务 | 人　数 | 负责内容 |
|---|---|---|---|
| 6 | 调度 | 2 | 现场生产监督协调 |
| 7 | 测量员 | 4 | 测量放样 |
| 8 | 试验员 | 4 | 高栓试验 |
| 9 | 钢梁运输作业工班 | 20 | 钢梁运输 |
| 10 | 钢梁吊装作业工班 | 10 | 钢梁吊装 |
| 11 | 钢梁滑移与拼装作业工班 | 40 | 钢梁滑移、拼装、高强螺栓施拧、钢梁调整等 |
| 12 | 钢梁焊接作业工班 | 30 | 钢梁工地焊接 |
| 13 | 钢梁涂装作业工班 | 20 | 钢梁工地涂装 |

**表 3-17-2　施工主要机械设备表**

| 序号 | 设备名称 | 单位 | 数量 | 用　途 | 备　注 |
|---|---|---|---|---|---|
| 一 | 钢梁运输、吊装设备 | | | | |
| 1 | 2 500 t 浮吊 | 艘 | 1 | 钢梁节段吊装 | |
| 2 | 10 000 t 运输船 | 艘 | 2 | 钢梁节段运输 | |
| 3 | 抛锚船 | 艘 | 2 | 浮吊、运输船抛锚 | |
| 4 | 拖轮 | 艘 | 2 | 浮吊、运输船拖运 | |
| 5 | 交通船 | 艘 | 1 | 水上交通 | |
| 6 | 救生船 | 艘 | 1 | 水上交通 | |
| 7 | 150 t 履带吊 | 台 | 1 | 滑移系统吊装 | |
| 8 | 18 m 长钢丝绳 | 根 | 8 | 钢梁节段吊装 | 8*K41S-IWRC-$\phi$110 |
| 二 | 拖拉、顶落梁及钢梁调整设备 | | | | |
| 9 | 150 t 千斤顶 | 台 | 48 | 钢梁纵、横移 | |
| 10 | 千斤顶油泵 | 台 | 12 | 配套水平千斤顶 | |
| 11 | 500 t 千斤顶 | 台 | 8 | 钢梁顶落 | |
| 12 | 1 000 t 千斤顶 | 台 | 16 | 钢梁顶落 | |
| 13 | 千斤顶油泵 | 台 | 6 | 配套竖向千斤顶 | |
| 14 | 150 t 连续千斤顶 | 台 | 3 | 钢梁滑移拖拉 | 备用 1 台 |
| 15 | 连续顶泵站 | 台 | 1 | 配套连续千斤顶 | |
| 三 | 钢梁拼装设备 | | | | |
| 16 | 扭矩测试仪 | 台 | 1 | 测高栓扭矩系数 | SPNJS-2000-500 |
| 17 | 数显扳手 | 套 | 2/4 | 检查扳手 | SBS1000/ SBS2000 |
| 18 | 电动扳手 | 套 | 6/2 | 用于高栓施拧 | P1D-LP-1000/2000 |
| 19 | 万能试验机 | 台 | 1 | 测高栓保载、抗滑移、楔负载 | LE'X-1000 |
| 20 | 荷重传感器 | 台 | 4/4 | 测抗滑移系数 | SFHY24/ SFHY30 |

续上表

| 序号 | 设备名称 | 单位 | 数量 | 用　途 | 备　注 |
|---|---|---|---|---|---|
| 21 | 布洛维硬度计 | 台 | 1 | 测螺母、垫圈硬度 | HR-150A |
| 22 | 测量仪器 | 套 | 1 | 钢梁线型测量 | 全站仪、经纬仪等 |
| 23 | 倒链 | 台 | 若干 | 钢梁微调、滑块垫块倒换 | 1 t/5 t/10 t |
| 24 | 冲钉 | 个 | 若干 | 钢梁对位 | |
| 25 | $CO_2$ 气体保护焊机 | 台 | 10 | 钢梁工地焊接 | |
| 26 | 埋弧自动焊机 | 台 | 2 | 钢梁工地焊接 | |
| 27 | 曲臂式高空作业平台 | 台 | 2 | 高栓施拧 | A4850 |

## 三、工序流程

施工准备→现场准备→滑移系统安装→钢梁进场验收→钢梁吊装→钢梁滑移→钢梁拼装及调整→高强螺栓施工→钢梁焊接→钢梁涂装。

## 四、关键施工工序

### （一）滑移系统安装

滑移系统由钻孔桩基础、滑移支架及拖拉系统组成，为边跨 E'0 ～ E'15 节段钢梁滑移施工的主要承重结构，支架顺桥向总长为 218 m。

支架自小里程向大里程依次为滑移支架 A、B、C、D、E，其中支架 A、C、E 分别为 4 号、5 号、6 号墩墩旁托架，B、D 为中间支墩，滑移系统基础采用 20 根 $\phi$1.5 m 钻孔灌注桩，桩长 20 m。

滑移支架钢管立柱采用 150 t 履带吊或塔吊逐段安装，连接系、附墙件采用在地面进行拼装、整体起吊的方式进行安装。

滑移支架 A 钢管立柱及连接系安装完成并经验收合格后，安装对拉钢绞线，每榀桁架 2 束、共 4 束，单束钢绞线张拉 280 t，单根钢绞线长度为 75 m。

滑移支架钢管立柱及连接系、附墙件安装完成并检查验收合格后安装桩顶垫梁 / 分配梁及刚性抄垫，将垫梁 / 分配梁及刚性抄垫与滑移支架顶面焊接固定并检查验收；滑道梁采用 150 t 履带吊逐段安装并将滑道梁底面与垫梁、分配梁及预埋件顶面焊接固定，完成边跨钢梁滑移支架施工。

滑道梁顶面铺设 4 mm 不锈钢板作为钢梁拖拉滑道滑移副，不锈钢板与滑道梁顶板之间采用间断焊的方式进行连接，焊接时采用边辊压边焊接的方式，以保证不锈钢板与滑道梁顶板间密贴。钢梁滑块由钢板组焊而成，滑块底板两侧横桥向设置限位板，单个滑块下底板对应滑道梁腹板位置布置四块 MGE 板，单块 MGE 板与滑块底板采用沉头螺栓连接。滑道梁安装完成后，测量放样出滑块摆放位置并在滑道梁上作出标记，然后利用墩旁塔吊将滑块吊装摆放就位。

## （二）钢梁吊装

边跨钢梁 E'0 至 E'15 共 8 个大节段，采用 2 500 t 浮吊 + 专用吊具进行吊装。钢梁大节段吊装时，单个节段采用 4 点起吊，节段梁上设置吊装吊耳。钢梁吊装前对钢梁吊耳、吊具进行检查，将钢梁节段起吊约 30 cm 高度，静置 5 ～ 10 min，对钢梁吊具及吊耳进行检查并记录。检查无误后起吊钢梁至 10 m 以上高度，此时将运输船驶出钢梁架设区域；继续起吊使钢梁底面高程至 +62.0 m，然后浮吊向滑移支架方向绞锚进位，绞锚至钢梁主桁竖杆对应滑块时浮吊开始下放钢梁，滑块与钢梁下弦底板间设置钢垫块，垫块对应钢梁下弦杆腹板位置布置，横向间距为 1.5 m。钢梁吊装就位后，钢垫块中心线、滑座中心线偏差值与钢垫块中心线偏离钢梁下弦杆腹板内缘偏差值之和不大于 5 cm。为增大摩擦，在滑块与垫块之间、垫块与钢梁下弦底板间均应垫一层石棉板。

首节段钢梁吊装完成后，浮吊绞锚退至下一节段吊装站位，继续进行后续节段钢梁的吊装作业，钢梁节段吊装过程中同步进行前一节段钢梁拖拉滑移就位，如图 3-17-3 所示。

## （三）钢梁滑移

钢梁吊装就位后，安装钢绞线将滑块与 150 t 水平连续千斤顶连接，千斤顶提前与拖拉分配梁进行连接，拖拉作业时嵌入滑道梁开槽中，完成区段拖拉作业后，千斤顶回油，拖拉分配梁滑移至下一节点，分段完成拖拉作业，如图 3-17-4 所示。

图 3-17-3　大节段钢梁对位

图 3-17-4　钢梁滑移

## （四）钢梁拼装及调整

钢梁滑移到位后连接前对节段进行三向偏位微调以满足栓焊连接要求。

1. 横向调整

利用竖向调整千斤顶起顶节段梁，在滑座与钢垫块之间设置 MGE 板与滑座顶面不锈钢板形成滑移副；并利用滑座侧面反力座（钢梁 E'6、E'12 节点处利用墩顶抗震挡块），安装

100 t 水平千斤顶作为横向调整装置，顶推钢梁前后支点侧面位置，使其与已安装钢梁横向对齐，如图 3-17-5 所示。

2. 竖向调整

在钢梁节段每个支点位置各安装四台 200 t 千斤顶，起顶钢梁前后支点，使其与已安装钢梁竖向对齐，对齐之后用钢板抄垫滑块与钢梁节段间隙，千斤顶回顶，进行钢梁连接，如图 3-17-6 所示。

图 3-17-5 钢梁横向调整

图 3-17-6 钢梁竖向调整

3. 钢梁拼接

钢梁调整完成后在下弦杆两侧腹板螺栓群四周先打入冲钉，然后进行上弦杆接头拼装，利用钢梁节点螺栓孔完成竖向错位的微调。

下弦杆、上弦杆拼接完成后，最后进行斜杆拼接，在工型斜杆翼缘板或箱型斜杆腹板处打入冲钉，使斜杆铰接连接，待斜杆翼缘板高栓施拧完成后开始安装腹板拼接板。

## （五）高强螺栓施工

边跨钢梁高强度螺栓共有 30 920 套，其中 M24 高强度螺栓 4 940 套，M30 高强度螺栓 25 980 套。高强度螺栓连接副由一个高强度大六角头螺栓（10.9S）、一个高强度大六角螺母（10H）和两个高强度垫圈组成。

高强螺栓按图纸顺序进行，遵循从螺栓群中心向外扩展逐一拧紧，并遵循初拧、复拧（采用初拧扳手在初拧完成并且冲钉退完后整体复拧）、终拧的顺序，每套高强螺栓施拧前进行卡油，卡油完成后进行施拧。

## （六）钢梁焊接

每榀节段除下弦杆顶面外所有高强螺栓施拧完成后进行钢梁的焊接施工；待钢梁焊接完成后再进行下弦杆顶板处高强螺栓施工，如图 3-17-7 所示。

钢梁节段精确定位后，按要求对接缝进行专业工装码平，码平时宜先码平箱口刚性较大的边侧拐角部位，然后固定其余部位，采用定位板和火焰矫正相结合的方法进行局部调整，保证对接缝板面错边不大于 1.0 mm。

根据本桥钢梁接口环缝焊接工艺，铁路桥面板采用 $CO_2$ 气体保护焊打底、人工填充及盖面的工艺焊接，公路桥面采用 $CO_2$ 气体保护焊打底、埋弧自动焊盖面工艺施焊。

**（七）钢梁涂装**

钢梁工地涂装内容包括高栓及焊缝部位涂装。钢梁油漆前，清洗杆件表面的污尘、积水、霜、雪、雨、露及油脂物等，将生锈部位打磨至显出金属光泽再按工艺涂装。

图 3-17-7 高栓施拧

## 五、边跨钢梁架设施工风险

钢梁架设施工涉及高空作业、起重吊装作业、船舶作业、水上作业等，可能发生高空坠落、物体打击、机械伤害、起重伤害、船舶失控及淹溺等事故。

## 六、各工序安全卡控要点

**（一）准备阶段卡控要点**

1. 人员卡控

（1）所有参与边跨钢梁架设的作业人员需经过三级安全教育培训并考试合格，并接受第三级安全技术交底。

（2）对塔吊操作司机、起重指挥人员、电梯司机、履带吊司机、汽车吊司机等特种作业人员以及连续千斤顶操作人员、浮吊船员、拖轮船员进行针对性的安全及技术交底。

（3）完成对所有高空作业人员的体检工作，严禁患有高血压、心脏病、癫痫、恐高症、严重贫血等高空作业禁忌证者从事高空作业。

（4）作业人员按要求穿戴劳动防护用品；高空作业人员需穿防滑鞋，穿戴好安全带，配合防坠器使用；水上施工人员穿救生衣；特种作业人员持证上岗。

2. 设备卡控

（1）对各类设备进场进行验收及报备，确保其性能良好，手续完善。

（2）浮吊进场后对吊装系统、电气系统、制动装置及各类安全装置进行验收确认。

（3）完善通信系统，保证通信畅通，各类吊装作业过程中专人指挥，统一指挥信号。

3. 物资卡控

（1）对采购进场的钢材、钢绞线等进行验收。

（2）完成专用吊具的进场验收，每次吊装前完成检查签认工作。

边跨钢梁架设施工过程中涉及的人员、设备、物资等要素，安全管理卡控要点相类似，以下各工序中将不再赘述。

### （二）滑移系统安装安全卡控要点

（1）钢管立柱采用长线法一次加工成型，保证管桩支架线形；管桩各节段进行编号并在接头的法兰上做好标记，方便现场安装对位。

（2）对管桩支架安装场地进行硬化，场地四周设置边沟，便于排水；完成双拥路防护棚施工。

（3）严格按照方案顺序进行管桩支架安装，及时安装连接系及上下通道，并保证上下通道连贯。

（4）吊装作业、法兰连接、连接系焊接等作业，下方设置警戒区域，并安排人员值守。

（5）法兰连接、连接系、垫梁、分配梁焊接及 A 支架钢绞线安装等施工时，设置可靠的施工平台，平台四周设置标准防护栏杆。

（6）因滑移支架从安装至拆除周期较长，法兰连接的螺栓、连接系焊接等位置，需涂刷防锈漆防腐。

（7）滑道梁中间及钢梁横向接缝正下方铺设安全网，防止人员、物料坠落，如图 3-17-8 所示。

图 3-17-8　安全网铺设

（8）滑道梁需连接成整体，滑动面的 MGE 板焊接位置、接头位置应打磨平顺，保证接头位置无高差、无凸起。

（9）连续千斤顶应保持水平并固定牢固，防止牵引过程中出现转动；泵站、电箱等摆放在适当位置，避免与钢梁产生冲突。

（10）严格执行检查签证制度，管桩支架、滑道梁及牵引系统安装完成后，组织人员进行检查验收。

### （三）钢梁吊装安全卡控要点

（1）吊机性能（如吃水深度、起重能力、起升高度等）应满足吊装钢梁条件；吊机的变幅指示器、力矩限制器、起重量限制器以及各种行程限位开关等安全装置，都必须齐全完好、灵敏可靠，不得随意调整或拆除。

（2）按钢梁最重块段进行试吊，以检验浮吊工作运作性能，以及吊具强度、刚度及各连接部位的可靠性；试吊采用钢梁加水袋的方式进行，水袋在钢梁面对称布设，如图 3-17-9 所示。

（3）吊具、吊耳等经过专项设计，吊具安装完成后，组织对吊具安装质量进行检查。

（4）钢梁吊装需确保钢梁吊具与吊耳间平面偏差不超过 30 cm，否则严禁起吊。

（5）将钢梁节段起吊约 30 cm 高，静置 5 ～ 10 min。对钢梁吊具及吊耳进行检查。检查内容包括：吊具焊缝有无裂纹、脱落，吊具吊索有无断丝，吊具纵、横梁变形是否超标，吊耳有无变形，吊耳连接焊缝有无裂纹、脱落等。

（6）吊具、吊耳检查无误后，起吊钢梁。钢梁吊装过程中，由专人统一指挥，下方设置警戒区域，严禁车辆、人员进入吊装区域。

（7）严格按照方案要求的顺序进行钢梁就位操作，浮吊绞锚对位应平稳缓慢进行。

（8）提前在支架上设置沉降及变形观测点，落梁过程中，加强对支架变形的观测。

（9）浮吊绞锚至钢梁主桁竖杆对应滑块时浮吊开始下放钢梁，待钢梁下放至距离垫块顶约 20 cm 时对钢梁节段进行精确测量定位，定位精确后将钢梁下放至垫块上；之后浮吊松钩，经检查无异常后方可解除吊索具。

图 3-17-9　钢梁试吊

### （四）钢梁滑移安全卡控要点

（1）钢绞线穿束后进行预锚，并调整千斤顶与后背支座的中心高度，使预留孔与千斤顶中心在同一高度。

（2）每一次钢束重新安装，都应在完成索力调整后进行预拉，以便使两台千斤顶索力一致并达到预设值。

（3）滑移用连续千斤顶等设备由厂家专业人员操作，千斤顶锚具后方严禁站人。

（4）滑座底面与滑道梁位置设置限位板。

（5）将连续千斤顶并联，确保钢梁节段在滑行过程中的同步性。同时在滑道梁顶板侧面贴上刻度线，安排专人观察滑行过程中两桁滑块同步性及滑座底面与滑道梁间距，两桁滑块位置偏差控制在 5 cm 以内。如偏差过大，应立即停下来进行检查，查明原因后采取对应措施减少偏差，之后方可继续进行滑移。

（6）钢梁滑行前，对滑道梁表面进行清理，并在其表面涂抹黄油，减少滑行阻力。

（7）每次滑移到位之前的最后 150 mm 采用点动调整，以避免滑移过量。

（8）注意对钢绞线的保护，不得过电、过火；夹片使用到一定次数后及时清洗或更换。

**（五）钢梁拼装及调整安全卡控要点**

（1）调整钢梁用的横向、竖向千斤顶应摆放稳固，千斤顶顶推应缓慢均匀，保证钢梁稳定。

（2）高空作业人员应配备工具袋，使用的冲钉等小型工具均应装入工具袋内，不准在操作平台上乱放。

（3）上、下弦杆操作平台通道设置背笼，操作平台限载 230 kg/m$^2$，设置标准栏杆及踢脚板，拼接点位置下方挂设安全网。

（4）桥面临边防护栏杆按照规范设置，每日安排专人对现场安全防护进行巡查，确保栏杆牢固可靠。

**（六）高强螺栓施工安全卡控要点**

（1）电动扳手、照明灯具接线满足临时用电规范要求。

（2）操作平台、通道搭设完成后（钢梁上弦杆、斜杆及铁路公路桥面处安装施工平台，公路桥面板下方采用满铺钢跳板的方式搭设施工平台，铁路桥面采用挂座及钢跳板搭设施工平台），组织对操作平台进行验收，确保其结构稳定性，防止倾覆。

（3）曲臂式高空操作平台操作人员需经专业培训合格后，方可进行操作。

（4）操作平台及曲臂式高空作业平台严禁集中堆载。

（5）选择大小合适的冲钉打入节点板，敲打冲钉不得用力过猛，防止冲钉飞出伤人，冲钉要设置防脱落措施（保险销）。

（6）高栓施拧作业点下方设置警戒区域并安排人员值守，禁止无关人员进入警戒区域。

（7）现场使用的冲钉、高栓应装入工具箱，现场不得随意放置高栓、冲钉。

**（七）钢梁焊接安全卡控要点**

（1）供焊接作业人员上下通行延用高栓施拧平台及通道。

（2）电焊机设置在防潮、防雨、防砸位置。电焊机一次线长度应小于 5 m，电源进线处必须设置防护罩。

（3）焊接前，应先检查焊机设备和工具是否安全，如焊机接地及各接线点接触是否良好，焊接电缆绝缘外套有无破损等。

（4）进行电焊作业前，应检查作业环境，清除危险因素和设置监护人员；当与其他人员和有关设施过近时，应采用屏护和安全间隔等保证作业安全。

（5）转移工作地点、焊机检修暂停工作及下班时，必须切断电源后方可进行操作或离开。

（6）焊机应设置在防雨和通风良好的地方。焊接作业点不准堆放气瓶、油漆等易燃易爆物品；露天作业下雨时应设置防雨棚，保证施焊点干燥，并采取绝缘措施。

（7）焊接作业时针对焊渣及火花要采取兜底或下方设置警戒区域等措施，确保对周边环境无影响。

（8）焊接完成或下班时，应确认施工地点无着火可能方可离开。

**（八）钢梁涂装安全卡控要点**

（1）涂装区域及油漆存放处严禁吸烟、严禁明火作业。

（2）油漆存放区域应设置足量的灭火器材，并定期进行检查。

（3）油漆涂装作业，应与高栓施拧、钢梁焊接作业垂直错开，避免交叉作业。

（4）油漆涂装完成后，将油漆桶、刷子等材料集中交由有处理资质的单位进行处理，防止对环境造成污染。

## 六、结　　语

五峰山大桥边跨钢梁架设施工整个过程均为高空作业，且使用大型浮吊进行起重吊装作业，钢梁架设过程中涉及起吊前钢梁与吊具的连接、吊具与浮吊的连接、钢梁起升过程中的同步性控制，钢梁起吊重量大，工序转换、体系转换复杂，安全管理难度大，安全防护要求高；钢梁安装过程中，精确对位、满足成桥线形姿态调整要求高，高强螺栓施拧、工地焊接工作量大，对项目部所有管理人员和操作人员提出了更高的要求，项目部始终保持严格按照设计、规范标准要求进行施工，通过各工序安全卡控要点责任落实到位，钢梁架设生产任务得以安全优质完成。

# 第十八章
# 中跨钢梁架设安全卡控总结

## 一、中跨钢梁概况

根据整节段吊装方案的要求，主桁设计时每两个节间为一个单元，即每节段主桁的单元长 28 m，中跨钢梁均为有索区钢梁，公路桥面全宽 46 m（含两侧 2 × 1.5 m 宽检修走道），主梁为板桁结合钢桁梁，采用两桁结构，标准节段长 28 m，两片主桁间距 30 m，桁高 16 m，节间长度 14 m。中跨加劲梁跨度布置为 1 092 m，桥塔处节段 E12E13（E'12E'13）及中跨近塔侧节段 E14E15（E'14E'15）随边跨钢梁已架设完成。中跨剩余钢梁共 37 个节段，总长 988.4 m，其中 E50、E51 及 E'50 三个节段为单节间梁段，其余均为两节间梁段。中跨钢梁采用缆载吊机单节段整体起吊，自跨中向南北两岸对称架设，最后分别在北岸 3 号主塔、南岸 4 号主塔附近合龙。E46E47（E'46E'47）、E48E49（E'48E'49）为边跨钢梁最重节段，重 1 402.62 t。

## 二、中跨钢梁架设施工资源配置

因南、北岸中跨钢梁架设施工工艺相同，以下资源配置均以南岸（即镇江测）中跨钢梁架设施工为准。中跨钢梁施工人员配置详见表 3-18-1，主要机械配置详见表 3-18-2。

表 3-18-1　中跨钢梁施工人员配置表（以南岸计）

| 序　　号 | 职　　务 | 人　　数 | 负责内容 |
| --- | --- | --- | --- |
| 1 | 架子队队长 | 1 | 全面负责 |
| 2 | 技术负责 | 1 | 技术负责 |
| 3 | 技术员 | 2 | 技术、质量监督 |
| 4 | 质检员 | 1 | 质量检查 |
| 5 | 安全员 | 2 | 现场施工安全 |
| 6 | 调度 | 2 | 现场生产监督协调 |
| 7 | 测量员 | 4 | 测量放样 |
| 8 | 试验员 | 4 | 高栓试验 |
| 9 | 钢梁运输作业工班 | 20 | 钢梁运输 |
| 10 | 钢梁吊装作业工班 | 10 | 钢梁吊装 |
| 11 | 钢梁滑移与拼装作业工班 | 40 | 钢梁滑移、拼装、高强螺栓施拧、钢梁调整等 |
| 12 | 钢梁焊接作业工班 | 30 | 钢梁工地焊接 |
| 13 | 钢梁涂装作业工班 | 20 | 钢梁工地涂装 |

表 3-18-2　施工主要机械设备表

| 序号 | 设备名称 | 单位 | 数量 | 用　途 | 备　注 |
|---|---|---|---|---|---|
| 一 | 钢梁运输、吊装设备 | | | | |
| 1 | 900 t 缆载吊机 | 台 | 2 | 钢梁节段吊装 | 配套吊具 |
| 2 | 10 000 t 运输船 | 艘 | 2 | 钢梁节段运输 | |
| 3 | 1 000 t 运输船 | 艘 | 1 | 缆载吊机运输 | |
| 4 | 浮吊 | 台 | 1 | 缆载吊机起吊上钢梁公路桥面 | |
| 5 | 抛锚船 | 艘 | 2 | 运输船抛锚 | |
| 6 | 拖轮 | 艘 | 2 | 运输船拖运 | |
| 7 | 交通船 | 艘 | 1 | 水上交通 | |
| 8 | 救生船 | 艘 | 1 | 水上交通 | |
| 二 | 钢梁合龙调整、顶落梁设备 | | | | |
| 9 | 150 t 水平千斤顶 | 台 | 32 | 边跨钢梁整体纵、横移 | 主墩、辅助墩 |
| 10 | 100 t 水平千斤顶 | 台 | 16 | 边跨钢梁整体纵、横移 | 边墩 |
| 11 | 千斤顶油泵 | 台 | 12 | 配套 150 t/100 t 水平千斤顶 | |
| 12 | 1 000 t 竖向千斤顶 | 台 | 16 | 边跨钢梁整体顶落 | 主墩、辅助墩 |
| 13 | 500 t 竖向千斤顶 | 台 | 8 | 边跨钢梁整体顶落 | 边墩 |
| 14 | 千斤顶油泵 | 台 | 6 | 配套 1 000 t/500 t 竖向千斤顶 | |
| 15 | 50 t 千斤顶 | 台 | 8 | 中跨钢梁下弦杆调整对位 | |
| 16 | 千斤顶油泵 | 台 | 4 | 配套 50 t 竖向千斤顶 | |
| 三 | 钢梁拼装设备 | | | | |
| 17 | 扭矩测试仪 | 台 | 1 | 测高栓扭矩系数 | SPNJS-2000-500 |
| 18 | 数显扳手 | 套 | 2/4 | 检查扳手 | SBS1000/SBS2000 |
| 19 | 便携式扭矩测试仪 | 套 | 2/2 | 检查扳手 | ZX-M24/ZX-M30 |
| 20 | 正泰稳压器 | 个 | 12 | 用于高栓施拧 | 220 V，3 000 W |
| 21 | 数控定扭矩扳手 | 套 | 4/12 | 用于高栓施拧 | SK-LP-1500/2500 |
| 22 | 万能试验机 | 台 | 1 | 测高栓保载、抗滑移、楔负载 | LEX-1000 |
| 23 | 荷重传感器 | 台 | 4/4 | 测抗滑移系数 | SFHY24/SFHY30 |
| 24 | 布洛维硬度计 | 台 | 1 | 测螺母、垫圈硬度 | HR-150A |
| 25 | 测量仪器 | 套 | 1 | 钢梁线型测量 | 全站仪 |
| 26 | 倒链 | 台 | 若干 | 钢梁微调 | 1 t/5 t/10 t |
| 27 | $\phi$32.8/$\phi$25.8 冲钉 | 个 | 若干 | 钢梁对位 | 45 号钢调制、HRC35-40 |
| 28 | $CO_2$ 气体保护焊机 | 台 | 30 | 钢梁工地焊接 | |
| 29 | 埋弧自动焊机 | 台 | 6 | 钢梁工地焊接 | |
| 30 | 曲臂高空作业平台 | 台 | 1 | 高栓施拧平台安装 | A4850 |

## 三、工序流程

中跨钢梁架设施工工序流程如图 3-18-1 所示。

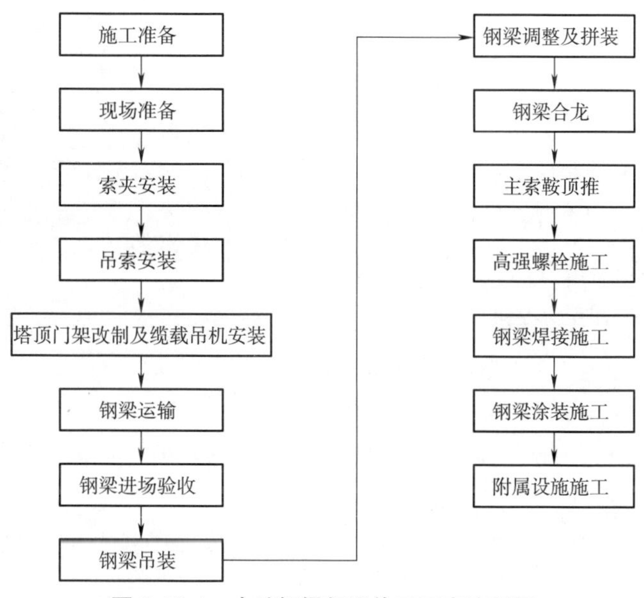


图 3-18-1 中跨钢梁架设施工工序流程图

## 四、关键施工工序

### （一）索夹安装

五峰山项目主缆索夹采用销接式上下对合型，索夹分为有吊索索夹和无吊索索夹，全桥索夹分为 7 种类型 SJ1 ～ SJ7。SJ1 ～ SJ4、SJ7 为有吊索索夹，与吊索对应。无吊索索夹 SJ5 位于主缆边跨无吊索区，封闭索夹 SJ6 位于主索鞍两侧和散索鞍处。单个索夹重量为 3.1 ～ 10.4 t，索夹均采用 M52 螺杆张拉夹紧。

主塔边跨侧两个索夹和主塔主跨侧三个索夹及 S1- 南锚碇区域、N1 到北锚碇区域的索夹均利用塔吊直接安装。其余索夹用平板车将索夹运送至主塔塔底，通过塔吊将索夹分上、下两部分分别吊至塔顶缆索天车下方。每个工点配两台缆索天车，一台用于运输，即将上半索夹及下半索夹分别运送到安装位置后将其放下，然后另一台缆载天车将下半索夹吊起进行安装。索夹安装顺序，中跨从跨中向塔顶方向、在边跨从散索鞍向塔顶方向进行。

上半索夹吊装到位后，直接放在主缆上并临时固定。下半索夹运输到位后，下放一侧的手拉葫芦，直至单边受力，然后从主缆和猫道扶手索之间将索夹斜向喂到主缆下方。将索夹下半部分提起，与安装好的上半部分临时连接固定，拆除吊装钢丝绳及手拉葫芦。

索夹在上下对合之后，先在四个角处穿上 4 根拉杆并安装拉伸器进行临时张拉，将上下两半索夹临时拉紧，将剩余拉杆安装到位并进行拉伸，完成索夹安装，如图 3-18-2 所示。

图 3-18-2　中跨索夹安装

### （二）吊索安装

吊索在岸边平铺在平板驳上，将平板驳运送到安装位置，船只抛锚站位。吊索采用吊绳通过导向轮从安装位置垂直起吊的方法安装。牵引设备利用布置在塔顶门架上的 10 t 卷扬机，起吊钢丝绳导向轮吊挂在索夹附近的主缆上。具体吊装步骤如下：

（1）步骤一：将吊装钢丝绳从猫道面上通过导向轮下放至驳船上，吊装钢丝绳绳头通过吊索销孔与吊索连接固定，作为起吊吊点。

（2）步骤二：塔顶卷扬机缓缓收绳，将吊索索头高于猫道面网。在索头下方安装临时连接的钢丝绳，钢丝绳绳头与索夹侧面的手拉葫芦连接。人工配合手拉葫芦将吊索改挂于手拉葫芦上。

（3）步骤三：人工配合手拉葫芦调整吊索索头位置及方向，慢慢将锚头穿入叉形耳板，对准眼孔，打入销轴，并安装保险。至此，完成一根吊索的安装。

### （三）塔顶门架改制及缆载吊机安装

塔顶门架于距桥轴线 10.8 m 处纵向布置缆载吊机拖拉滑移滑道梁（利用边跨钢梁滑移支架滑道梁改制），滑道梁顶面焊有 4 mm 不锈钢板作为滑动面。滑道梁上设置可移动滑块（边跨钢梁滑座改制），滑块采用单根 $\phi$ 15.2 mm 钢绞线（公称抗拉强度 fpk=1 860 MPa）与滑道梁端头 30 t 连续千斤顶连接，千斤顶通过滑道梁端头顶面焊接反力座固定。

主缆紧缆完成后，进行主缆线形测定及索夹定位放样，安装中跨近塔柱的 6 对吊索及索夹。单台缆载吊机在厂内改造完成后拼装成 3 块组件采用驳船运输至桥位，采用浮吊分三次起吊至边跨钢梁公路桥面板顶面布置的滑道上，将 3 块组件连接成整体后利用千斤顶拖拉至垂直起吊位置，解体后采用主塔塔顶门架分三次垂直起吊，完成缆载吊机的拼装工作，如图 3-18-3 所示。

缆载吊机拼装完成后，进行电气系统、液压系统等安装、调试。调试完成后，走行至中跨跨中位置，进行缆载吊机荷载试验。

### （四）钢梁吊装

中跨钢梁节段逆水行至待架钢梁投影位置，精确对位后抛锚定位。缆载吊机下放吊具与钢梁吊耳连接，启动缆载吊机液压千斤顶收紧钢绞线，待钢绞线开始绷紧时，暂停提升，调整缆载吊机使各吊点受力基本一致。垂直起吊钢梁节段，直至钢梁节段提升高出设计位置

10 ～ 20 cm，停止钢梁节段提升。施工人员由猫道通过挂梯下至钢梁顶面，拉动吊索至吊点附近，通过微调对位后，安装吊索与钢梁耳板之间的连接销轴，完成永久吊索连接，如图 3-18-4 所示。

图 3-18-3　缆载吊机中间桁架梁安装

图 3-18-4　钢梁吊装

### （五）钢梁调整及拼装

钢梁拼装连接总体顺序为下弦杆→上弦杆→斜杆。钢梁整体拼装对位主要采用上弦临时铰及下弦微调装置进行匹配对位，待钢梁节段整体对位完成后，若部分弦杆 / 斜杆对位困难时，采用倒链（或手摇千斤顶）+ 小型工装辅助进行局部杆件拼装对位。

### （六）钢梁合龙

中跨钢梁架设分别于南、北岸近塔处合龙，北岸合龙梁段为 E16E17，南岸合龙梁段为 E'16E'17。合龙的原则：合龙段吊装完成并与吊索及跨中侧梁段连接固定后，中跨钢梁不动，通过墩顶三向调整装置调整边跨钢梁姿态并纵移完成钢梁合龙，如图 3-18-5 所示。

图 3-18-5　钢梁合龙段吊装

边跨钢梁架设时，钢梁节段架设至设计位置偏边跨侧 1.5 m，为中跨钢梁架设后钢梁合龙留出空间。缆载吊机走行至 E16E17/ E'16E'17 梁段吊装位置，垂直起吊钢梁节段，提升接近已架设钢梁节段约 2 m 距离时进行减速，并派专人观察待架梁段公路桥面与已架梁段铁路桥面有无相抵。钢梁节段继续缓慢提升，提升过程中通过倒链 + 钢丝绳调整合龙段与已架设钢梁的相对位置，对钢梁进行横向调整使“王”字形斜杆翼缘交错通过。随后按正常施工顺序完成与相邻钢梁节段对接。

待中跨钢梁 E16E17/ E'16E'17 节段吊装、拼接完成后，利用 3 号（4 号）、2 号（5 号）及 1 号（6 号）墩墩顶三向调整装置中纵移千斤顶将边跨钢梁整体向中跨反顶 1.5 m 至设计位置，然后利用竖向千斤顶重复顶落梁至合龙高程，同时利用横移千斤顶调整边跨钢桁梁横向位置。完成边跨钢梁与中跨钢梁对接，进行钢桁梁合龙。

#### （七）主索鞍顶推

为使主缆垂度在钢梁架设过程中可以调整，3 号塔主索鞍在架缆前按监控指令要求将向边跨侧预偏 1.96 m，4 号塔主索鞍向边跨侧预偏 1.9 m。预偏距离需在中跨钢梁架设过程中，利用塔顶反力座分阶段顶推至设计位置。

主索鞍边跨侧上、下游对称安装千斤顶，千斤顶顶部对准索鞍施顶中心。钢梁架设过程中，根据监控指令分阶段对主索鞍进行顶推。顶推前根据鞍体顶推位移量拆除鞍体前方临时盖板及垫木，检查并清理滑移面，每次顶推结束后及时锁定主索鞍鞍体，并恢复对滑动面的保护措施。

中跨钢梁架设完成，待主索鞍顶移到设计位置后，将主索鞍完全锁定，沿切割线割除边跨侧格栅、下承板及顶推架。

#### （八）附属设施施工

中跨钢梁合龙后，进行跨中斜吊索、支座垫石、支座、阻尼器及钢梁检查小车等附属设施的安装。

中跨钢梁的高强螺栓施工、焊接施工及涂装作业与边跨钢梁相类似，在此不再赘述。

## 五、中跨钢梁架设施工风险

中跨钢梁架设施工涉及高空作业、起重吊装作业、船舶作业、水上作业、焊割作业、临时用电等，可能发生高处坠落、物体打击、机械伤害、起重伤害、船舶失控、淹溺及触电等事故。

## 六、各工序施工安全卡控要点

#### （一）基础卡控要点

1. 人员卡控

（1）所有参与边跨钢梁架设的作业人员需经过三级安全教育培训并考试合格，并接受第三级安全技术交底。

（2）对缆载吊机司机、塔吊操作司机、起重指挥人员、电梯司机、履带吊司机、汽车吊司机等特种作业人员以及浮吊、拖轮、交通船船员进行针对性的安全及技术交底。

（3）完成对所有高空作业人员的体检工作，严禁患有高血压、心脏病、癫痫、恐高症、严重贫血等高空作业禁忌证者从事高空作业。

（4）作业人员按要求穿戴劳动防护用品；高空作业人员需穿防滑鞋，穿戴好安全带，配合防坠器使用；水上施工人员穿救生衣；特种作业人员持证上岗。

2. 设备设施卡控

（1）对各类设备进场完成验收及报检手续，确保其性能良好，手续完善。

（2）完善通信系统，保证通信畅通，各类吊装作业过程中专人指挥，统一指挥信号。

（3）对各类钢丝绳进行经常性的检查，达到报废标准的立即报废处理。

（4）对各类门架等临时设施完成签证验收手续，按照检查签证制度要求及时对其进行检查，确保结构设施使用安全。

3. 物资卡控

（1）对采购进场钢绞线、钢材等完成进场验收相关手续，确保与设计要求一致。

（2）完成专用吊具的进场验收，同时在每次吊装前对吊具履行检查验收程序，满足要求后才能使用。

### （二）索夹安装安全卡控要点

（1）安装缆索天车时对使用的吊篮进行检查验收，高空作业人员配备安全绳。

（2）缆索天车自身结构及与门架承重索锚固履行检查验收手续，合格后才能投入使用。

（3）索夹转运、运输过程中，索夹棱角与钢丝绳间进行抄垫，防止对索夹及钢丝绳造成破坏。

（4）提前对缆索天车承重索线形进行调整，保证运输过程中索夹不与主缆、改挂绳发生碰撞。

（5）索夹翻身采用人工配合手拉葫芦安装时必须设置钢丝绳保险，确保索夹不发生坠落。

（6）索夹翻身前，在主缆与猫道间设置垫块，保证主缆与猫道间空隙满足索夹翻身的需要，如图3-18-6所示。

（7）索夹翻身过程前，在缆索天车上拉设反向钢丝绳，防止缆索天车发生倾覆。

（8）索夹翻身完成后，及时安装索夹螺杆。

（9）在缆索天车上设置防坠器方便站在主

图3-18-6　主缆与猫道间抄垫

缆上的安装人员悬挂安全带。

（10）高强度螺杆临时放在猫道面网上进行可靠固定，1 $m^2$ 堆放数量不超过 5 根；螺母必须放置在专用箱盒内。

## （三）吊索安装安全卡控要点

（1）吊索安装采用船舶运输，在通航区域要设置警戒船和海事巡航艇。

（2）水上涨落潮、6 级及以上大风天气不得进行作业。

（3）船上、猫道上设置负责人并配备对讲机，且整个作业过程设置与海事联络人，保证各方面信号畅通。

（4）吊装吊索钢丝绳要与吊索重量匹配，同时设置防脱落措施；吊装钢丝绳绳头位置挂设彩旗或其他的显示标志。

（5）猫道安装吊索人员配备安全带且挂在猫道扶手索上，猫道面网空洞位置在吊索安装完毕后进行安全网封闭。

（6）销轴放置在猫道承重绳上方，且设置垫板保证均匀受力，螺母、垫板等要设置工具袋进行集中放置，防止掉落。

## （四）塔顶门架改制及缆载吊机安装安全卡控要点

（1）塔顶门架安全防护设施设置到位，人员通道、临边防护栏杆、作业平台经验收合格。

（2）钢梁临时存放缆载吊机大梁结构稳定性检查验收，履行签证手续。

（3）吊装缆载吊机支腿钢丝绳必须根据主缆线型角度进行设置，确保吊装到位后能够与主缆及时锚固。

（4）设置塔顶门架专项检查组对门架结构在吊装过程中进行检查，确保结构安全；抬吊缆载吊机大梁过程中必须确保同步性，如图 3-18-7 和图 3-18-8 所示。

（5）缆载吊机携带的柴油必须设置防护设施，平台设置吸油布避免漏油污染水源。

图 3-18-7　吊装吊索钢丝绳绳头标识

图 3-18-8　吊索安装完毕，猫道空洞封闭

（6）缆载吊机经试吊取证工作完成后方能使用。

（7）缆载吊机走行至待架钢梁节段对应吊装位置过程中确保至少三轮同时受力，牵引钢丝绳拉力与缆载吊机水平分力匹配。

（8）缆载吊机走行时，需对主缆进行防护，避免反拉卷扬机钢丝绳对主缆污染。

**（五）钢梁吊装安全卡控要点**

（1）钢梁运输至桥位后及时在钢梁公路顶面四周设置临时安全防护栏；首段钢梁在公路面设置通道，供作业人员从猫道下到钢梁公路面位置；作业人员穿戴救生衣。

（2）钢梁运输船到达指定位置后必须按照海事部门下发的钢梁架设通告布设警戒船。

（3）缆载吊机检查签认完成后下放吊具与钢梁吊耳连接，启动缆载吊机液压千斤顶收紧钢绞线，待钢绞线开始绷紧时，暂停提升，调整缆载吊机使各吊点受力基本一致。垂直起吊钢梁梁段，将钢梁节段起吊约 30 cm，静置 5 ～ 10 min。对缆载吊机、吊具进行检查并记录。

（4）确认无异常状况后，方可继续进行钢梁节段提升。提升钢梁至 10 m 以上高度后，将运输船驶出钢梁架设区域。直至钢梁节段提升高出设计位置 10 ～ 20 cm，停止钢梁节段提升。

（5）公路至铁路安全通道及脚手平台检查验收后才能使用。

（6）钢梁斜杆对接位置在钢梁起吊过程中存在碰撞时要协调两台缆载吊机不同步提升，保证每台缆载吊机吊重不超过 400 t。

（7）提升过程中缆载吊机四台连续千斤顶通过重量控制及相对重量偏差不超过 30 t 进行控制同步性。

（8）钢梁吊装到位与永久吊索连接完成后，缆载吊机缓慢下放吊具使吊索受力，待钢梁自重全部转移至吊索后与钢梁上弦临时连接且经检查各连接件及梁体状态无误后方可解除缆载吊机吊具连接。

（9）完成吊索连接及钢梁上弦临时连接且经检查各连接件及梁体状态无误后方可解除缆载吊机吊具连接，缆载吊机走行至下一钢梁节段吊装位置进行下一节段钢梁安装。

**（六）钢梁调整及拼装安全卡控要点**

（1）作业人员进行高空作业时必须系挂好安全带，高空作业人员应配备工具袋，使用的小型工具均应装入工具袋内，不准在操作平台上乱放工具。

（2）电焊机、灯具等用电设备接线满足现行《施工现场临时用电安全技术规范》（JGJ 46）要求。

（3）钢梁横向、竖向调整应缓慢均匀，保证钢梁稳定。

（4）上、下弦杆操作平台通道设置背笼，操作平台限载 230 kg/m$^2$，设置标准栏杆及踢脚板，拼接点位置下方挂设安全网。

（5）斜杆操作平台与斜杆可靠固定，保证其稳定性，操作平台限载 230 kg/m$^2$，设置标准栏杆及踢脚板。

（6）曲臂式高空作业平台限载 2 人。

（7）桥面临边防护栏杆按照规范设置，每日安排专人对现场安全防护进行巡查，确保栏杆牢固可靠。

（8）公路及铁路桥面板动火作业严格按照“动火许可制度”进行操作，落实动火监控、瞭望及相关防火措施，确保对过往船只及水源的保护。

**（七）钢梁合龙安全卡控要点**

（1）千斤顶按照现行《施工现场临时用电安全技术规范》（JGJ 46）接线；千斤顶等设备由厂家专业人员操作；在高压油管附近设置警示标志及隔离区域。

（2）钢梁滑移前安排专人对墩顶滑座表面进行清理并涂抹润滑剂（黄油），确保滑座表面无杂物。

（3）定期对机械设备进行检查、保养，及时消除隐患，使其处于良好状态，严禁带病作业。

（4）经常性对防护栏杆、滑道梁间安全网进行检查，确保栏杆、安全网牢固可靠。

**（八）主索鞍顶推安全卡控要点**

（1）启动顶推千斤顶油泵，按监控指令提供的具体推量进行主索鞍顶推，顶推应缓慢平稳进行，确保顶推过程安全。

（2）每次顶推到位后及时锁定主索鞍鞍体，并恢复对滑动面的保护措施。

**（九）附属设施施工安全卡控要点**

（1）吊装斜吊索钢丝绳要与吊索重量匹配，同时设置防脱落措施。

（2）临时安全操作平台要经验收合格后使用。

（3）支座垫石施工卡控参照墩身施工管理。

（4）支座、阻尼器等吊装、转运过程中，做好抄垫，防止对成品及吊装钢丝绳的破坏。

（5）高处作业人员高空作业时系挂好安全带，严禁有职业禁忌病症者从事高空作业。

（6）及时做好桥面物料、垃圾清理工作，防止火灾或垃圾对水源污染。

## 七、结　　语

五峰山大桥中跨钢梁架设施工周期短，首次采用 2 台 900 t 缆载吊机抬吊架设钢梁新工艺，实现水上钢梁架设零封航，钢梁起吊重量大，工序转换、体系转换复杂，安全管理难度大，设备使用安全要求高。针对以上重难点，通过中跨钢梁架设各工序安全风险管理，已总结出使用缆载吊机架设钢梁各工序卡控要点，今后从成本、进度等多因素考虑大跨度铁路悬索桥将成为大跨度桥梁建设的发展趋势。

# 第十九章
# 猫道施工安全卡控总结

## 一、概　　况

五峰山大桥猫道采用连续式结构，在塔顶处设转向鞍座。猫道低于主缆中心线 1.8 m，猫道面网宽 4.0 m，每条猫道由 8 根 $\phi$54 mm 钢丝绳支承，猫道承重索锚固于锚碇前锚面可调节长度的锚箱内；猫道面网底层为大方眼焊接钢丝网，面层为小方眼铁丝网，以方木条将底层和面层钢丝网绑扎固定，用铁丝栓接于横梁槽钢上；横梁槽钢以螺栓固定于猫道承重索上。扶手索采用 $\phi$28 mm 和 $\phi$22 mm 的钢丝绳，侧网采用高 1.2 m 的大方眼钢丝网。上下游猫道间设置横向天桥，增加上下游猫道刚度及抗风稳定性，如图 3-19-1 和图 3-19-2 所示。

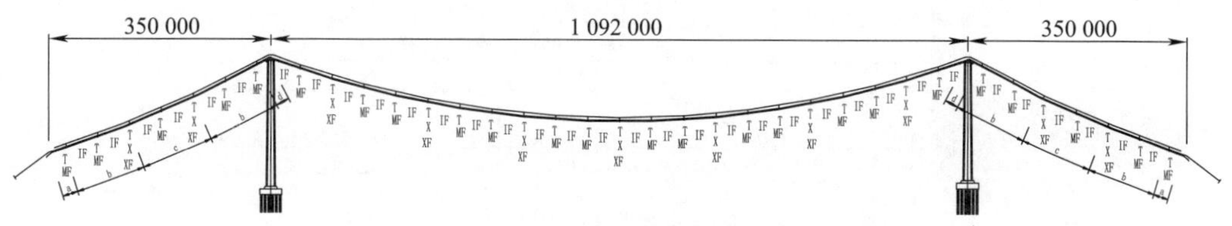


图 3-19-1　猫道布置立面示意图（单位：mm）

## 二、猫道施工资源配置

### （一）人员配置

根据作业内容以及工期要求，施工现场应配备足够数量的作业人员和管理人员，涉及的工种有普工、卷扬机司机、起重工、司索工等，猫道施工均为高空作业，所有人员均要求不得大于 40 周岁，身体健康，无重大疾病史，无心脏病史，无眩晕症史，无癫痫症史，血压正常。

### （二）机械设备配置

采用的机械设备有施工塔吊、平板车、卷扬机、手拉葫芦、电动葫芦、拖轮和台车等设备。

### （三）主要材料配置

猫道主要材料数量详见表 3-19-1，猫道索数量详见表 3-19-2。

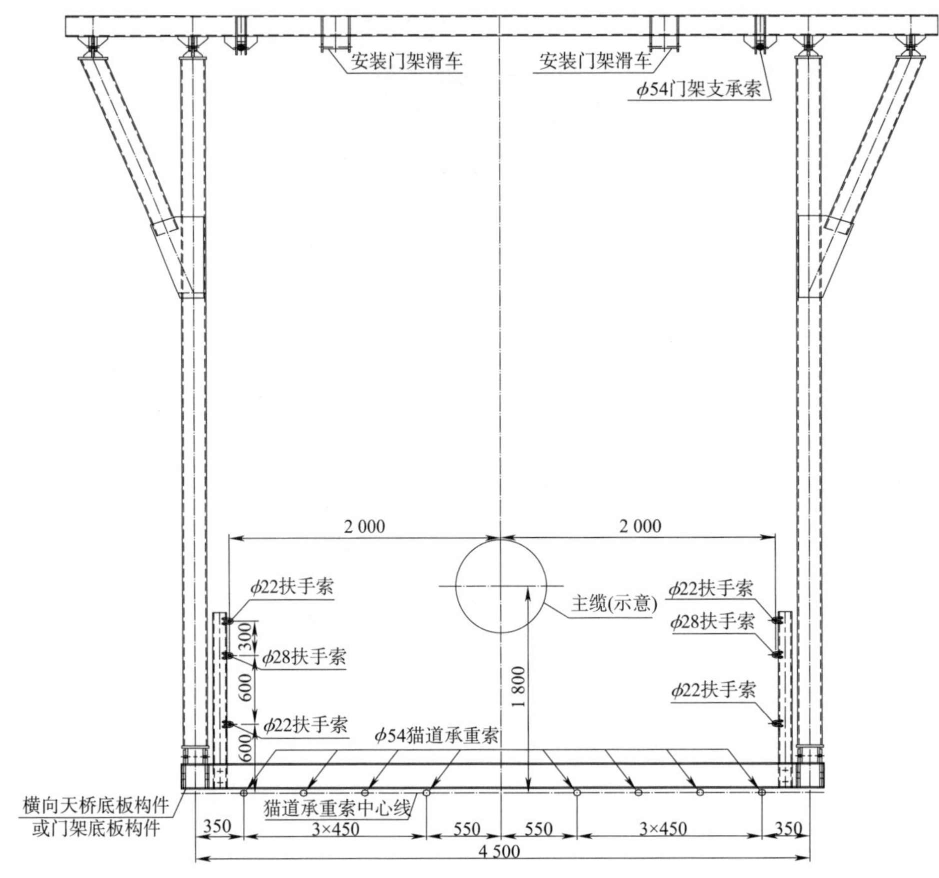


图 3-19-2 猫道钢丝绳截面图（单位：mm）

表 3-19-1 猫道主要材料数量表（单幅）

| 序 号 | 名 称 | 数 量 | 单 位 | 备 注 |
|---|---|---|---|---|
| 1 | 猫道门架 | 35 | 个 | 上游侧 |
| 2 | 托架 | 17 | 个 | 上游侧 |
| 3 | 横向天桥 | 6 | 个 | 跨中以南，含跨中位置 |
| 4 | 塔顶变位刚架 | 4 | 个 | 上游侧 |
| 5 | 锚碇变位刚架 | 2 | 个 | 上游侧 |
| 6 | 导轮组 1 | 8 | 个 | 上游侧塔顶门架 |
| 7 | 导轮组 2 | 4 | 个 | 上游侧散索鞍支墩门架 |
| 8 | 拽拉器 | 3 | 个 | 备用一个 |
| 9 | 60 t 三门滑车组 | 6 | 个 | 上游侧门架 |

表 3-19-2 猫道索数量表（单幅）

| 名 称 | 规 格 | 数 量 | 单根长度（m） | 总长（m） | 备 注 |
|---|---|---|---|---|---|
| 牵引索 | 6×36WS+IWR，1 960 MPa | 1 | 7 000 | 7 000 | ϕ36 mm |
| 门架支承索 | 6×36WS+IWR，1 960 MPa | 2 | 2 100 | 4 200 | ϕ54 mm |
| 猫道承重索 | 6×36WS+IWR，1 960 MPa | 8 | 2 100 | 16 800 | ϕ54 mm |

续上表

| 名　　称 | 规　　格 | 数　　量 | 单根长度（m） | 总长（m） | 备　　注 |
|---|---|---|---|---|---|
| 扶手索 | 6×36WS+IWR，1 960 MPa | 2 | 2 100 | 4 200 | $\phi$28 mm |
| 副扶手索 | 6×36WS+IWR，1 960 MPa | 4 | 2 100 | 8 400 | $\phi$22 mm |

## 三、工序流程

### （一）猫道架设施工工序流程

猫道施工工序流程如图 3-19-3 所示。

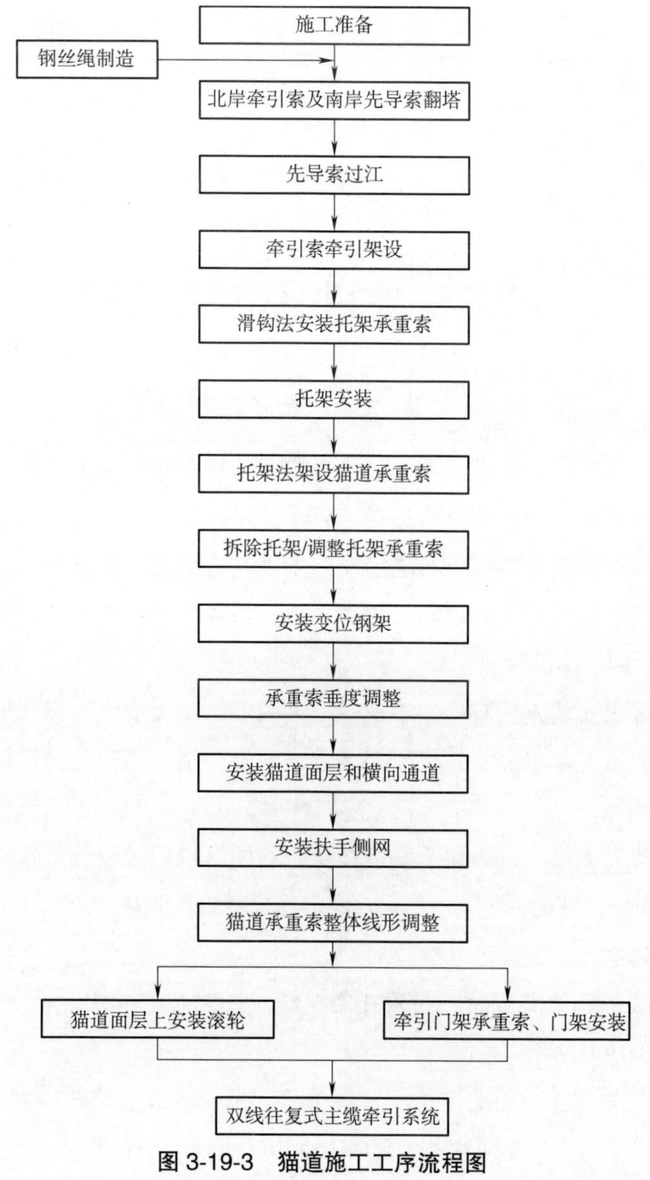


图 3-19-3　猫道施工工序流程图

## （二）关键施工工序

1. 先导索过江

先导索架设之前完成北岸牵引索及南岸先导索翻塔工作。先导索架设采用水上牵引法，用拖轮直接拖拉 $\phi$22 mm 先导索由南岸向北岸过江。

2. 牵引索牵引架设

先导索过江后施工猫道架设牵引系统。$\phi$22 mm 先导索过江后牵引 $\phi$36 mm 牵引索过江，在空中完成单线往复循环牵引系统的架设，将中跨牵引索垂度控制在适当范围后，解除长江封航。

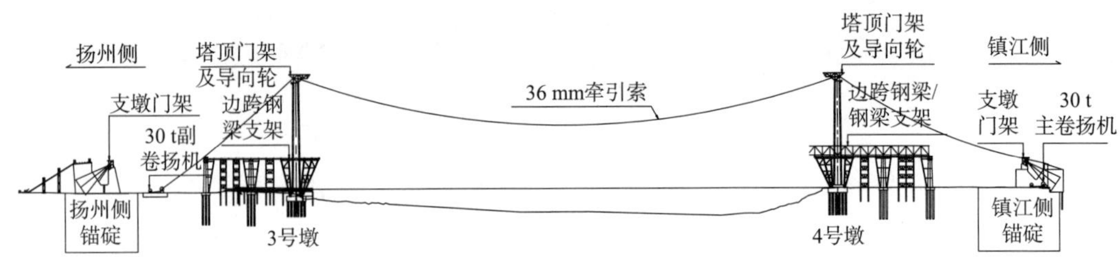


图 3-19-4　单线往复循环系统布置示意图

3. 猫道承重索架设

（1）托架承重索架设

托架承重索采用滑钩法架设。牵引系统形成后，将中跨托架承重索吊至北岸塔顶门架处，并将其绳头与牵引索利用拽拉器连接。启动两岸卷扬机，通过牵引索拽拉托架承重索过江。在主塔门架中跨侧牵引索上每隔 100 m 安装一道滑钩，拖挂托架承重索过江。待托架承重牵引至南塔后将其锚固，启动反拉卷扬机，将绳头与北塔锚固端锚固。反向驱动南北岸卷扬机，将滑钩依次拆除。

边跨托架承重索安装方法与先导索及牵引索翻塔施工类似，直接在地面牵引托架承重索至塔底，利用塔吊直接起吊，并将托架承重索两端分别在锚碇处猫道转向架及主塔塔顶格栅反力架上锚固。

托架承重索架设完成后，为便于安装托架，利用塔顶门架及散索鞍支撑架承重索锚固结构将托架承重索横向间距调整为 1.6 m 并固定并进行线性调整。

（2）托架安装

托架承重索线形调整完成后，布置托架系统。托架系统由托架承重索、托架定位索、托架组成，如图 3-19-6 所示。

托架安装时首先将 2 根中跨定位钢丝绳分别卷入 2 台北主塔 10 t 塔顶门架卷扬机内，同时将 2 根边跨定位钢丝绳分别卷入 2 台南主塔 10 t 塔顶门架卷扬机内。

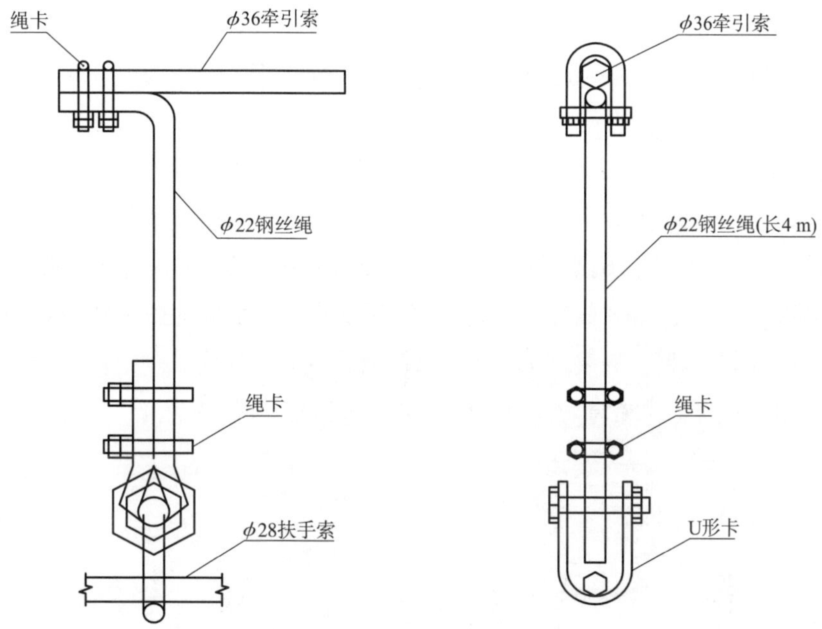


图 3-19-5　滑钩示意图（单位：mm）

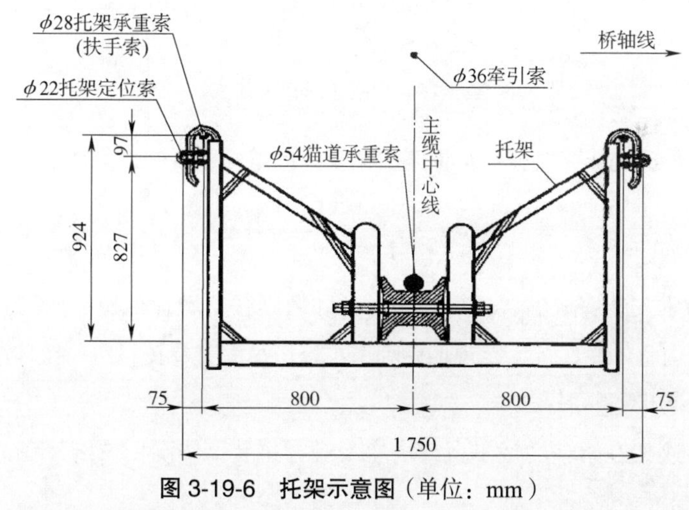


图 3-19-6　托架示意图（单位：mm）

将两根定位索的绳头用绳夹分别与牵引索连接，驱动牵引系统卷扬机，定位钢丝绳卷扬机同步放绳。托架隔一定距离支承于托架承重索上，并与定位钢丝绳固定。如此循环直至南岸主塔定位钢丝绳到达南岸锚碇，并将定位钢丝绳利用锚梁分别在锚碇处猫道转向架及塔顶格栅反力架上锚固。

继续牵引牵引索，将中跨定位钢丝绳从北岸主塔牵引至南岸主塔，并将中跨定位钢丝绳在塔顶格栅反力架上锚固，完成托架的安装。

（3）猫道承重索架设

猫道承重索共 8 根，猫道中心与主缆中心在猫道面的投影重合，距主缆中心垂直距离为 1.8 m。

将猫道承重索索盘吊至北岸 30 t 卷扬机前的放索架上，人工将猫道承重索绳头与牵引索利用拽拉器连接。驱动南北两岸牵引系统卷扬机，在托架上将猫道承重索从北岸至南岸牵引，如图 3-19-7 所示。猫道承重索牵引至南锚碇支墩门架时，卷扬机配合人工将绳头在锚块猫道承重索锚固预埋件上连接锚固。与此同时，将北岸猫道承重索在支墩门架上用卷扬机反拉承重索作为临时锚固，并将剩余的承重索从放索架上全部放出，卷扬机配合人工将绳头翻过北锚碇支墩门架，并在锚块猫道承重索锚固预埋件上连接锚固。

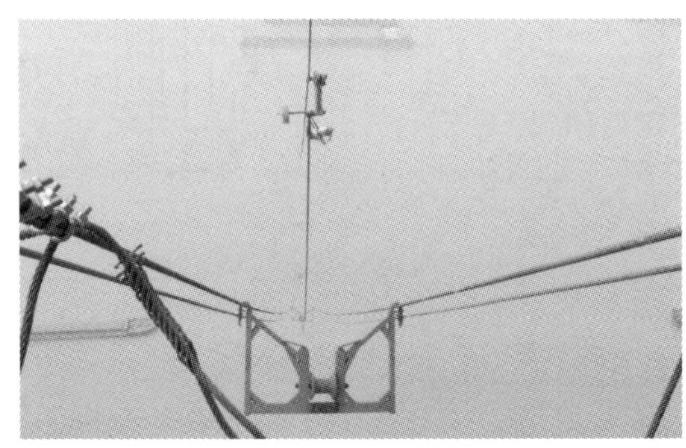

图 3-19-7　猫道承重索牵引

按照此方法依次完成 8 根猫道承重索的架设。猫道承重索架设完成后，即可拆除托架及托架定位索。

（4）变位钢架安装

在猫道承重索安装完成后，即可开始塔顶和散索鞍支墩顶变位刚架的安装。变位刚架在钢结构加工厂内整体制作，运至现场后利用主塔塔吊配合卷扬机进行整体吊装。

变位钢架安装步骤如下：

①主塔变位刚架在索鞍转运平台或塔座上进行拼装；锚碇变位刚架在锚碇前方空地进行拼装。

②主塔变位刚架利用塔吊进行吊装，安装时塔吊吊钩需从门架空挡处下放。

③变位刚架通过塔吊采用捆绑方式吊装，利用刚架连接杆作为限位，如图 3-19-8 所示。

④变位刚架吊装至接近设计位置时，固定吊钩，将门架卷扬机钢丝绳与变位刚架连接，对其水平位置进行固定。利用倒链调整刚架姿态，使之与猫道索密贴且角度一致。

⑤人工用倒链将猫道承重索和扶手索逐根卡入刚架后端对应的槽口内，安装盖板并上紧螺栓固定。

⑥人工用倒链，由内到外将左右两侧的猫道索横向对称对拉，使猫道索向猫道中心线

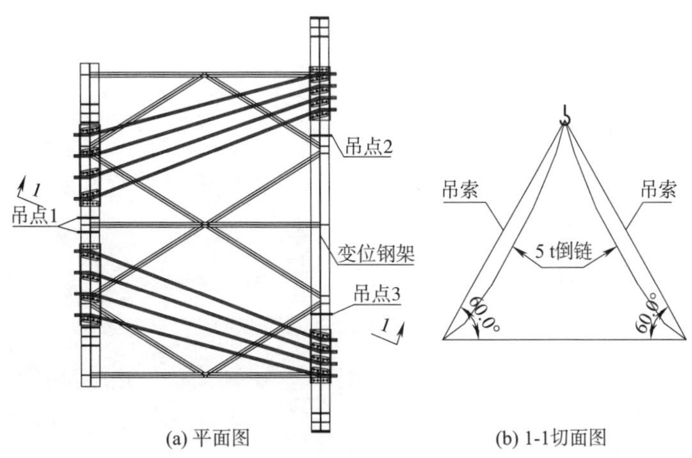


(a) 平面图　　(b) 1-1切面图

**图 3-19-8　变位钢架吊装示意图**

靠拢。将猫道索调整至设计位置后，将其卡入刚架前端对应的槽口内，重复上述方法依次将猫道索逐对卡入刚架前端对应槽口后，安装盖板并通过上紧螺栓固定。

（5）猫道面网及横向通道安装

猫道承重索架设并将垂度初调完成，在变位刚架安装完成且猫道承重索间距满足断面要求之后，进行猫道面层的铺设及横向天桥的安装。

①猫道面网安装

猫道面层由 $\phi$5 mm 承重钢丝绳、$\phi$2 mm 步行钢丝网、槽钢横梁、栏杆扶手、方木等组成，相互之间通过 U 形螺栓、14 号铁丝等连接。

猫道面网采用下滑铺设法。从南北岸主塔依次完成边跨及 1/2 中跨侧猫道面层安装，最后在中跨连接成整体。在地面将组成猫道面网的各种材料按设计位置进行绑扎，形成猫道面层基本单元（3 m 长），由塔顶工作平台开始铺设面网，并按设计要求安装横梁。每安装一个面层基本单元，即下滑一段，再铺设另一个面层单元，如此循环至一个猫道面层单元段。猫道面层单元段形成后，将猫道单元段下放至相应设计位置，再在塔顶拼接、下放下一个猫道单元段，直至猫道面层全部安装完成，如图 3-19-9 所示。

**图 3-19-9　猫道承重索调整**

②横向天桥安装

横向天桥为钢桁梁架结构，两端分别固定在上下游的猫道承重索上，以增强猫道的横向稳定性。

横向天桥利用塔吊进行吊装，采用兜吊的方式，四点起吊。将天桥吊起后，通过缆风绳使天桥调整至安装角度。塔吊继续起钩，将横向天桥起吊至猫道承重索下方，将横向天桥和门架底板构件销接到位，将猫道承重索钢丝绳卡在构件下方。再将猫道面网与横向天桥连接固定，形成整体，同猫道面层一起下滑就位，如图 3-19-10 所示。

图 3-19-10　猫道面网铺设

（6）扶手侧网安装

猫道栏杆可与猫道面网型钢横梁连接成整体，可在猫道面层下滑铺设时一起安装下滑。前期托架承重索与定位索改用为猫道扶手索。将扶手索与猫道栏杆用 U 形螺栓连接，再在扶手索位置安装猫道侧网。

（7）门架承重索及门架安装

猫道面层安装完成后，门架承重索直接在猫道面层上牵引即可。门架支撑索架设完成后，调整至设计线型，然后与锚碇上锚固件连接牢固，如图 3-19-11 所示。

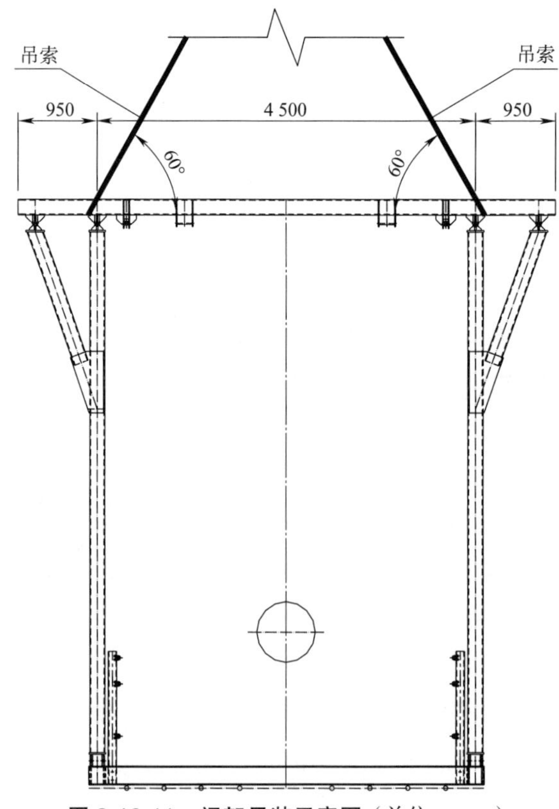


图 3-19-11　门架吊装示意图（单位：mm）

门架承重索调试锚固完成后，安装猫道门架。门架采用钢丝绳兜吊的方式进行吊装，门架吊装到位后，将门架承重索滑槽挂设在门架承重索上，利用卷扬机反拉门架，使门架稳定下滑至设计位置，并将其固定在门架承重索上，同时完成门架底部与猫道承重索的连接。

（8）附属设施安装

猫道门架安装完成后，安装猫道面层滚轮及猫道照明系统。

## 四、猫道施工过程安全风险

猫道施工涉及高空作业、起重吊装作业、船舶作业、水上作业等，可能发生高处坠落、物体打击、机械伤害、起重伤害、船舶失控以及淹溺等事故。

## 五、各工序施工安全卡控要点

### （一）基础卡控要点

1. 人员卡控

（1）所有参与猫道施工的作业人员需经过三级安全教育培训并考试合格，并接受第三级安全技术交底。

（2）对塔吊操作司机、起重指挥人员、电梯司机、履带吊司机、汽车吊司机等特种作业人员以及卷扬机操作司机、拖轮船员进行针对性的安全及技术交底。

（3）完成对所有高空作业人员的体检工作，严禁患有高血压、心脏病、癫痫、恐高症、严重贫血等高空作业禁忌证者从事高空作业。

（4）作业人员按要求穿戴劳动防护用品；高空作业人员需穿防滑鞋，穿戴好安全带，配合防坠器使用；水上施工人员穿救生衣；特种作业人员持证上岗。

2. 设备卡控

（1）对各类设备进场进行验收及报备，确保其性能良好，手续完善。

（2）各类卷扬机安装完成后对其安装基础、预埋件、电气系统、制动装置及各类安全装置进行验收。

（3）完善通信系统，保证通信畅通，各类牵引过程中专人指挥，统一指挥信号。

（4）对各类打捎位置、锚固位置进行检查确认标准，确保各类钢丝绳连接用的绳卡规格、数量、间距满足规范要求，绳卡圆弧段装设在短边钢丝绳处。

（5）各类钢丝绳经常性的检查，达到报废标准的立即报废处理。

3. 物资卡控

（1）牵引钢丝绳、猫道承重索、门架承重索等完成场内预拉，消除非弹性变形。

（2）完成猫道承重索锚头静载试验，确保猫道承重索破断力及破坏钢丝绳延伸率满足要求。

（3）完成猫道面网、各类钢丝绳及其他辅材的进场验收工作。

猫道施工过程中涉及的人员、设备、物资等要素，安全管理卡控要点相类似，以下各工序中将不再赘述。

**（二）先导索过江安全卡控要点**

（1）先导索过江前需完成北岸牵引索翻塔及南岸先导索翻塔工作，翻塔过程中严禁与沿线塔吊等障碍物发生摩擦和刮蹭，经过施工便道时需安排人员指挥交通，防止钢丝绳遭到破坏。

（2）牵引翻塔过程中需安排专人对牵引区域内进行监控并指挥交通，牵引区域下方严禁人员逗留，同时应采取有效措施避免牵引索与先导索受到磨损或损伤。

（3）为确保在长江封航时段内完成先导索过江任务，将先导索过江过程定人定岗定时间分解到每个人。

（4）因五峰山大桥横跨长江航道，先导索过江前应取得海事部门颁发的《水上水下活动许可证》。

（5）先导索过江应选择在正常天气进行，风力低于 6 级，天气晴朗。

（6）为避免航道内过往船只对先导索过江造成干扰，先导索过江期间需对施工水域封航。拖轮就位后，与海事部门取得联系，征求海事部门海巡艇警戒。待海事部门发布禁航通告并设置警戒船对施工水域进行警戒后，进行先导索过江。

（7）拖轮行进过程中，根据拖轮行驶距离与钢丝绳垂度情况，控制卷扬机放索速度与拖轮行进速度相匹配；专人检查各转向轮及塔顶导轮组固定情况，确保其牢固可靠。拖轮牵引先导索行进至 400 m、800 m、1 000 m 时分别进行先导索垂度测量，垂度控制在 40 ～ 50 m 范围内，保证先导索受力合理，并及时根据测量结果调整卷扬机放绳速度及拖轮前进速度。

（8）先导索过江作业过程中，先导索下方严禁站人。

**（三）托架承重索及托架安装安全卡控要点**

（1）对门架各锚固点检查验收，确保其焊缝、规格满足方案要求。

（2）对托架承重索安装后保证两侧托架水平，垂度在控制在合理范围内。

**（四）猫道承重索安装安全卡控要点**

（1）完成精轧螺纹进场验收工作，对其材质进行检查和试验检测。对预埋锚固件、锚固连接器加工制造及焊缝进行检查确认。

（2）承重索锚头与拽拉器连接牢固可靠并加装保险钢丝绳，防止锚头脱落。

（3）承重索锚固完成后，需在锚箱与锚梁间加设保险钢丝绳。同时需对锚固端精轧螺纹进行硬防护，防止外物对精轧螺纹造成损伤，如图 3-19-12 所示。

图 3-19-12 锚梁检查验收

（4）对门架位置承重索进行防护，防止电焊、气割等作业对承重索造成损伤，如图 3-19-13 所示。

（5）锚固板锚固承重索时需在锚固板与承重索转向鞍座间做标记，防止锚固板紧固不到位，致使承重索发生位移，如图 3-19-14 所示。

（6）严禁在承重索周围进行动火作业。

图 3-19-13 门架位置承重索临时防护

图 3-19-14 承重索位置固定并做标记

### （五）变位钢架安装安全卡控要点

（1）变位钢架棱角与钢丝绳接触位置需进行抄垫，防止钢丝绳损伤。

（2）吊装钢丝绳与变位钢架水平夹角不小于 60°。

（3）猫道承重索利用倒链调整时，需对承重索采取保护措施，防止承重索损伤。

### （六）猫道面网及横向通道安装安全卡控要点

（1）猫道面层基本单元间搭接长度应满足方案要求，即 15 cm；面网搭接处连接的铁丝采用 W 形绑扎法，间距为 50 cm。

（2）面网铺设作业过程中使用卷扬机及转向滑轮每天使用前进行检查，确保钢丝绳无破损或电焊搭火。

（3）猫道面网安装位置下方拉设警戒区域，严禁人员进入。

（4）型钢连接猫道承重索的 U 形螺栓不宜过紧，以确保面层能在承重索上自由下滑；U 形螺栓螺杆端头需钻孔，在猫道面网下滑前插保险销，以保证面网下滑时螺栓不至脱落。

（5）利用两台塔吊抬吊横向天桥吊装过程中应缓慢、平稳，统一信号指挥。

（6）连接横向天桥的型钢与承重索接触面需抄垫四氟板，防止型钢对承重索造成损伤，如图 3-19-15 所示。

（7）猫道面层单元段下滑时，应在面层单元段后利用卷扬机带劲使其缓慢舒张下滑，避免猫道面层单元段下滑发生挤压。同时需控制下滑速度，保证上、下游协调同步下滑。猫道面层单元段下滑时，确保信号畅通，统一信号，专人指挥。

（8）面层单元段下放后，人员需乘坐专用吊篮返回至塔顶，乘坐吊篮不得超过 2 人，并将安全带与牵引索连接牢靠。专用吊篮吊杆需与猫道承重索连接，吊杆前短后长，确保与猫道承重索倾角相适应，保证吊篮底部水平，吊杆与猫道承重索连接销轴位置需加滚轮，避免吊篮滑移过程中销轴对承重绳造成损伤，如图 3-19-16 所示。

图 3-19-15　型钢安装时与承重索间抄垫四氟板

图 3-19-16　专用吊篮与滚轮

（9）面层铺装完毕后，分段逐个紧固 U 形螺栓，固定面层。

（10）猫道面网合龙后，需对猫道面网与猫道承重索采用铁丝进行固定连接，确保猫道面网与承重索间无滑动。

（11）后期需对猫道面网进行完善，不得出现凸起的铁丝。

### （七）扶手侧网安装卡控要点

（1）相邻面网之间搭接长度应满足方案要求，并采用铁丝缠绕连接。

（2）面网与侧网采用铁丝进行连接，连接点间距应满足方案要求，即不大于 50 cm，防止人员滑落，如图 3-19-17 所示。

### （八）牵引门架承重索及门架安装

（1）对猫道门架承重索锚固点焊接情况进行探伤，确保其焊接质量满足要求。

（2）猫道门架吊装时，需在吊点处包裹橡胶垫，防止猫道门架型钢切割钢丝绳。

（3）猫道门架反拉钢丝绳需等长，保证猫道门架下滑时左右两侧同步，避免出现与承重索产生卡槽现象。

（4）猫道门架用卷扬机反拉过程中，其底部应适当抬起，避免对猫道面层、侧网造成损伤，如图 3-19-18 所示。

图 3-19-17　侧网与面网每 50 cm 连接一道

图 3-19-18　猫道门架安装

### （九）附属设施安装卡控要点

（1）为防止猫道钢丝绳过电，猫道上电缆需穿管防护，并用扎带绑扎与侧网扶手索固定，如图 3-19-19 所示。

图 3-19-19　主电缆穿管防护

（2）猫道面层滚轮安装过程中，严禁滚轮在猫道面层集中堆放，人员均匀分布在单侧猫道面网两侧，不得集中站立或在猫道面上奔跑、嬉戏打闹。

（3）滚轮与猫道面层连接用的铁丝，严格按照方案要求布设。

（4）猫道沿线塔吊作业覆盖区域内，应加装警示灯带，防止塔吊夜间施工对猫道造成损伤，如图 3-19-20 所示。

图 3-19-20　塔吊作业范围加装警示灯带

### （十）检查验收

猫道安装完成后，将所有过程原始记录、报验资料归档，项目部按照规定程序组织检查验收，验收合格后方可进行牵引系统及主缆架设施工。

## 六、结　　语

猫道施工过程中可能发生高坠、垮塌、水上交通事故等社会影响大、伤亡损失大的安全事故，通过详细分解猫道施工各个工序步骤，分析施工过程中可能产生风险的各个安全要素，针对安全风险要素逐一采取针对性的管控措施，从而有效地降低施工作业安全风险，从本质上提高安全管控和风险预防能力。

# 第二十章

# 索夹及吊索安装施工安全卡控总结

## 一、索夹及吊索概况

五峰山大桥主缆索夹采用销接式上下对合型，索夹分为有吊索索夹和无吊索索夹，全桥索夹分为 7 种类型 SJ1 ～ SJ7。SJ1 ～ SJ4、SJ7 为有吊索索夹，与吊索对应，如图 3-20-1 所示。无吊索索夹 SJ5 位于主缆边跨无吊索区，起夹紧主缆边跨及支撑主缆检修道的作用，如图 3-20-2 所示。封闭索夹 SJ6 位于主索鞍两侧和散索鞍处，起封闭该处主缆的作用。单个索夹重量在 3.1 ～ 10.4 t 不等，具体型号及重量统计详见表 3-20-1。索夹均采用 M52 螺杆张拉夹紧，螺杆做成缩腰形，以避免在螺纹处断裂。

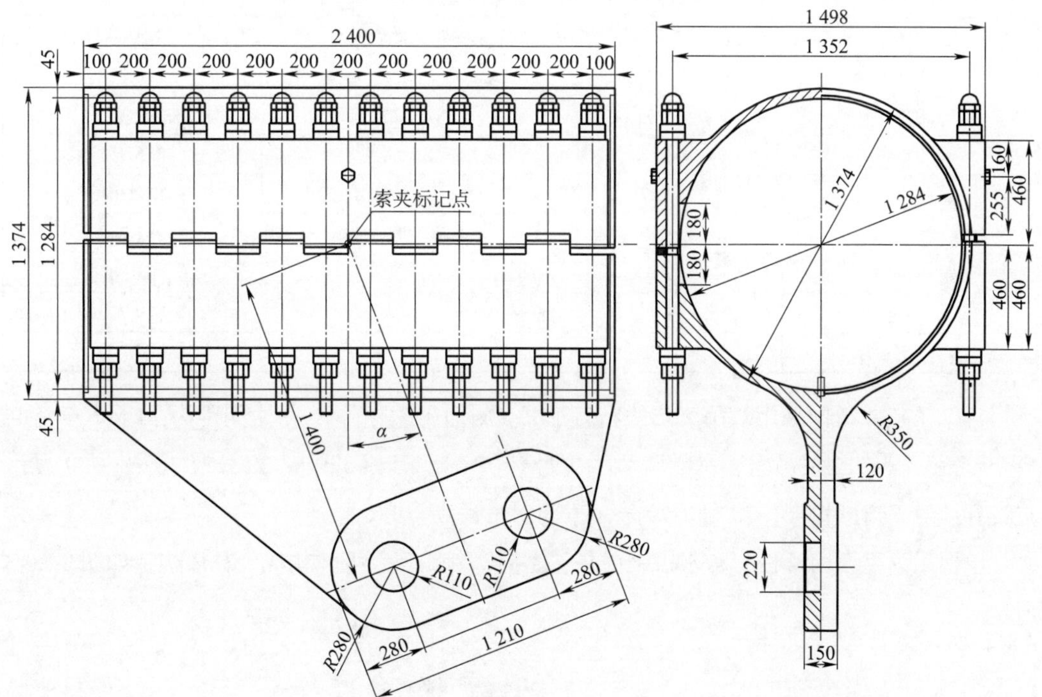


**图 3-20-1 SJ1 索夹结构示意图**（有吊索索夹，单位：mm）

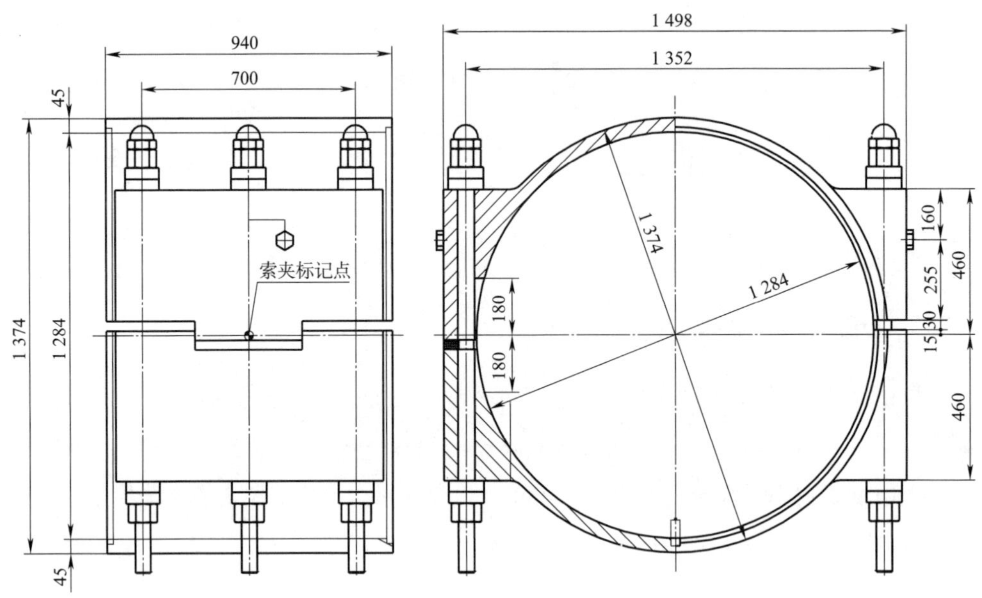


图 3-20-2　SJ5 索夹结构示意图（无吊索索夹，单位：mm）

表 3-20-1　索夹型号及重量统计表

| 型号 | 单重（t） | 数量 | 总重（t） |
|---|---|---|---|
| SJ1 | 10.449 | 24 | 250.776 |
| SJ2 | 9.73 | 16 | 155.68 |
| SJ3 | 8.772 | 44 | 385.968 |
| SJ4 | 7.976 | 68 | 542.368 |
| SJ5 | 3.196 | 88 | 281.248 |
| SJ6 | 3.47 | 12 | 41.64 |
| SJ7 | 9.865 | 2 | 19.73 |
| 合计 | — | 254 | 1 677.41 |

每个吊点顺桥向采用双吊索形式布置形式（斜向吊索除外），吊索间距为 14 m，全桥共有 79 个吊点，312 根吊索，吊点编号为 1 号～ 79 号。其中 1 号～ 20 号及 58 号～ 77 号吊点设有 1 ～ 5 道减振架，78 号、79 号吊索为斜吊索。

单根吊索主要由耳板、防水盖、锚杯、套筒、封闭环及索体构成，具体构造如图 3-20-3 所示。

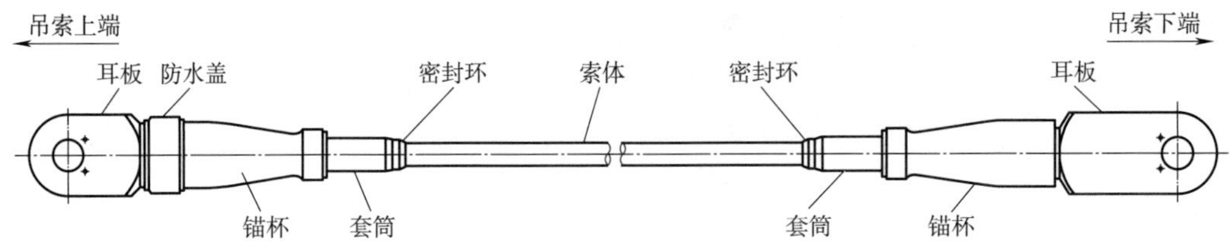


图 3-20-3　吊索结构示意图

耳板材质为 45 号锻钢，防水盖板材质为 Q235C，锚杯与吊索采用锌 - 铜合金热铸为一体，索体采用 PPWS 高强度镀锌平行钢丝索，规格为 337 根 $\phi$5 mm，钢丝标准抗拉强度不小于 1 770 MPa，外包双层 PE 防护层，如图 3-20-4 所示。

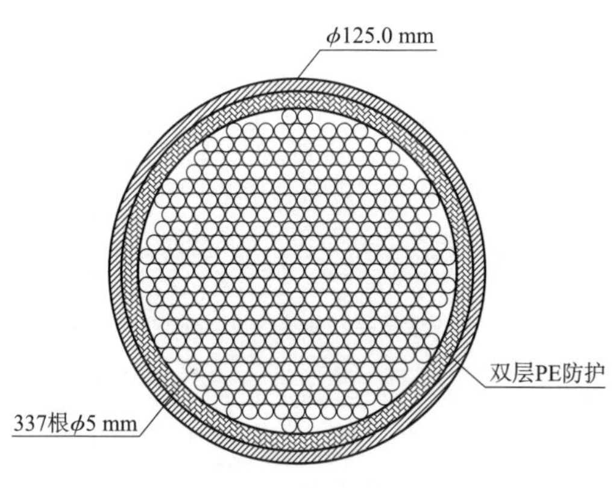


图 3-20-4　吊索断面示意图

## 二、资源配置

施工主要人员及机械配置情况分别详见表 3-20-2 和表 3-20-3。

表 3-20-2　分部人员配置表

| 序　号 | 人员种类 | 数　量 | 主要工作内容 |
|---|---|---|---|
| 1 | 分部管理人员 | 20 | 协助局指进行现场管理 |
| 2 | 分部安全员 | 4 | 现场安全管理 |
| 3 | 分部技术员 | 6 | 现场技术指导 |
| 4 | 分部质量员 | 4 | 现场质量把控 |
| 5 | 分部测量员 | 8 | 现场测量 |
| 6 | 分部试验员 | 4 | 螺杆检测，千斤顶校核 |
| 7 | 现场操作人员 | 60 | 现场施工 |

表 3-20-3　索夹及吊索施工机械配置表

| 序　号 | 设　备 | 型　号 | 单　位 | 数　量 | 使用工况 |
|---|---|---|---|---|---|
| 1 | 塔吊 | 250 t · m | 台 | 4 | 主塔 |
| 2 | 施工电梯 | 3 t | 台 | 4 | 施工垂直运输 |
| 3 | 卷扬机 | 15 t | 台 | 4 | |
| 4 | 卷扬机 | 10 t | 台 | 18 | |

续上表

| 序　号 | 设　备 | 型　号 | 单　位 | 数　量 | 使用工况 |
| --- | --- | --- | --- | --- | --- |
| 5 | 卷扬机 | 8 t | 台 | 4 | |
| 6 | 滑车组 | 50 t | 副 | 12 | |
| 7 | 拉伸器 | 100 MPa | 台 | 100 | 配油泵、油管、分配器 |
| 8 | 单顶拉伸器 | — | 台 | 4 | 螺杆张拉力检查 |
| 9 | 运输船 | — | 艘 | 4 | 运输吊索 |
| 10 | 平板汽车运输车 | — | 台 | 2 | 索夹运输 |
| 11 | 缆索天车 | 15 t | 台 | 8 | 索夹及吊索运输安装 |
| 12 | 游标卡尺 | — | 套 | 4 | 索股调整 |
| 13 | 全站仪 | — | 台 | 4 | 监测和调索 |
| 14 | 电子测温仪 | — | 套 | 4 | 温度检测 |
| 15 | 放索架 | — | 台 | 2 | 吊索放索 |

## 三、吊索及索夹安装施工工艺流程

### （一）总体方案概述

主缆预紧缆之后开始猫道系统的改造，主要包括猫道门架拆除、滚托拆除牵引索拆除、猫道改吊以及横向天桥拆除。各施工步骤与索夹及吊索安装穿插进行，总体施工流程如图 3-20-5 所示。

主缆架设并预紧之后将猫道门架拆除，整体吊装缆索天车，利用门架支承索作为缆索天车的承重索。正式紧缆后开始安装索夹，利用塔吊提升索夹到塔顶并在猫道面上将其改吊至缆索天车手拉葫芦上，卷扬机反拉缆索天车将索夹运送至索夹设计位置。人工配合手拉葫芦，将索夹安装到位，并利用拉伸器进行张拉。

索夹安装到位后即可开始安装吊索，吊索通过运输船运输至索夹正下方江面上，通过缆索天车下放吊绳将吊索提升至索夹下方，将吊索上端锚头与索夹通过销轴连接，完成吊索的安装。待钢梁合龙后利用吊篮安装长吊索的减振器。

### （二）索夹安装施工

1. 索夹安装工艺流程（如图 3-20-6 所示）

2. 索夹运输吊装

索夹进场验收合格后，运至现场后存放在清洁、干燥的环境中，底部需抄垫 20 cm 方木，上盖篷布避免日晒雨淋。待安装索夹时，用平板车将索夹运送至主塔塔底，通过塔吊

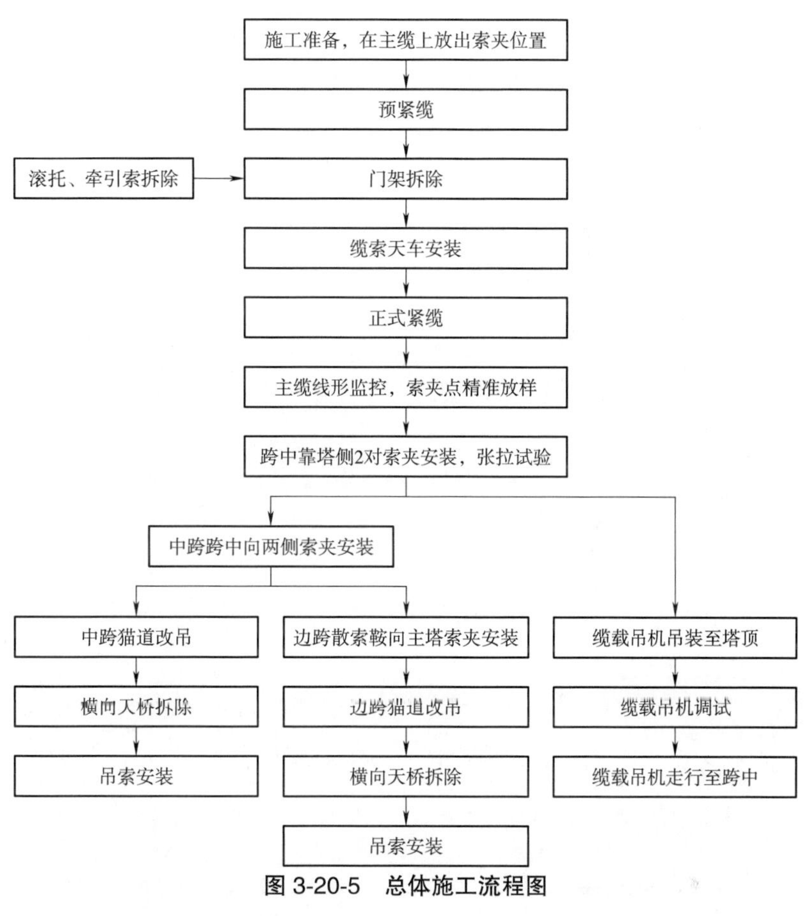


图 3-20-5　总体施工流程图

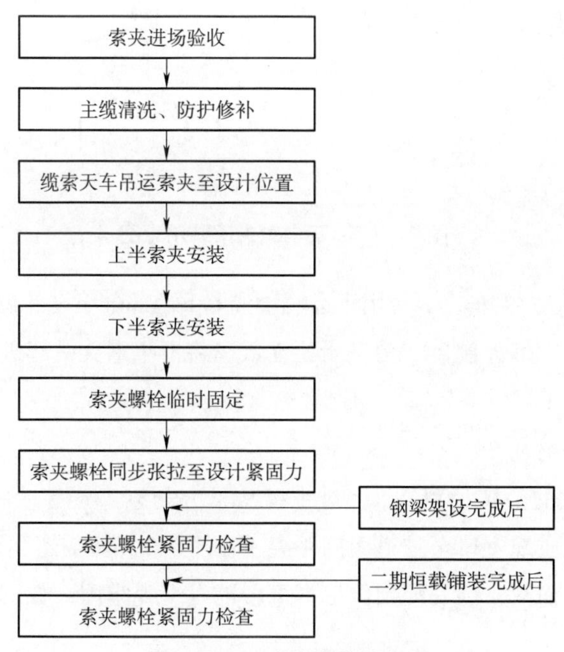


图 3-20-6　索夹安装流程图

将索夹分上、下两部分分别吊至塔顶缆索天车下方。吊装时保证塔吊吊距不大于 40 m 即可，保证塔吊吊重（40 m 大臂塔吊最大吊重为 6.1 t）满足要求。

索夹吊装及运输状态与安装到位时一致，上半索夹圆弧面朝下，下半索夹圆弧面上。塔吊将索夹吊装至缆索天车下方后将缆索天车捯链与索夹吊杆连接，塔吊逐步松钩，在空中完成吊装体系转换。吊装过程中需保证吊装钢丝绳角度不大于 45° 。吊装示意图如图 3-20-7 所示。

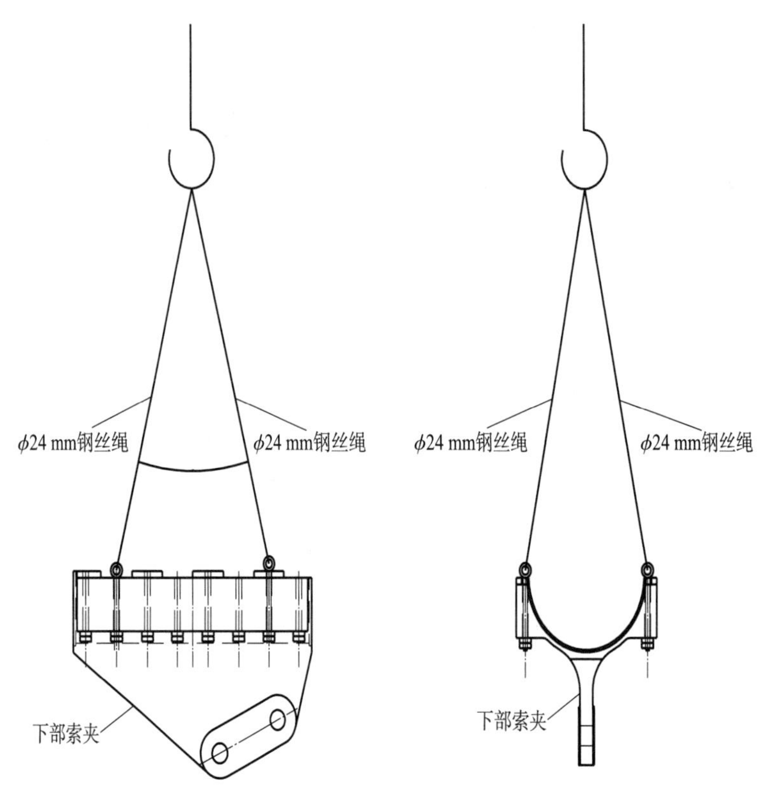


图 3-20-7　下半索夹吊装示意图

每个工点配两台缆索天车，一台用于运输索夹上下两部分至设计位置（上半索夹放在主缆上，下半索夹临时放在猫道上），另一台拦在天车将下半索夹吊起进行安装，如图 3-20-8 所示。

3. 索夹安装

利用缆索天车上的手拉葫芦 2，绕过主缆从下方与索夹连接，将其缓缓转体。为保证转体顺利需要保证主缆下口至猫道面网距离不小于 1.3 m。猫道面网与索夹耳板冲突部位，可局部剪开猫道面网，待安装到位后再重新铺设绑扎牢固，如图 3-20-9 ～图 3-20-11 所示。

图 3-20-8　索夹运输安装

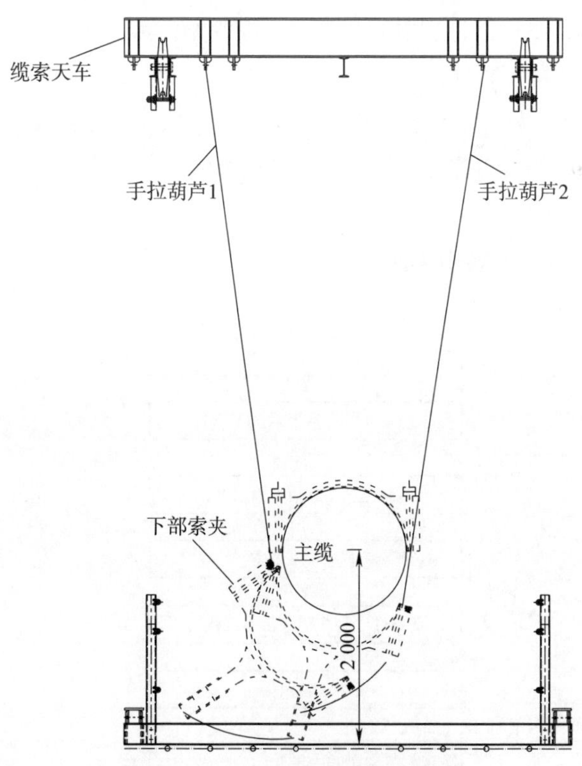


图 3-20-9　下半索夹翻转示意图

图 3-20-10　下半索夹安装

图 3-20-11　索夹张拉

将索夹下半部分提起，与安装好的上半部分临时连接固定，上下对合完成，索夹临时螺杆数量不得少于 4 根。拆除吊装钢丝绳及手拉葫芦，在索夹连接螺栓正式施拧之前通过标记点对索夹位置进行精确调整。

4. 索夹施拧张拉

索夹在上下对合之后，先在四个角处穿上 4 根拉杆并安装拉伸器进行临时张拉，将上下两半索夹临时拉紧，张拉力控制在使索夹与主缆密贴即可。将剩余拉杆孔全部穿入拉杆，人工拧紧后将所有拉伸器安装到位。

启动拉伸器，将各拉杆同步张拉至设计张拉力的 10%，即油表读数为 8 MPa，此时拧紧所有拉杆的螺帽。随后分次将拉杆张拉至设计张拉力，即油表读数为 84 MPa。

### （三）吊索安装施工

1. 吊索安装工艺流程（如图 3-20-12 所示）

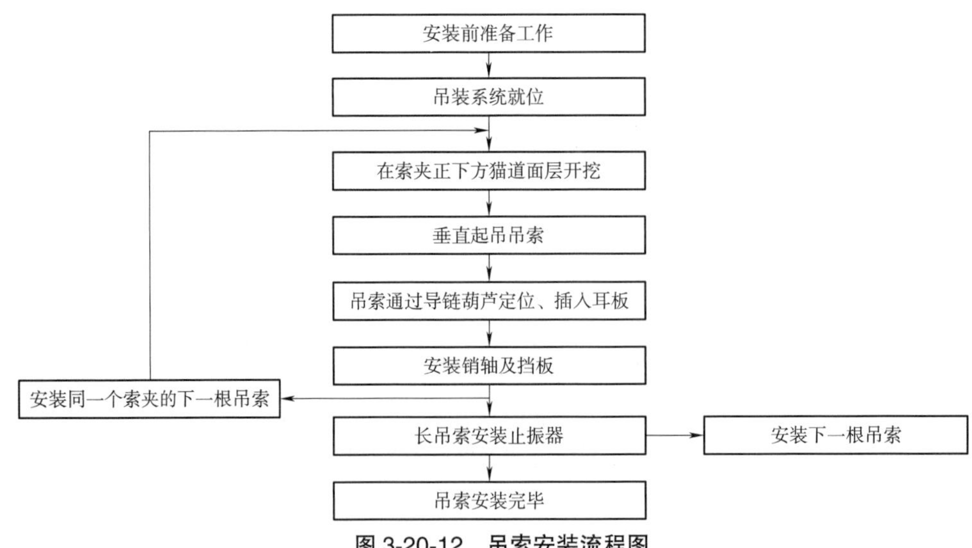


图 3-20-12　吊索安装流程图

2. 吊索安装

吊索进场验收合格后，在岸边平铺在平板驳上，将平板驳运送到安装位置，船只抛锚定位之后，完成 2 根吊索的安装。船只站位及施工区域如图 3-20-13 所示。

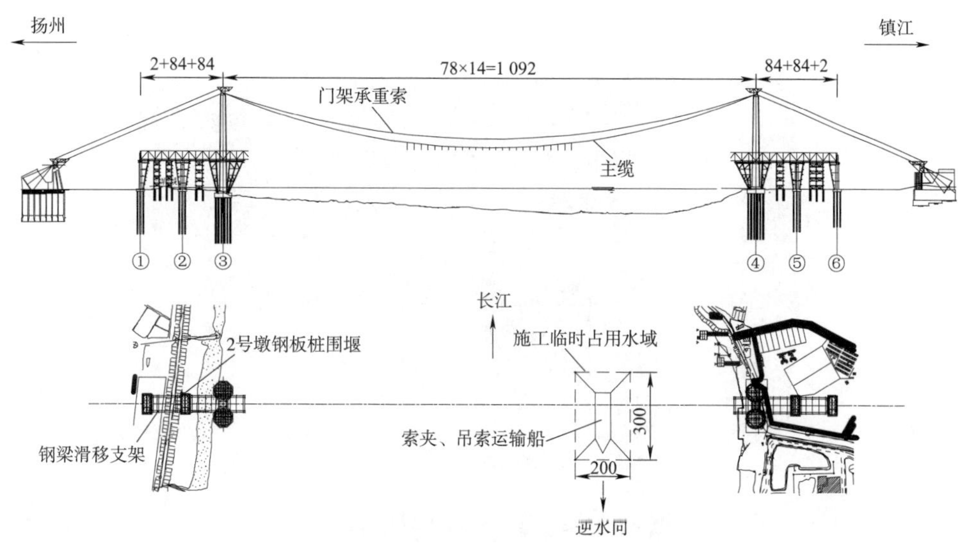


**图 3-20-13 吊索吊装船只站位示意图**

吊索采用吊绳通过导向轮从安装位置垂直起吊的方法安装。牵引设备利用布置在塔顶门架上的 10 t 卷扬机（配 1 200 m $\phi$ 26 mm 钢丝绳），起吊钢丝绳导向轮吊挂在索夹附近的主缆上。吊索安装的具体步骤如图 3-20-14 所示。

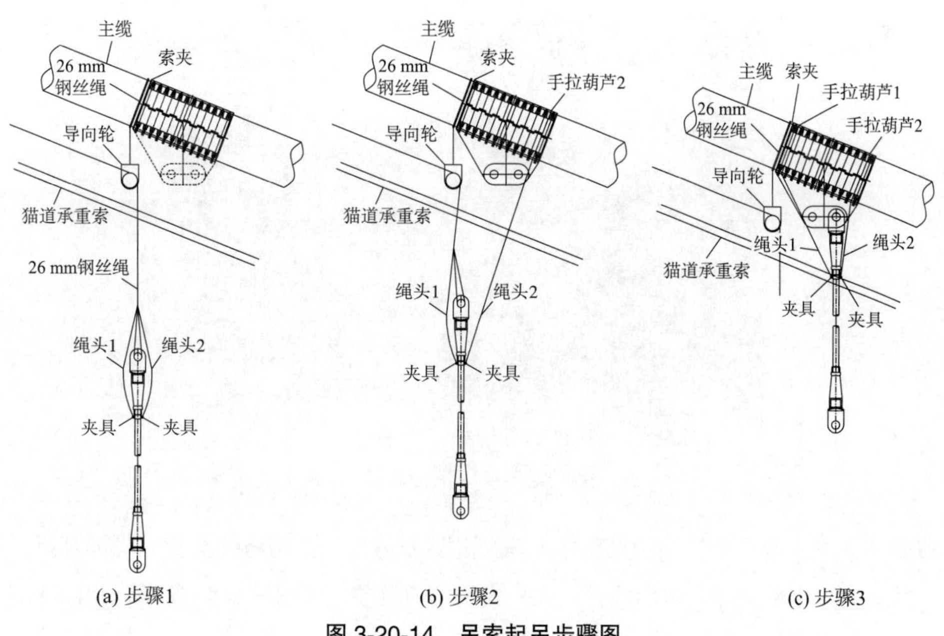


(a) 步骤1　(b) 步骤2　(c) 步骤3

**图 3-20-14 吊索起吊步骤图**

步骤一：将吊装钢丝绳从猫道面上通过导向轮下放至驳船上，吊装钢丝绳绳头通过吊索销轴与吊索连接固定，作为起吊吊点。在吊索上锚头下方安装 2 个夹具，并穿入钢丝绳，钢丝绳绳头在吊索上方与吊装钢丝绳临时连接，为后续吊索转挂做准备，如图 3-20-15 所示。

图 3-20-15　吊装钢丝与索夹连接

步骤二：塔顶卷扬机缓缓收绳，将吊索上设置的临时接头高于猫道面网。将临时连接的钢丝绳绳头解开，与索夹侧面的手拉葫芦连接。人工配合手拉葫芦将吊索改挂于手拉葫芦上，如图 3-20-16 所示，并拆除上锚头销轴。

图 3-20-16　吊索改挂

步骤三：人工配合手拉葫芦调整吊索索头位置及方向，慢慢将锚头穿入叉形耳板，对准眼孔，重新打入销轴，并安装保险，完成一根吊索的安装，如图 3-20-17 所示，用同样的方式完成。

图 3-20-17　吊索安装打入销轴

3. 减振器安装

减振器安装时利用卷扬机钢丝绳吊挂吊篮，吊篮将减振器和工人提升至安装位置，人工进行安装。吊篮下放时需与吊杆通过导向轮连接，防止吊篮在空中摇摆。减振器安装示意图如图 3-20-18 所示。

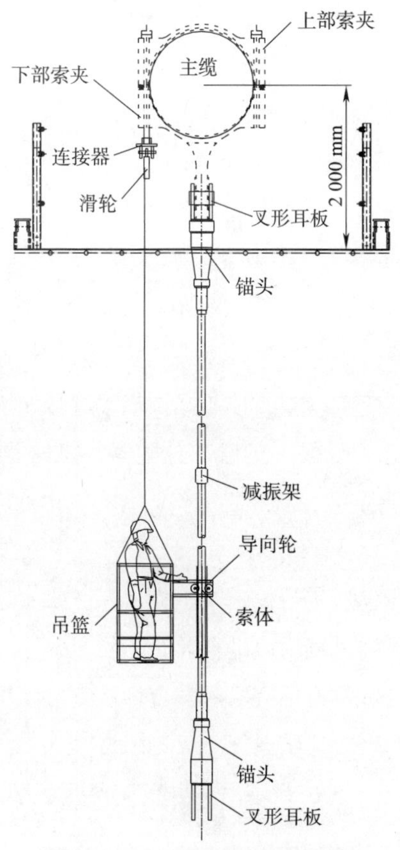


图 3-20-18　减振器安装示意图

## 四、各工序施工安全卡控要点

### （一）基础卡控要点

1. 人员卡控

（1）所有参与猫道施工的作业人员需经过三级安全教育培训并考试合格，并接受第三级安全技术交底。

（2）对塔吊操作司机、起重指挥人员、电梯司机等特种作业人员以及卷扬机操作司机、驳船相关人员进行针对性的安全及技术交底。

（3）完成对所有高空作业人员的体检工作，严禁患有高血压、心脏病、癫痫、恐高症、严重贫血等高空作业禁忌证者从事高空作业。

（4）作业人员按要求穿戴劳动防护用品；高空作业人员需穿防滑鞋，穿戴好安全带，配合防坠器使用；水上施工人员穿救生衣；特种作业人员持证上岗。

（5）安排专职指挥人员，负责吊装作业。

（6）索夹张拉过程中，有专人负责油泵使用。

2. 设备卡控

（1）对各类设备进场进行验收及报备，确保其性能良好，手续完善，在正式开始施工前组织人员进行检查验收，确保设备能够安全施工。

（2）各类卷扬机安装完成后对其安装基础、预埋件、电气系统、制动装置及各类安全装置进行验收。

（3）完善通信系统，保证通信畅通，各类牵引过程中专人指挥，统一指挥信号。

（4）对吊装过程中使用的钢丝绳、倒链、滑轮等应经常检查，确保无损坏方可使用，确保各类钢丝绳连接用的绳卡规格、数量、间距满足规范要求，定期检查钢丝绳有无受损，对于受损的钢丝绳应及时更换。

（5）手动葫芦小型工器具定期检查，按照操作规程进行使用。

（6）在索夹螺杆张拉前，对油泵、油管、分配器、拉伸器等进行检查，确保无漏油无损坏。

3. 物资卡控

（1）索夹张拉拉伸器使用前应进行校定及检查，保证张拉过程中安全可靠。

（2）对于施工的各类钢丝绳进场后应进行及时验收，确保无误后方可使用。

（3）对于定制的专用吊杆应进行检查验收，合格后方可使用。

### （二）索夹吊索吊装安全卡控要点

（1）索夹进场验收合格后，运送到塔吊下方，应保证塔吊吊具不大于 40 m，保证吊装安全。

（2）索夹吊装前应反复检查连接是否牢靠，保证各点受力均匀，起吊之后应先停滞悬空，待索夹稳定后匀速起吊。

（3）塔吊起重到位至缆索天车下方后，缆索天车捯链于索夹吊杆连接完成后，确保无误后，方可将塔吊吊钩逐渐松开，完成体系转换。

（4）缆索天车将索夹上半部分放置在主缆上时应确保钢丝绳及吊杆对其固定牢靠。

（5）吊索起吊应保证吊装钢丝绳绳头与吊索连接固定，严格避免出现滑脱等安全隐患。

（6）起吊过程中应注意平稳，避免忽快忽慢，使物体晃动导致物体打击。

（7）吊装使用钢丝绳应严格按照方案要求进行，严禁施工小于方案要求直径的钢丝绳。

**（三）索夹及吊索安装安全卡控要点**

（1）索夹张拉施工时，严格按照设计图纸所规定的张拉部位、张拉程序进行预应力张力施工。杜绝违章作业，保证结构安全。

（2）吊索安装过程中需将索夹正下方猫道面网剪除，剪开后需按要求设置防护，施工完成后也应及时闭合完成。

（3）索夹安装过程中，严禁抛掷工具等，避免高空坠物伤人。

（4）吊索吊装到位后，待手拉葫芦与吊索连接完成后，方可解除钢丝绳。

（5）吊索上锚头销轴取出的过程中，应使用吊带将销轴托起并有专人保证销轴平稳放置在猫道上，避免销轴滚落猫道上或坠落江中。

（6）索夹张拉过程中，严禁抽拔油管，泄压完成后，方可取出拉伸器。

（7）拉伸器取出的过程中，应缓慢取出，并有专人托举，避免拉伸器坠落至猫道面网上砸伤工人。

**（四）起重吊装安全卡控要点**

（1）起重机械操作人员和车辆驾驶人员，必须取得操作合格证，对机械操作人员要建立档案，专人管理。

（2）操作人员必须按照本机说明规定，严格执行工作前的检查制度和工作中观察及工作后检查保养制度。

（3）驾驶室或操作室要保持整洁，严禁存放易燃、易爆物品，严禁酒后操作机械，严禁机械带病运转或超负荷运转。

（4）起重设备在施工现场停放时，选择安全的停放地点，夜间设有专人看管。

（5）严禁对运转中的机械设备进行维修、保养、调整等作业。

（6）起重机械作业指挥人员，必须站在可以瞭望的安全地点，并明确指挥联络信号。

（7）定期组织机械安全大检查，对检查中查出的安全问题，严格调查处理，并制定防范措施，防止机械事故的发生。

（8）6级及以上大风，禁止进行起重作业。

（9）使用的钢丝绳，在运转中严禁用手套或其他物件接触钢丝绳，用钢丝绳拖、拉机械或重物时，人员远离钢丝绳。

（10）索夹吊装至缆索天车之后，需要将天车调整水平之后方可开始运输，避免天车在运输过程中偏载、翻转。

**（五）卷扬机使用安全卡控要点**

（1）变速齿轮沿轴转动，啮合正确，无杂音和润滑良好，如有问题，应及时修理解决，否则严禁使用。

（2）钢丝绳在卷筒上必须排列整齐，作业中卷筒钢丝绳最小须保留三圈，作业时不准有人跨越卷扬机的钢丝绳。

（3）吊运重物需在空中停留时，除使用制动器外，还应用齿轮保险卡牢。

（4）操作人员须持证上岗，严禁无证操作，严禁工作时间擅自离开工作岗位。

（5）工作中要听从指挥人员的信号，信号不明或可能引起事故时应暂停操作，待弄清情况后方可继续作业。

（6）作业中突然停电，应立即拉开闸刀，将运送物放下。

（7）卷扬机的电气线路应经常检查，保证电机运转良好，电磁抱闸和接地安全有效，无漏电现象。

## 五、结　　语

施工现场是安全管理的前线，施工过程中要紧盯现场查找并发现问题，落实解决问题，针对高处作业为主的施工作业内容必须做到安全防护到位和施工环境安全，做到事前预控、事中监控和事后总结。

# 第二十一章
# 主缆缠丝及防腐施工安全卡控总结

## 一、工程概况

主缆防护根据不同部位采用不同的防护体系，包括主缆缠丝段、主缆非缠丝段、主缆散索段、索夹环缝、主缆索股锚杯的防护。主缆防护技术参数详见表 3-21-1。

**表 3-21-1　主缆防护技术参数表**

| 序号 | 防护涂装部位 | 具体范围 | 涂装材料 | 厚度（μm） |
|---|---|---|---|---|
| 1 | 主缆缠丝段 | 索夹之间的主缆 | 缠丝钢丝 | 3 mm 高 S 形低碳钢丝 |
| | | | 缠包带 | |
| 2 | 主缆非缠丝段 | 封闭索夹与索鞍之间的主缆 | 磷化底漆 | — |
| | | | 柔性环氧底漆 | 120 |
| | | | 硫化型橡胶密封剂 | 5 000 |
| | | | 高强玻璃布 | 2 000 |
| | | | 第一道面漆：柔性聚氨酯面漆 | 40 |
| | | | 第二道面漆：柔性聚氨酯面漆 | 40 |
| 3 | 主缆散索段 | 散索鞍到锚杯之间的主缆 | 磷化底漆 | — |
| | | | 柔性环氧底漆 | 120 |
| | | | 第一道面漆：柔性聚氨酯面漆 | 40 |
| | | | 第二道面漆：柔性聚氨酯面漆 | 40 |
| 4 | 索夹环缝 | 索夹 | 非硫化型橡胶密封腻子 | 填满结构内层缝隙 |
| | | | 硫化型橡胶密封腻子 | 填满结构外层缝隙 |
| 5 | 主缆索股锚杯 | 主缆索股锚杯 | 环氧耐磨漆 | 120 |
| | | | 聚氨酯面漆 | 80 |

主缆缠丝段防护示意图如图 3-21-1 所示。

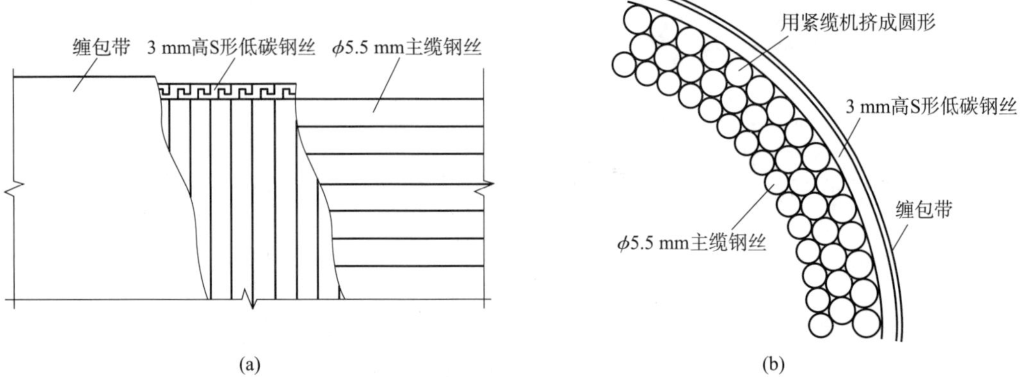


**图 3-21-1　主缆缠丝段防护示意图**

主缆缠绕钢丝材料为 3 mm 高、S 形低碳钢丝，抗拉强度大于 540 MPa，如图 3-21-2 所示。

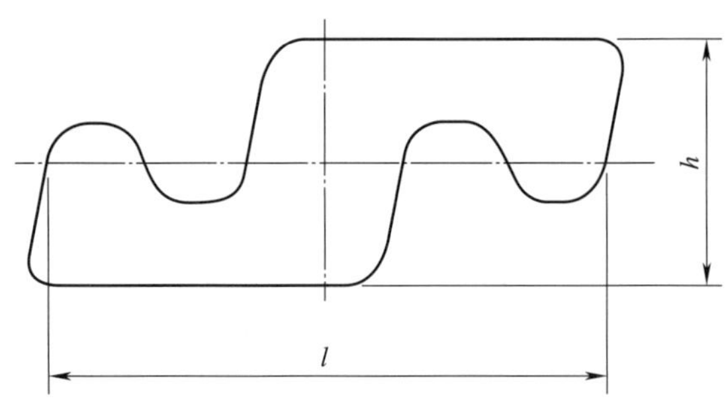


**图 3-21-2　S 形钢丝截面示意图**

S 形钢丝相关技术参数详见表 3-21-2。

**表 3-21-2　S 形缠丝技术指标表**

| 序　　号 | 项　　目 | 单　位 | 技术指标 |
|---|---|---|---|
| 1 | 尺寸及公差 | mm | 宽 7.0±0.15，高 3±0.08 |
| 2 | 抗拉强度 | MPa | ≥ 540（计算面积 $S$=13.141 $mm^2$） |
| 3 | 延伸率 | % | ≥ 1.5（试验标距 $L_0$=150 mm） |
| 4 | 扭转 | 次 | ≥ 6（试验标距 $L_0$=200 mm） |
| 5 | 锌层重量 | $g/m^2$ | ≥ 300 |
| 6 | 锌层附着力（缠绕） | | 2 圈（缠绕试验芯棒直径 $D$=15mm）锌层无剥落、开裂现象 |

续上表

| 序　号 | 项　目 | 单　位 | 技术指标 |
| --- | --- | --- | --- |
| 7 | 焊接性能 | — | 焊接部位（铝热剂焊接）强度不得低于主体材料的公称抗拉强度 |
| 8 | 原材料 | — | S 形钢丝采用低碳钢盘条，硫磷含量均不得超过 0.025%，碳含量应该在 0.04% ～ 0.10% 范围内 |

## 二、总体方案

中跨钢梁架设完成且铁路二恒铺设完成后即可利用缠丝机开始缠丝段的缠丝作业，当缠丝部分完成形成缠包带施工作业面后即可利用缠包机进行缠包带作业。缠丝作业的同时可以进行非缠丝段、散索段及主缆索股锚杯的涂装作业。

本工程主缆缠丝总方向由高处向低处进行，这样尽可能地避免施工过程中雨水浸入主缆，而在两索夹之间亦从高处向低处进行。

主缆缠丝利用专用缠丝机进行施工。全桥共投入 4 台缠丝机，上下游各 2 台，按照先中跨后边跨的顺序进行缠丝。中跨分别从南、北主塔塔顶往跨中进行，中跨缠丝完成后再从塔顶往锚碇方向进行边跨缠丝施工。

缠丝机整机发运至现场后，在主塔处地面上将其拆解为主机架、前后夹持架、连接轨道梁和导向装置等构件，然后利用上游侧塔吊逐个吊装至钢梁公路桥面，利用公路桥面的平板车倒运至安装位置进行整体组拼，其中中跨侧缠丝机在跨中位置安装，边跨侧缠丝机在 S2/N2 号墩处进行安装。缠丝机在安装位置的公路桥面上组拼成整体后，利用布置在公路桥面上的 80 t 汽车吊将其整体吊装至主缆安装位置进行安装。安装完成后，走行至塔顶处开始缠丝作业。

缠丝作业在 2 个索夹之间的主缆上进行，各节段作业工序相同。每个节段缠丝作业包括主缆表面清洁、起始段缠丝、正常段缠丝和末端缠丝。一个节段缠丝完成后，缠丝机可自行跨越索夹进行下一个节段的重复施工。

因主缆和引桥混凝土梁翼缘板之间距离较小，缠丝机尺寸较大，引桥混凝土梁施工时已在相应位置翼缘板处预留缺口。预留缺口过小导致缠丝机无法正常通过时，采用人工手动缠丝的方式进行施工。

缠丝施工完成的区域，即可利用缠带机进行缠包带施工。缠包带缠绕完成后，利用专用加热毯进行包裹加热，使缠包带层间黏结密封。

## 三、工序流程

### （一）缠丝机安装

主缆缠丝机主要由前后夹持架、连接梁、主机架（含缠丝驱动系统，走行电机，减速机以及电气控制箱)、抱箍装置等部分组成。考虑吊机起重能力和现场施工情况，缠丝机在主缆较低处整体安装，然后走行至塔顶位置开始缠丝作业。其中中跨缠丝机在中跨跨中位置安装，边跨侧缠丝机在 S2/N2 号墩处安装，如图 3-21-3 和图 3-21-4 所示。

图 3-21-3　夹持架及连接梁

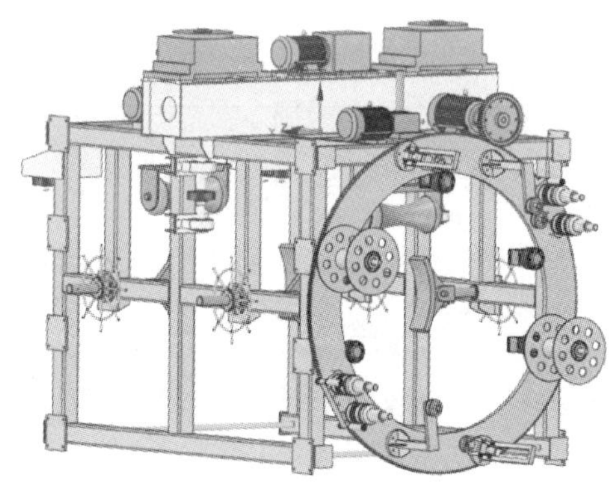

图 3-21-4　主机架

缠丝机整机发运至现场之后，利用现场 250 t·m 塔吊在主塔处上游侧地面上将其拆解为主机架、前后夹持架、连接梁和导向装置等部分，然后利用塔吊将各部件逐个吊装至主塔处公路桥面上，利用公路桥面上的平板车运送至安装位置。在安装位置的桥面上将缠丝机再次组拼成整体，最后利用布置在公路桥面上的 80 t 汽车吊将缠丝机整体吊装至主缆上进行安装，如图 3-21-5 所示。

图 3-21-5　缠丝机安装

缠丝机拆解顺序为前夹持架拆解→后夹持架拆解→导向装置和连接梁拆解。

缠丝机组拼顺序为主机架就位→连接梁和导向装置安装→前夹持架安装→后夹持架安装。

### （二）缠丝施工顺序

本工程主缆缠丝总方向由高处向低处进行，这样尽可能地避免施工过程中雨水浸入主缆，而在两索夹之间亦从高处向低处进行，如图 3-21-6 所示。

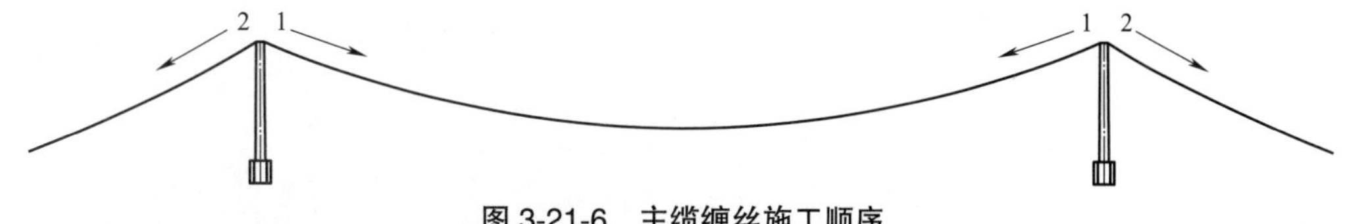


图 3-21-6　主缆缠丝施工顺序

本工程共投入 4 台缠丝机，在索塔附近用塔吊进行安装。缠丝施工按先中跨后边跨的顺序进行。中跨分别从南、北主塔塔顶往跨中进行，中跨缠丝完成后再从塔顶往锚碇方向进行边跨缠丝施工。

缠丝在 2 个索夹之间的节段进行，各节段重复相同的作业。缠丝机可自行跨越索夹。

### （三）缠丝张力

按照设计图纸要求，缠丝张拉力按 2.4 kN 控制。正式缠丝之前，需对缠丝机张紧力进行标定，保证缠丝机标定满足施工要求。

### （四）紧缆钢带拆除及表面清理

1. 紧缆钢带拆除

在主缆缠丝施工前，需要将主缆紧缆时所用钢带拆除，拆除工作与缠丝作业同步。钢带必须用专用的刀具进行切除，虽然目前大部分钢带已经松弛，但仍有部分钢材绷紧受力，为避免钢带切断时钢弹跳伤人，需要两人进行作业，其中一人按住箍带以防弹跳，另一人切割。钢带切除时需避免损伤主缆索股钢丝。

切除钢带时，作业人员需佩戴好手套、安全帽等劳保用品。

2. 主缆表面清理

在主缆缠丝施工前，需进行主缆表面清理：用布擦试主缆表面，去除污垢，用溶剂等擦去油分。如有锈迹用钢丝刷除锈迹，富锌漆涂装修补。主缆表面清理完成后及时覆盖防雨布进行临时遮盖，防止二次污染。

### （五）钢丝存放、缠绕及运送

1. 钢丝存放

缠绕钢丝在厂内生产时，根据主缆缠丝机的设计参数，按照小盘包装，每盘重量控制在 250 ～ 300 kg 之间。

钢丝盘在现场存放场地需平整干燥，下方抄垫方木，以利于通风、排水，避免与地面上的硬物接触，同时方便吊装。露天存放时，应遮盖防雨油布。

钢丝存放区严禁使用明火，不得在存放区附近或正上方进行电焊、切割作业。

2. 储丝轮缠绕

钢丝使用之前需利用绕丝机将其缠绕至专用储丝轮上，绕丝机设置在主塔附近的钢梁公路面上，如图 3-21-7 所示。

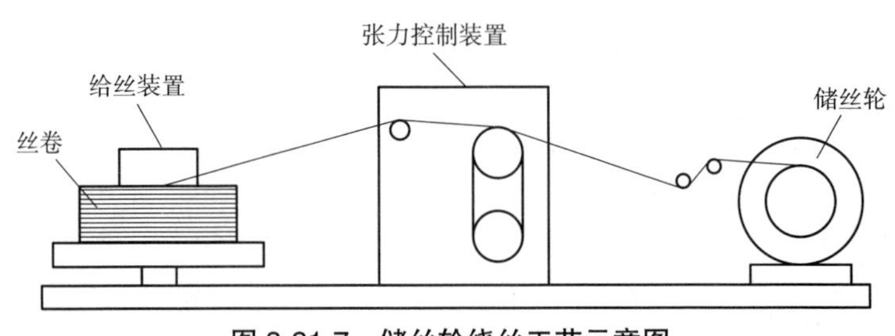


图 3-21-7 储丝轮绕丝工艺示意图

（1）用塔吊将缠绕钢丝线卷放置于给丝装置中，并拆除线卷的包装及捆扎带。

（2）拉引缠绕钢丝的前端，通过张力控制装置，在储丝轮绕丝机上布线，折弯缠绕钢丝的前端，插入储丝轮的孔内。

（3）开始储丝轮的绕丝，在绕丝过程中认真地监视线圈的状况，调节卷取速度，注意钢丝不得过度地咬合或松弛。

（4）当线圈的钢丝剩余不多时，对卷取速度进行减速，最后微速运转，直至钢丝的后端全部卷取完毕。

（5）用吊机将卷取完毕后的储丝轮吊离并临时存放、转运。

（6）为方便施工，防止绕丝机和 S 形钢丝淋雨，应根据现场实际情况在绕丝区设置防护棚进行防护。

3. 储丝轮运送

储丝轮利用塔顶卷扬机经转向后垂直提升至使用位置，具体操作与吊索提升类似。

（1）储丝轮缠绕完成后，利用叉车或小型液压拖车运送至使用位置正下方的钢梁面上。

（2）在主缆对应位置利用钢丝绳缠绕一圈固定一个滑轮，并将滑轮下放猫道面网隔开，将塔顶卷扬机钢丝绳经滑轮转向后下放至钢梁公路面，将储丝轮绑紧。

（3）启动塔顶卷扬机，平稳提升储丝轮，直至储丝轮到达猫道面。

（4）人工配合倒链拆除储丝轮，并安装至缠丝机上，同时将割开的猫道面网及时恢复补全。

（5）储丝轮吊装时需在钢丝表面抄垫防护，以保证钢丝表面不受损伤，严禁磕碰钢丝。

### （六）缠丝施工

1. 起始段缠丝

每个节段缠丝时，从上端索夹的下端开始缠丝，在下端索夹的上端处结束。

起始段缠丝步骤如下：

（1）储丝轮安装完毕，穿绕钢丝，使缠丝出丝轮端部距索夹端面间距为 30 mm。

（2）离合器挂缠丝挡，调整缠丝张力，将缠丝机转速调整至 15 r/min 左右。

（3）用钢丝钳将缠丝丝头扭挂在索夹螺杆上。

（4）正转（齿圈正常缠丝为逆时针方向）点动缠丝机进行端部缠丝，若有乱丝或压丝现象，则用垫圈调整端部缠丝附近的伸出长度，以达到节距的匹配。缠丝机点动缠丝 3 ～ 4 圈后停机，按要求并焊缠绕钢丝并打磨焊坡，保留焊坡高 1 mm。

（5）人工用木锤、尼龙棒将缠好的钢丝推入索夹端部环槽，直至 20 mm 槽填满，钢丝嵌入索夹槽隙至少 3 圈，钢丝与索夹用尼龙楔固定。

（6）回退缠丝齿圈至出丝轮与缠绕钢丝平行，继续点动缠丝，正常后进行连续缠丝，待缠丝至距索夹端部约 600 mm 处停止。

（7）按要求并焊钢丝，并打磨焊坡。

（8）机器反向点动，松开端部缠丝附件上的钢丝，拆除端部缠丝附件。

（9）脱开手动离合器，机器反向走行，空车走行至张紧装置的张紧轮的出丝与已缠好的钢丝平齐后停止，开始正常节段间的机械缠丝。

2. 正常段缠丝

起始段缠丝焊牢之后即可进行正常缠丝，正常缠丝即两索夹端部以外的中间部分缠丝。需拆除端部缠丝装置，恢复正常缠丝部件，调整好缠丝与行走的匹配速度。先点动缠丝，待进入正常缠丝后，由慢到快进行缠丝作业。

（1）缠丝机运行过程中，必须密切注意缠丝效果，发现问题马上停机进行处理（钢丝不能重叠或间距过大，必须紧密均匀）。

（2）主缆上的钢带采用边缠边剪的办法，随着缠丝的进展速度而推进，同时采用 5 t 手动葫芦逐步收紧猫道，拆除阻碍缠丝走行的猫道吊挂钢丝绳，待缠丝机过后再将吊挂钢丝绳复位，如图 3-21-8 所示。

图 3-21-8 主缆缠丝

（3）当储丝轮剩余 6 圈左右钢丝时需更换储丝轮。先将已缠绕钢丝按要求并焊，然后剪断剩余钢丝，卸去空储丝轮，利用前行走架挂梁更换储丝轮，如图 3-21-9 所示。

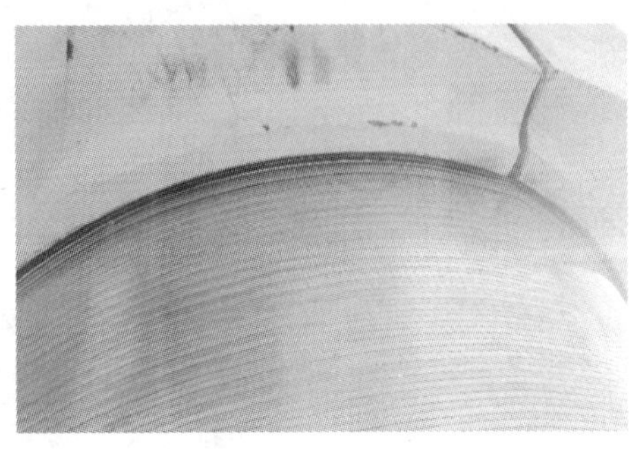

图 3-21-9　结尾段缠丝

（4）在已缠好的主缆顶面，每隔 1 m 需用铝热焊将缠丝固定，每个固定地方共 3 个焊点，焊点位于主缆的上半圈内，并尽量在钢丝的对接处固定。

（5）钢丝在到盘及现场缠丝时，对钢丝接头必须先磨平后，喷一道富锌漆，并用红色油漆做好标记，在索夹端的缠丝，固结点不得少于 4 点。

（6）因作业需要，临时停止缠丝时，需迅速地进行三点并焊。

（7）缠丝拉力为 2.4 kN，缠丝线速度控制在 1.2 m/s 左右。

3. 气夹处缠丝

按照主缆除湿系统布置要求，在每根主缆边跨设置 1 个进气夹、2 个监测气夹；中跨设置 4 个进气夹、2 个监测气夹和 3 个排气夹，单根主缆共有 15 个气夹。气夹安装在距索夹边缘 1 m 处，单个气夹长 1.1 m。

主缆缠丝施工时，需在相应位置预留出气夹安装空间，要求气夹安装区域内 80 cm 范围不进行缠丝，如图 3-21-10 所示。为保证缠丝紧密且不易松散，需将预留区域两端缠绕钢丝并焊三圈，如图 3-21-11 所示。

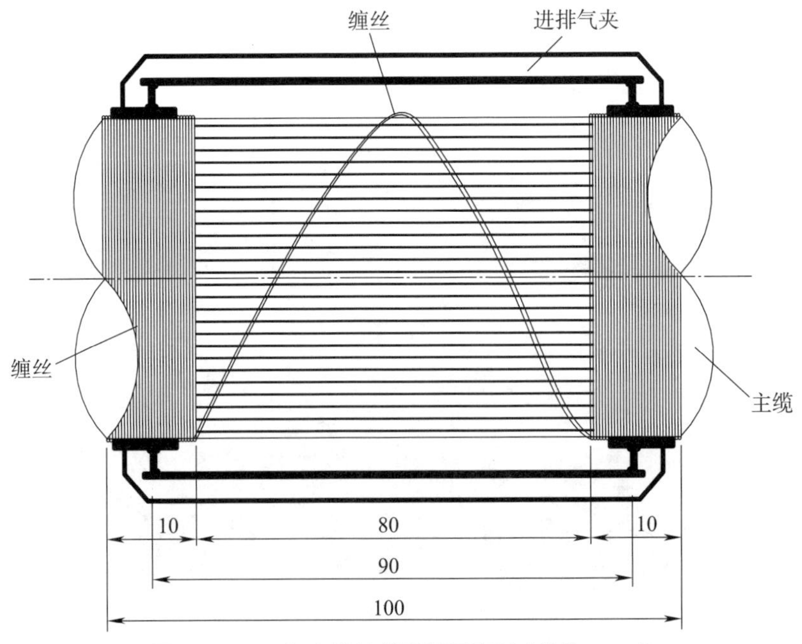


图 3-21-10　气夹处缠丝预留示意图（单位：cm）

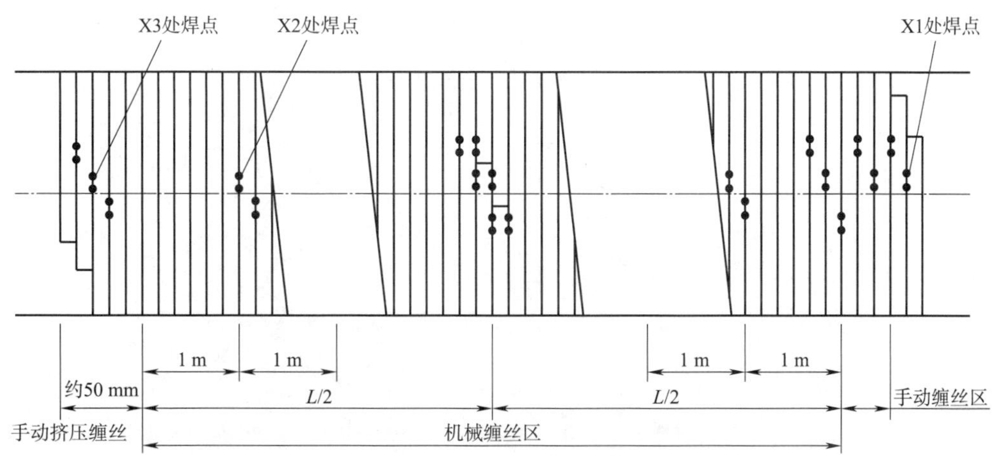


图 3-21-11　索夹间一个节段缠丝焊点布置示意图

4. 缠绕钢丝的焊接

相邻的缠绕钢丝以铝热焊剂焊接的方式进行连接接头处理。焊点的数量及布置如图 3-21-12 所示。

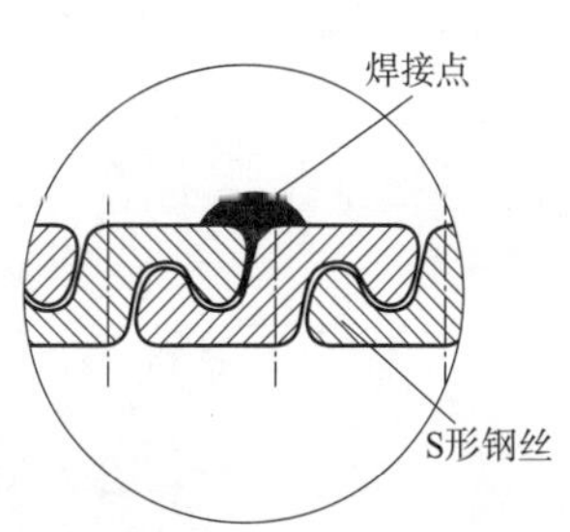


图 3-21-12　铝热焊焊接点

一个索夹区间焊点分为三种：起始段并焊三圈（3×2 点处两点），中间段间隔 1 m 并焊两圈（2×2 点处两点），尾端手动缠丝每圈均并焊（1×2 点处两点）。因作业需要，临时停止缠丝时，迅速地进行 3×2 点焊接。如临时停止部位的焊接在 1 m 间距附近时，该处的 1 m 间距的焊接可省略。在储丝轮钢丝剩余 6 圈左右时，钢丝并焊后切除多余钢丝。更换储丝轮，接头为对接接头，并与相邻钢丝进行并焊。钢丝接头部位，应使端面相互接触，尽可能无间隙的施工。再次缠丝后在接头处注入黏缝材料，填埋间隙。

S 形钢丝铝热剂焊接步骤：

（1）首先去除 S 形钢丝表面的油污、锈迹及水分，并保持干燥。

（2）按图示的装置进行点火焊接，焊接采用并焊形式。

（3）焊接完成后，移除上述试验装置，并对焊接点进行打磨，使焊接点不高于钢丝表面 1 mm。

## （七）缠丝机拆除

待主缆缠丝完成后，缠丝机位于主缆较低处，可直接利用布置在公路桥面上的 25 t 汽车吊进行打散拆除。缠丝机拆除步骤参照打散步骤进行，即按照“前夹持架拆解→后夹持架拆解→导向装置和连接梁拆解”的顺序进行。

## （八）缠包带施工

1. 安装要求

缠包带整体应从顶端往下缠包施工，索夹间应从下端往上施工。根据主缆直径选用相应的缠包带、缠带机和加热装置，根据融合宽度要求调整好缠带机的螺旋升角，面向索体上端从下往上顺时针或逆时针缠包，如图 3-21-13 所示。

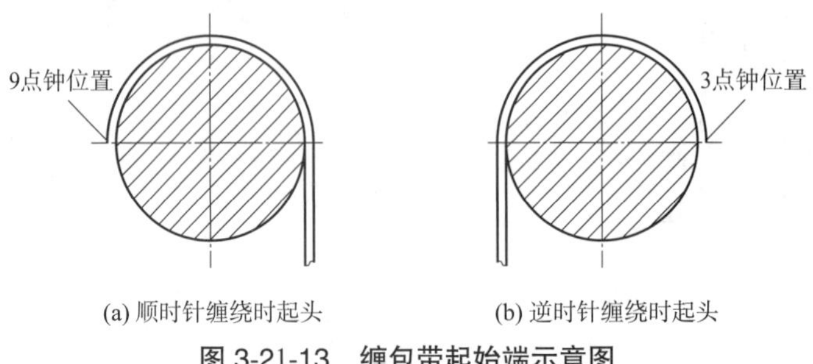


图 3-21-13　缠包带起始端示意图

2. 手工缠包起始端和终止端

由于缠带机不能紧靠索夹端面，需要进行手工缠包，如图 3-21-14 所示。缠包带的一侧插入索夹环缝 2 ～ 3 cm。手工缠包时，必须保持足够的张力，由下而上开始偏角度缠绕 4 圈后并且已达到 52% 的融合率后开始使用缠带机缠包。

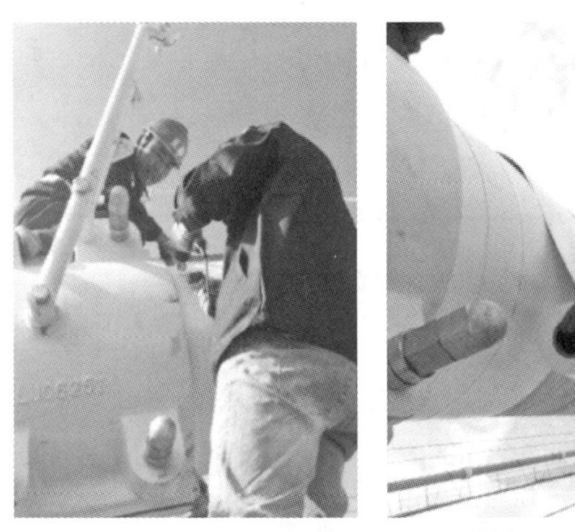

图 3-21-14　现场手工缠包

由于索夹与缠带机产生干涉，每个工作面上主缆缠包的起止都需要手动完成。正确手动缠包缠包带，必须执行下列后续程序：

（1）从索夹开始，将缠包带卷的未固定端利用胶布固定在主缆上。顺时针缠包时，未固定端在 11 点钟至 7 点钟位置，端头朝下；逆时针缠包时，未固定端在 1 点钟至 5 点钟位置，端头朝下。缠包带要从带卷上方拉出，将带卷应夹在缠包带起始的鱼嘴之间。

（2）与索夹平行缠包缠包带，使用起始带缠包绕主缆一周后开始手工缠包，手工缠包时一侧贴紧索夹端面，手工缠包时就开始偏角度缠包，缠包 3 圈或 4 圈后（融合率达到 52%）开始使用缠带机缠包。

（3）工作面向上推进时，缠包带的张力应一致。下方的操作者能提供较大的张力，在将缠包带交给上方操作者时应一直拉紧缠包带。当然上方的操作者也要负责拉紧缠包带。

（4）重叠度和张力一致是保证缠包带不出现胀鼓和松弛的关键。

3. 缠带机缠包

缠带机缠绕角调整根据带宽和缠带机两圆弧板之间的距离计算缠绕角和缠包筒水平位移，调整好缠带机的缠绕角度后方可进行缠包作业。

缠包带采用定制的缠带机来安装，如图3-21-15所示。按照正确重叠度调节好缠带机后，朝上看主缆，按顺时针或逆时针方向开始手动安装缠包带。

图3-21-15　缠带机安装

（1）将缠包带卷的未固定端捆扎在主缆上，如图3-21-16所示。顺时针缠包时，未固定端在11点钟至7点钟位置，端头朝下；逆时针缠包时，未固定端在1点钟至5点钟位置，端头朝下。缠包带要从带卷上方拉出，而带卷应夹在主缆和正在缠包的缠包带之间。

图3-21-16　缠包带卷安装

（2）与索夹平行缠包缠包带，使用起始带缠包绕主缆一周后开始手工缠包，手工缠包时一侧贴紧索夹端面，手工缠包时就开始偏角度缠包，缠包3圈或4圈后（融合率达到52%）开始使用缠带机缠包，如图3-21-17所示。

图 3-21-17　缠带机使用

（3）以手动方式在主缆上缠完一个完整带卷，第二卷和后续卷要用定制的缠带机安装。

（4）关键施工点：搭界的距离由外部来测量是 130 ～ 144 mm，每缠包三圈检测一次，如图 3-21-18 所示，检测工具为钢板尺。缠包的力矩大于 10 kN · cm，每圈检测，检测工具为安装在缠带机上的力矩测试仪。

图 3-21-18　测量融合距离

4. 更换缠包带卷

当一卷缠包带用完时应按以下步骤进行连接（以顺时针安装为例，如图 3-21-19 所示）：

（1）保持上一卷缠包带的张力，解下剩余缠包带然后切断。

（2）每卷缠包带的端头为鱼嘴式设计，上一卷的结尾插入下一卷的端头鱼嘴内，缠包带两边对齐。鱼嘴的开口深度大于 50 mm。插入鱼嘴后用胶布粘紧，然后继续用缠带机缠绕；加热时务必要将粘紧连接管道胶布撕下。

（3）缠包带保持原位，保持张紧度，同时摊开剩余的缠包带卷。

（4）剪断缠包带，以便拼接处在与缆索顶部 400 mm 宽度范围之内。

（5）用管道胶带将未固定端固定到位，或者用热气枪和滚压辊将未固定端热焊在重叠尾端。

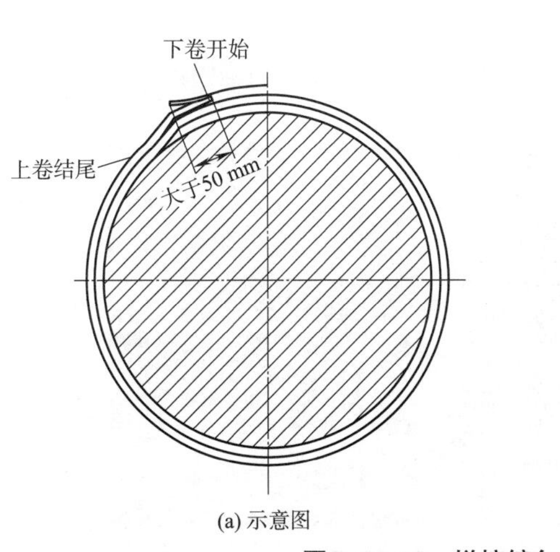

(a) 示意图

(b) 实物图

图 3-21-19 拼接缠包带

（6）开始缠包下卷时，使鱼嘴处朝下。

（7）如果用管道胶布将未固定端固定在一起，在下卷缠包约 3 圈后要拆下固定接合处的管道胶布。

5. 缠包带加热

缠包带加热时间：3 min/ 周期，加热周期为 2 个加热周期。

缠包带的加热温度：120 ～ 130 ℃。

缠包带加热压力：0.2 ～ 0.3 MPa。

加热步骤如下：

（1）将加热毯包覆到主缆上，连接电源线和温控线，收紧加热毯上的收紧带，在加热毯充气口上充气，一般气压力控制在 0.2 ～ 0.3 MPa；将控制器与电源相连，注意电源应与加热毯的电压和电流额定值相匹配。电源必须有效接地。

（2）充气完成后按下电控箱上面的电源、时间继电器开始加热，等温度显示仪和时间到达设定的值后关掉电源，必须做到温度控制与时间控制的双控。加热完成后关掉电源，释放气囊气压，解开收紧带，加热毯旋转 90º ～ 180º，对同一断面的中间缝隙进行加热。如在两索夹间使用两个加热毯一前一后进行加热，可不旋转加热毯，两个加热毯之间至少间隔两个节段；完成加热后的缠包带至少需要 15 min 的冷却，不能触碰。

（3）加热前沿加热毯做好标记，后毯的加热位置不应小于前毯标记的加热位置。

（4）当加热到还剩下约两段加热毯长度时，先把加热毯移到加热最末端加热，然后再往回移动加热剩下的一段。

（5）缠包带加热完毕后，需要不受干扰地冷却。至少需要 15 min 的冷却时间。

（6）对于小面积的缠包带不黏结时（索体不规则，或其他的突出物），在冷却后检查如果一根手指不能掀起缠包带的边缘，认为黏结质量合格，表面边缘已经与下层紧密黏结。对于小部分不能正确黏结的部位，使用加热枪或加热毯进行重新加热，如图 3-21-20 所示。

图 3-21-20　缠包带加热

6. 索夹环缝密封

索夹环缝部处密封采用楔形块密封。

沿缠包方向将索夹分为上部索夹和下部索夹。

（1）下索夹区域的制备方式

①在索夹环缝卡槽内填塞 $\phi$8 mm 的 O 形橡胶密封圈，密封圈一定要紧顶至索夹与主缆结合处（O 形密封圈在起始带插入索夹环缝后再填塞入索夹环缝）。

②沿索夹环形缝隙用胶枪注入黏结胶。

③切下一段氯丁橡胶楔封，在靠近索夹的位置上缠绕缆索一圈。楔封应绕着缆索紧密贴合，且应在安装好缠包带后再缠绕。

④楔封两端要用超级粘胶固定在一起。在切割边缘上涂少量粘胶，将两个部分压在一起约 20 s 后放开。然后在楔封的凹槽内安装 9.5 mm 厚的不锈钢带，绕过夹扣贴合到位。在钢带（夹条）上滑动夹扣，将钢带端头弯入夹扣环眼侧。此时不要拉紧夹扣。

⑤将楔封移到距索夹不足 50 mm 的位置上，再将与楔封接触的位置上绕索夹挤出 6 mm 的密封填料。将楔封滑到与索夹紧密接触的位置上。用拉紧工具拉紧钢带，将固定环眼向夹条上方弯折，系紧夹扣。向索夹移动楔封时可能需要使用榔头。

（2）上索夹区域的制备方式

①切下一段氯丁橡胶楔封，在缆索上缠绕一圈使之与缆索紧密贴合，同时在底部形成 12 mm 的间隙。

②楔封两端用两个 4.7 mm 塑料钩结合在一起，如图 3-21-21 所示。塑料钩插入楔封端头的孔中。安装楔封时，两端应留出 12 mm 间隙。然后在楔封凹槽内安装一个 9.5 mm 的不锈钢带，并绕着夹扣贴合到位。滑动钢带上的夹扣，并将钢带末端弯折到夹扣环眼下方，此时不要拉紧夹扣。

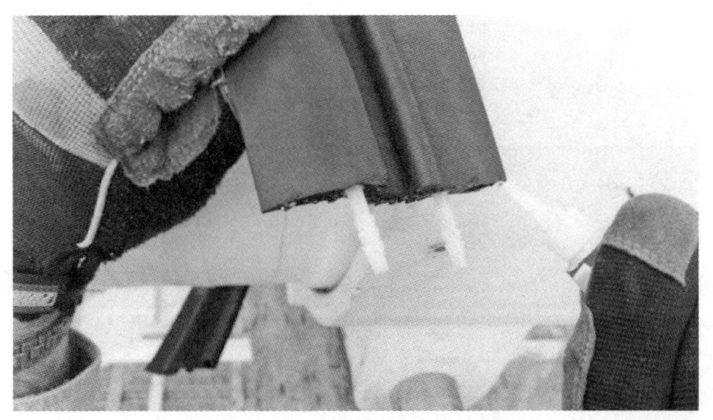

图 3-21-21　楔封两端塑料钩

③将楔封移到距索夹不足 50 mm 的位置上，再将与楔封接触的位置上绕索夹挤出 6 mm 的密封填料，如图 3-21-22 所示。索夹底部留出 12 mm 的间隙不涂填料。将楔封滑到与索夹紧密接触的位置上。用拉紧工具拉紧钢带，将固定环眼向钢带上方弯折，系紧夹扣。向索夹移动楔封时可能需要使用木锤或橡胶锤，如图 3-21-23 所示。

④然后在楔封上安装端头带条。安装前，安装带条的位置上必须用二甲苯清洁。在上下索夹位置上的此步骤相同。将不带中间加固网的缠包带材料绕在缆索上，剪下一圈，留出 50 ～ 75 mm 的长度，在缆索上绕出 50 ～ 75 mm 的重叠长度，使得外露端面朝下。然后用热气枪和辊子将其热贴在缆索上，如图 3-21-24 所示。

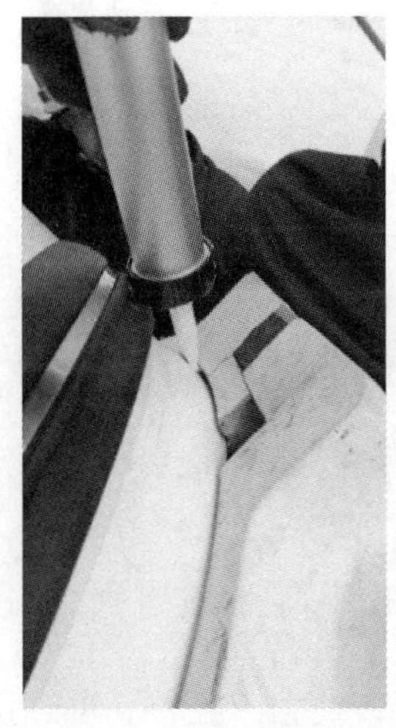

图 3-21-22　打胶

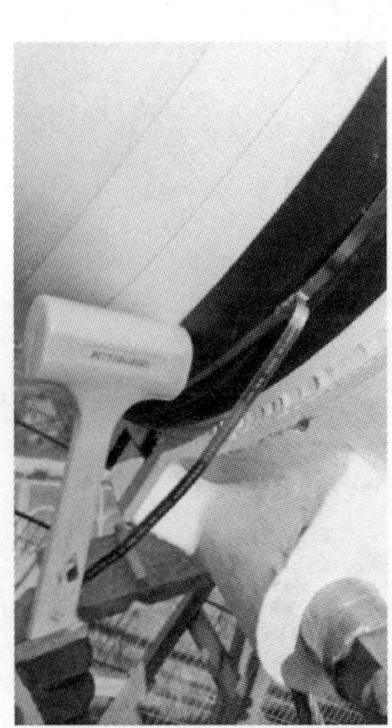

图 3-21-23　敲移楔封

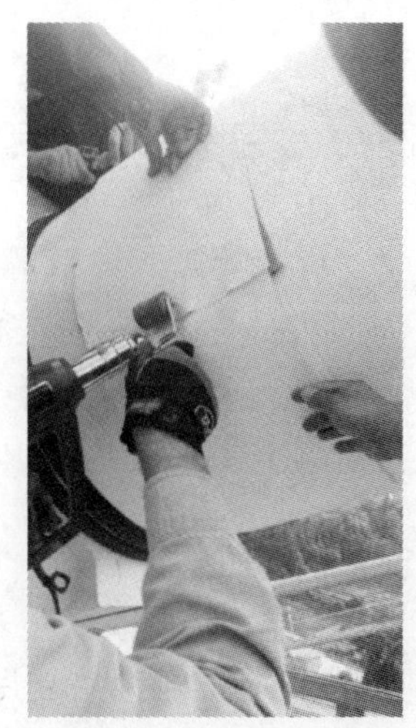

图 3-21-24　热熔密封缠包带

⑤用端头带条紧密缠绕缆索一圈后，将带条向后翻卷，移至楔封处。然后将端头带条拉回紧贴在楔封上，使之包覆住楔封。

⑥用加热套管或加热烘枪加热端头带条。

⑦在上索夹端头带条上切出宽 × 长（10 mm × 15 mm）的狭槽，然后将此狭槽对齐楔封间隙。

7. 防滑层铺设

防滑层的施工步骤如下：

（1）用二甲苯清洁相关区域，确保正确黏合。

（2）按照施工规范遮盖部分区域，从而在缆索顶部保持均匀宽度（主缆顶部 400 mm 宽）。

（3）在防滑走道面上纵向大面积刷涂或滚涂专用黏结胶，完全涂满整个行走区域，再敷设橡胶软颗粒。

（4）涂后让其固化 24 h，然后才能在该表面上行走。

相关步骤如图 3-21-25 ～图 3-21-27 所示。

图 3-21-25　贴标记带

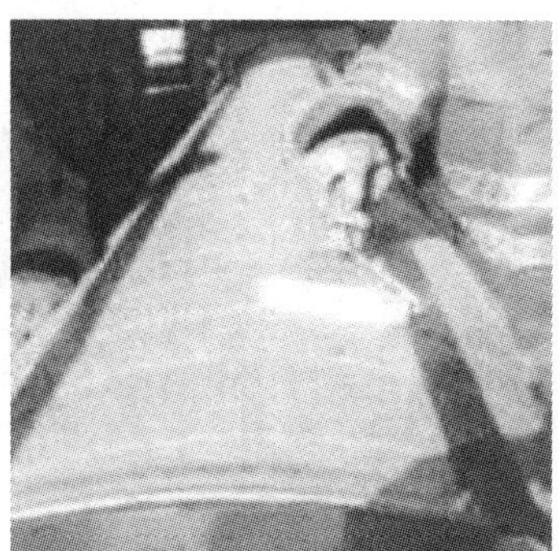

图 3-21-26　涂刷专用胶

图 3-21-27　撒防滑砂

## 四、各项安全管控要点

### （一）现场布置安全控制要点

（1）设置安全标志，在本工程现场周围配备、架立安全标志牌。

（2）施工现场的布置应符合防火、防爆、防洪、防雷电等安全规定和文明施工的要求。

（3）现场道路应平整、坚实、保持畅通。危险地点应悬挂标牌。施工现场设置大幅安全宣传标语。

（4）现场的生产、生活区均要设足够的消防水源和消防设施网点，所有施工人员要熟悉并掌握消防设备的性能和使用方法。

（5）施工现场的临时用电，应严格按照现行《施工现场临时用电安全技术规范》（JGJ 46）的规定执行。

### （二）施工机械安全管控要点

（1）各种机械操作人员和车辆驾驶员，必须持有操作合格证。

（2）操作人员必须按照本机说明书规定，严格按照工作前的检查制度和工作中注意观察及工作后的检查保养制度，做到工作前检查、工作中观察、工作后保养。

（3）操作室应保持整洁、严禁存放易燃、易爆物品，严禁酒后操作机械，严禁机械带病运转或超负荷运转。

（4）严禁对运转中的机械设备进行维修、保养调整等作业。

（5）起重作业应严格按照现行《建筑机械使用安全技术规程》（JGJ 33）和《建筑安装工人安全技术操作规程》( 建工劳字〔1980〕24 号 ) 规定的要求执行。

（6）定期组织机电设备、车辆安全大检查，对检查中查出的安全问题，按照“四不放过”的原则进行调查处理，制定防范措施，防止机械事故的发生。

**（三）高处作业安全管控要点**

（1）所有进入施工现场的人员必须戴好安全帽，并按规定配戴劳动保护用品或安全带等安全工具。

（2）作业人员不得穿拖鞋、高跟鞋、硬底易滑鞋和裙子进入施工现场。

（3）在距边缘 1.2 ～ 1.5 m 处应设置护栏或架设护网，且不低于 1.2 m，并要稳固可靠。

（4）施工作业搭设的扶梯、工作台、脚手架、护身栏、安全网等，必须牢固可靠，并经验收合格后方可使用。

（5）人员上下通道要由斜道或扶梯上下，不准攀登脚手架或绳索上下，并作好防护措施的管理。

（6）作业用的料具应放置稳妥、小型工具应随时放入工具袋，上下传递工具时，严禁抛掷。

（7）进行两层或多层上下交叉作业时，上下层之间应设置密孔防护网罩加以保护。

（8）施工平台应挂配醒目的安全警示牌，夜间施工必须有充足的灯火照明。

**（四）施工用电安全管控要点**

（1）严格按有关规定安装线路及设备，用电设备都要安装地线，不合格的电气器材严禁使用。库房、油库严禁烟火，油库施工场地要安装避雷装置。

（2）安装、维修或拆除临时用电工程，必须由电工完成，电工必须持证上岗，实行定期检查制度，并做好检查记录。

（3）猫道上的电灯必须加防护罩。

（4）开关箱中必须设置漏电保护器，施工现场所有用电设备，除做保护接零外必须在设备负荷线的首端安装漏电保护器。

（5）配电箱、开关箱应装设在干燥、通风场所，不得装设在易受外来固体物撞击、强烈振动、液体浸溅及热源烘烤场所，否则要清除或做防护处理。

（6）配电柜或配电线路停电维修时，应挂接地线，并应悬挂“禁止合闸、有人工作”

停电标志牌。停送电必须由专人负责。

（7）配电箱、开关箱中导线的进线口和出线口应设在箱体下底面，严禁设在箱体上顶面、侧面、后面或箱门处。

（8）配电箱、开关箱外形结构应能防雨、防尘、接零、接地。

（9）严格执行电气安全操作规程，专业电工定期对整个施工现场的电器设备进行安全检查。

**（五）防火防雷安全管控要点**

（1）建立经理部、施工作业队、班组三级防火责任制，明确职责。

（2）重点部位如仓库、油库、木工间配置相应消防器材，一般部位如宿舍、食堂等处设常规消防器材。

（3）施工现场用电，严格执行有关规定，加强电源管理，防止发生电器火灾。

（4）焊、割作业点与氧气瓶、乙炔气瓶等危险物品的距离不得少于 10 m，与易燃易爆物品的距离不得少于 30 m。

（5）猫道上面注意防火，加强消防宣传，在横向天桥上设置灭火器。

（6）雷雨天尽量不安排室外作业，无特殊需要，不要冒险外出。不要使用设有外接天线的收音机和电视机，不要接打电话。

（7）定期检测防雷接地预埋。户外作业偶遇雷暴极端天气时，尽快放下金属物品，及时躲避。

（8）缠包带施工作业场所禁止吸烟，禁止进行电气焊等明火作业。

**（六）缠丝施工安全管控要点**

（1）主缆缠丝是在跨江悬空的猫道上工作，施工人员必须经过安全技术培训，考核合格后上岗，严格执行岗位责任制。

（2）施工过程中注意猫道悬挂绳的解除和安装，严禁乱拆卸。保证猫道悬挂绳间距不小于 12.5 m，猫道面层不容许有漏洞。猫道拦杆绳及侧网要求完整可靠。

（3）施工过程中保持主缆的清洁，猫道上严禁堆放杂物，严禁集中堆载。

（4）缠丝机与夹持器安装就位后，立即紧固夹持器。

（5）缠丝机跨越索夹时要检查各机构的动作与复位情况。

（6）缠丝机在非工作状况时要锁紧每个扣件，用链条葫芦栓固主机，并切断缠丝机工作电源。

（7）不得在大风、雨雾、冰雪等恶劣天气条件下使用缠丝机。

（8）风力超过 5 级时不允许进行走行作业。风力超过 6 级时不允许进行缠丝作业，并将主机和夹持架都与主缆采用倒链固定。

（9）为防止雷害，缠丝机必须有可靠接地。

（10）如要在夜间进行缠丝作业，需按照安全规则进行，在工作区域和通道处设置适当的照明，以保证施工安全。

（11）所有人员，不得触摸正在旋转的齿圈、运动中的钢丝及其他正在进行缠丝作业的相关构件。

（12）缠丝机在开动前需检查是否有人在危险区域，如有，待其撤离后方可开机。

（13）切除的S形钢丝头应用工具袋或桶进行收集，严禁随意抛掷丢弃零散物件。

### （七）交叉作业安全管控要点

（1）施工中尽量减少立体交叉作业，必须交叉时，交叉区域内的施工各方应建立联系机制，商定各方的施工范围及安全注意事项；各工序应紧密配合，施工场地尽量错开，以减少干扰；无法错开的垂直交叉作业，需采取措施搭设严密、牢固的防护隔离设施。

（2）交叉作业施工人员应分工明确，上方施工人员和下方施工人员互相照应。上方施工人员不得随意丢弃杂物，下方施工人员注意施工周边环境，尽量不要在施工区域下方进行施工，必须施工的情况下，做好防护设施。

（3）项目总工应审查和落实有关作业指导书中有关交叉作业的安全措施，从人员的穿戴到安全技术交底、安全培训等各个方面把控，杜绝违章作业，从源头避免内部管理缺失造成安全事故的发生。

（4）施工现场作业，配备合格的消防灭火器材，消除现场易燃易爆物品，上方动火应注意下方有无人员。易燃易爆物品做好防护措施，遮挡落下的焊渣，防止火灾发生。

（5）加强安全管理人员的巡查力度，安全员要在作业现场随时监控可能发生的安全隐患。

（6）项目管理人员一旦发现其他单位因擅自交叉施工带来安全隐患，应立即制止。

## 五、结　　语

主缆缠丝防腐主要采用缠丝机等设备进行高处作业施工，通过对缠丝设备结构及运行过程把控，加强人员劳动防护用品及作业行为检查，提供可靠的作业环境，合理组织施工环节有序推进，确保主缆缠丝防腐作业安全得以有效控制，实现主缆产品百年寿命。

# 第二十二章
# 缆索除湿系统施工安全管控总结

## 一、 施工概况

### （一）除湿系统概况

除湿系统的目的是控制桥梁主缆、锚室、鞍室内部的大气湿度环境，阻止主缆等钢结构受到大气腐蚀，延缓桥梁老化，延长桥梁寿命。除湿系统可以监测主缆、锚室、鞍室内的温湿度数据，为大桥主缆养护管理提供决策支持。

1. 除湿系统的设计方案

（1）第一步：确定除湿系统的除湿送气的相关参数及设备布置方案，详见表 3-22-1。

（2）第二步：保证除湿送风硬件以及监测控制系统软硬件满足除湿送气方案。

（3）第三步：保证除湿系统数据采集、指令传输的畅通。

2. 除湿系统的组成

除湿系统的建设目的是保障结构耐久性、延长桥梁使用寿命，是养护管理系统的重要组成部分。本桥除湿系统提出的系统架构包括除湿送风子系统、监测控制子系统、通信传输子系统、运行管理子系统四个部分。

（1）除湿送风子系统：通过除湿机组和送风管道实现主缆、锚室、鞍室除湿送风功能。

（2）监测控制子系统：通过布设传感器和数据采集控制设备，实现对主缆内部温湿度、压力、送气管道气流量、环境温湿度、除湿机组设备状态监测、数据采集、分析与控制，并实现对除湿机组的自控。

（3）通信传输子系统：实现数据和控制指令的网络传输，为实现多级控制、远程控制提供必要条件。

（4）运行管理子系统：对数据进行采集、存储、分析，并通过软件界面程序将监测结果呈现给用户，供用户根据数据内容及分析结论对除湿设备进行控制，并实现报表管理、预案管理、系统设置管理等管理功能。

**表 3-22-1　除湿设备明细表**

| 类　别 | 名　称 | 单　位 | 数　量 | 备　注 |
|---|---|---|---|---|
| 除湿机 | 转轮除湿机 | 台 | 5 | 甲供 |

续上表

| 类　别 | 名　称 | 单　位 | 数　量 | 备　注 |
|---|---|---|---|---|
| 风机 | 主缆送气风机箱 | 台 | 1 | 主缆送风 |
| | 锚室送风机 | 台 | 2 | 锚室送风 |
| 气夹 | 气夹 | 个 | 14 | |
| | 透明气夹 | 个 | 2 | |
| 管路 | DN65 主缆送风管道 | 米 | 1 600 | |
| | 各类阀 | 批 | 1 | |
| 监控系统 | 主缆系统监测控制箱 | 个 | 1 | |
| | 锚室系统监测控制箱 | 个 | 1 | |
| | 主缆通信箱（进） | 套 | 6 | |
| | 主缆通信箱（出） | 套 | 10 | |
| 线缆 | 通信电缆 | 米 | 3 200 | |
| | 通信箱电源线 | 米 | 3 200 | |
| | 分动力电缆 | 米 | 400 | |
| | 主动力电缆 | 米 | 400 | |
| 安装辅材 | 吊架、吊杆、螺栓、钢板、角钢等 | 批 | 1 | |

## （二）施工重难点

主缆直径大，对应送气夹就比较大，送气夹按尺寸定制，缆径大，主缆圆度和尺寸误差都比较大，因此需单个定制安装，每个送气夹经过实地测量后再进行定制。

工程量大、工期紧张，大桥主体工程施工、主缆防护涂装施工和除湿系统安装施工交叉作业，施工管理难度大。大桥主体工程施工、主缆防护涂装施工和除湿系统安装施工交叉作业，因此要求投入的人员、设备多，工地分散，战线长，施工质量、安全等管理难度较大。

## （三）施工准备

1. 技术准备

主缆除湿施工之前，应做好以下技术准备工作：

（1）完成预留预埋，系统架构、硬件选型和硬件安装等深化设计，出具深化设计图纸。

（2）项目部应组织技术人员对施工图纸进行复核，按照施工图纸及相关规范要求并结合现场实际情况编制专项施工方案和作业指导书。

（3）由现场技术负责人根据施工方案和作业指导书要求，对现场作业人员进行技术交底，明确施工操作要点及各项质量保证措施。

（4）由安全员结合现场实际情况对作业人员进行安全交底，明确指出施工过程中的风险点，说明不规范操作可能造成的后果，提出安全操作要点。

（5）相关除湿设备制作厂家已经完成相关制作工作。

（6）建立健全现场各项管理制度。

（7）管线走向经过实地放线测量。

2. 现场准备

主缆除湿施工之前，应做好以下现场准备工作：

（1）预留预埋：结合桥梁结构特点和除湿机结构特点，对系统所需的预留预埋件进行详细图纸设计，确定了预留预埋件尺寸、位置、数量；明确除湿系统与对应专业工程的预留预埋工程界面。

（2）系统架构：根据除湿系统设备的功能特点，将除湿系统进一步划分为不同功能的子系统，从可靠性、可行性、稳定性等角度出发，明确各子系统的功能要求和参数要求。

（3）硬件选型：在满足招投标技术文件的要求上，尽可能选择市场先进、稳定的设备，同时对方案优化过程新增设备进行设备选型。

（4）硬件安装：除湿系统设备种类多，设备构成复杂，定制非标产品多，安装施工难度系数高。基于以上特点，须明确各设备的安装工艺流程，制定对应的安全和质量管理措施，最后制定详细测试方案，保证设备的安装能够发挥性能。

### （四）总体施工方案

最适合除湿系统施工尤其是主缆除湿系统施工的时间为主缆架设完成到猫道拆除前，工期短、时间紧，所以必须对系统实施进行细致规划。项目部集中人力资源及技术优势，由从事过国内多座桥梁除湿系统设备供货与安装施工，工作经验丰富骨干员工组建。在满足本项目除湿系统工程施工工艺的前提下，合理安排施工工序，实行平行交叉作业，使各项工作有序地穿插进行，从人员结构、数量、资质、工作经验、制度建设等方面保证工程的顺利进行、完成。在项目施工过程中， 充分发挥以往除湿系统工程施工优势，科学组织，合理安排，确保安全、优质、高效地完成本标段的施工，确保施工组织的合理性。坚持高效、真诚、守信、完成业主要求的工期和质量目标。

系统总体实施计划安排是：成立专项项目管理组织，将系统工程分解，有计划地分段实施，项目前期跟随主体工程进度，后期按照要求的进度目标开展，通过计划管理，有机结合各阶段实施任务，完成总体项目的实施。根据主体工程进度计划和本系统工程工期要求，周密计划，精心组织，按照系统设计、现场施工、实桥测试、系统应用（系统维护）四个阶段开展工作。

全桥除湿系统施工进度与桥梁主体工程有密切的关系，锚室除湿设备，鞍室除湿设备的安装不占用主体施工工期，主缆除湿送（排）气索夹安装、管线安装、送气实验等工作需占用主缆猫道。

1. 与主缆除湿系统相关的主体工程

主缆涂装与除湿系统有紧密联系，除湿系统送排气索夹安装需在主缆紧缆后完成，且不能影响缠包带工期。送排气索夹处的敛缝好坏直接影响主缆除湿系统除湿效果。

2. 主缆除湿系统施工流程

主缆除湿系统施工进度，在主塔主体施工时进行塔内预留件施工，鞍罩预留件加工，主缆架设、紧缆完成后进行送排气索夹安装（与缠包带同时进行），主缆扶手绳涂装完成后进行除湿设备及管道安装，数据采集箱安装，最后进行打压测试、密封修补、送气测试等工作，送气测试结束后，主体施工单位可拆除猫道。

3. 锚室除湿系统施工流程

锚室除湿系统施工进度，锚室主塔施工时进行锚锭侧墙预留件施工，在锚室施工完成且内部清空后进行除湿机安装，管道安装，控制设备安装，并进行单机调试。

4. 鞍室除湿系统施工流程

鞍室除湿系统施工进度，鞍罩及预留件加工，主缆架设完成且鞍室内部清理完成后进行鞍室除湿机、鞍室管道和控制系统安装，安装完成后进行单机调试。

## 二、安全管控重点

### （一）人员管控重点

（1）所有参与除湿系统施工的作业人员需经过三级安全教育培训并考试合格，并接受第三级安全技术交底。

（2）对塔吊操作司机、起重指挥人员、电梯司机、履带吊司机、汽车吊司机等特种作业人员以及卷扬机操作司机、拖轮船员进行针对性的安全及技术交底。

（3）完成对所有高空作业人员的体检工作，严禁患有高血压、心脏病、癫痫、恐高症、严重贫血等高空作业禁忌证者从事高空作业。

（4）作业人员按要求穿戴劳动防护用品；高空作业人员需穿防滑鞋，穿戴好安全带，配合防坠器使用；水上施工人员穿救生衣；特种作业人员持证上岗。

（5）在进行高处作业时，除有关人员外，其他人员不允许在工作地点的下面逗留或通行，工作地点范围以内，应有围栏或其他保护装置，以防落物伤人。

（6）施工过程中时，高处和地面应配备专人负责通信装置。

（7）施工现场内临时用电的施工和维修必须由经过培训后取得上岗证书的专业电工完成，电工的等级应同工程的难易程度和技术复杂性相适应，初级电工不允许进行中、高级电工的作业。

（8）对从事或雇请电工、烧焊工、易燃易爆等特殊工种的人员，要按规定进行防火安全技术考核，取得合格证方可操作。

**（二）设备管控重点**

（1）对各类设备进场进行验收及报备，确保其性能良好，手续完善。

（2）各类除湿设备安装完成后对其安装基础、预埋件、电气系统及各类安全装置进行验收。

（3）完善通信系统，保证通信畅通，各类牵引过程中专人指挥，统一指挥信号。

（4）对各类安装位置、锚固位置进行检查确认标准，确保设备安装符合要求。

（5）吊装前各类钢丝绳经常性的检查，达到报废标准的立即报废处理。吊装时确保各类钢丝绳连接用的绳卡规格、数量、间距满足规范要求，绳卡圆弧段装设在短边钢丝绳处。

（6）高处所使用的电、气，地面必须设置控制开关，并派专人监护，随用随送，用完即断，电缆、气管应经常检查，不得有破损之处，以防漏电、漏气，破损之处应及时修复。

（7）施工现场的所有配电箱、开关箱应每月进行一次检查和维修。检查、维修人员必须是专业电工。工作时必须穿戴好绝缘用品，必须使用电工绝缘工具。 检查、维修配电箱、开关箱时，必须将其前一级相应的电源开关分闸断电，并悬挂停电标志牌，严禁带电作业。

（8）进场的机械、车辆证 ( 照 ) 齐全，三无车辆不得进场，本工程不使用船只。驾驶车辆的人员必须是有证有经验的专业人员。

（9）做好各种工程车辆的检修与维护、消除事故隐患。 坚持“四项车管制度”：检查制度：坚持日常检查、途中检查、修理保养质量检查、安全检查制度。 严格执行“三定”保养制度，定人、定位、定项分工保养。

（10）施工时，派专人负责各种机械设备安全作业范围监督、检查，杜绝伤人事故的发生。

**（三）物资管控重点**

（1）明确各设备的安装工艺流程，制定对应的安全和质量管理措施，以及详细测试方案，保证设备的安装能够发挥性能。

（2）现场质检员对产品实行全过程跟踪检验，并每天对规定的检验项目实行实物跟踪检测，出现不合格品时，按照“不合格品控制程序”进行控制，及时采取纠正措施，消除产生不合格的可能。质量控制分析员通过对影响过程的因素进行分析，采取预防措施，消除潜在不合格的因素。

除湿系统施工过程中涉及的人员、设备、物资等要素，安全管理管控要点相类似，以下各工序中将不再赘述。

### （四）各工序管控重点

1. 除湿机组安装

除湿机组安装主要包括主缆除湿设备机组、锚室除湿设备机组和鞍室除湿设备机组。设备安装主要针对除湿机、风机安装。整个设备安装工艺为：准备阶段→基础验收→设备开箱、检查→基础放线→设备就位→设备找正→固定→单体试车→联动试车。

（1）基础检查、验收

首先对设备和安装基础基础检查、验收。

（2）设备开箱检查

由于除湿机、离心风机均是整体出厂到现场，而设备安装水平度的检测是在除湿机和风机的外壳上进行，所以此道工序重点应检查设备开箱后的外观情况，应无变形、凹凸、锈蚀等缺陷，否则进行处理。除此之外，施工人员还应根据装箱单，对包装箱内设备型号、规格、专用工具、技术资料等进行清点，如图 3-22-1 所示。

图 3-22-1　除湿设备开箱检查图

（3）放线

设备基础放线以室内构筑物的轴线或边缘为基准线进行设备放线。放线工序是直接影响设备安装位置是否正确的关键，放线偏差平面位置允许偏差在 ±10 mm 以内，高程允许偏差为 ±20 mm。

（4）设备就位、找正、找平

设备基础放完线、复查合格后，等基础强度达到 70% 以上，进行设备就位，在设备除湿机底座四周垫上一圈 $\delta$=10 mm 的耐油橡胶板，除湿机就位找正后橡胶板应与设备底座边缘平齐，不得有凸出与凹陷，然后对设备进行找平，用线锤测量除湿机正面与侧面的垂直度，两面均应达到 1/1 000 以内，否则在底座下，根据倾斜方向与大小，增垫 0.5 ～ 1 mm，100 mm × 150 mm 的薄钢板，直到合格为止（每处增加的薄板数不得超过 3 块）。而离心风机四周地脚螺栓处用 $\delta$=20 mm，300 mm × 300 mm 的橡胶垫防振，用与上述相同的方法找平，找平后拧紧地脚螺栓，如图 3-22-2 所示。

图 3-22-2 基础检查图

（5）安全卡控重点

①因为除湿机、风机等设备是整体式，并且无垫铁安装（只能微小调整），所以设备基础的质量好坏，直接影响设备安装的水平度偏差。基础外观应无明显凹凸、不平整等现象，良好的基础才能确保设备安全的使用。

②除湿机、风机等设备整体尺寸和重量比较大，在运输和吊装过程中应加强吊装过程中的检查。吊装作业过程自始自终必须要有工点负责人在场旁站监督指挥，检查吊点、吊具、钢丝绳的匹配和安全状况。

③起重作业必须严格遵守“十不吊”原则，现场作业队管理人员、安全员加强现场监督。

④除湿机组调试的过程中要严格准守临时用电要求，严格做好电气防雷接地措施。

2. 监测控制系统安装工艺

（1）电缆铺设

①电缆桥架安装

根据设计图纸确定出电缆桥架的安装位置；根据电缆桥架的规格大小及安装，制作相应的型钢支架。支架间距小于 2 m，固定于梁上；电缆桥架采用专用连接板连接，接应处缝隙要紧密平直，并用 6 mm 软铜线作跨接地线，与大桥接地系统作可靠连接；电缆桥架安装要横平竖直，固定牢固，如图 3-22-3 所示。

②电缆保护管敷设

根据设计图纸确定出各电缆保护管的安装位置及规格型号；电缆保护管采用高密度聚合物管道，不得有穿孔、裂纹和显著的凹凸不平，管子内壁要光滑，无毛刺，管口用锉刀锉平整；电缆保护管弯曲半径不得小于管外径的 6 倍，弯曲程度不得大于管半径的 10%，弯头不得超过 3 个，直角弯不得超过 2 个；在金属桥架及配电箱上开孔时，要用专用开孔器开孔，并与所配管径吻合，一管一孔，不得开长孔；电缆保护管采用粘接，管端重合长度不应小于管接头长度的 1/3；电缆保护管与设备连接时，若不能直接进入，则采用金属软管保护进入设备接线盒；电缆保护管敷设应横平竖直，或与扶手绳平行，固定牢固，扶手绳上采用不锈钢扎带捆扎，支架与捆扎间距均匀。主缆扶手绳电缆保护管安装参考图如图 3-22-4 所示。

图 3-22-3　电缆桥架安装

图 3-22-4　电缆保护管安装参考图

③电缆敷设

检查电缆规格型号、电压等级是否符合设计要求，电缆外观是否完好无损，有无产品合格证；用 1 kV 摇表对电缆作绝缘电阻测试，合格后用塑料绝缘带作密封处理，以防电缆受潮。敷设前，按设计和实际路径计算每根电缆的长度，合理安排每盘电缆，以减少电缆接头，避免浪费；敷设时，将电缆排列好，按事先画出的排列图表有序地敷设，每放完一根，就整理一根，卡固一根；拖放电缆要由专人负责，专人检查，保证指挥顺畅，电缆不得在支架及地面摩擦拖拉；在电缆的两端，垂直位差处要留有足够的备用长度。

④电缆头制作安装

用摇表对电缆作绝缘电阻测试，合格后方可进行电缆头制作。从开始剥切到制作完毕必须连续进行，一次完成，以免受潮。电缆芯线锯断前要量好尺寸，以芯线能够换相序为宜，不能过长或过短。压接接线端子时，模具规格与芯线规格必须一致，压接数量不得小于两道。电缆头卡固时要找直找正，不得歪斜。

⑤挂标志牌

在电缆终端头、拐弯处、交叉处装设标志牌。标志牌上要注明电缆编号、规格型号、电压等级及起讫地点。标志牌规格要一致，防腐且挂装牢固可靠。

（2）电控箱安装

① 配电箱支架制作

将角钢调直后，根据配电箱的大小量好尺寸，画好锯口线，锯断煨弯，钻孔位，焊接，并用水平尺找正找平支架，最后除锈刷漆。

②弹线定位

根据配电箱的安装要求，以及事先做好的预留位置，并用弹线法在安装面上确定配电箱安装位置。

③配电箱安装

按弹线位置将配电箱支架安装就位，高度校正校平；然后用镀锌螺栓将配电箱固定在支架上，并找好平整度，固定牢固。

④绝缘测试

配电箱安装完毕，将导线引入箱内，排列整齐，绑扎牢固，用摇表测试线路绝缘合格后，逐个压接在端子板上，校对调试无误后方可通电。

（3）通信箱安装

①通信箱制作

②通信箱安装

通信箱包含通信模块和传感器两大部分，通信模块和传感器通过电信号连接。传感器如手掌大小。信号线接至除湿机控制箱，并按照图纸与控制箱相接，如图 3-22-5 所示。

图 3-22-5　主缆通信箱

主缆除湿系统传感器较多，机房内传感器在机房施工时同步就位，主缆气夹处的传感器需要在送气管道及电缆管道安装完成后安装。传感器主要分为温湿度、压力和流量传感器 3 种，温湿度传感器为探头式，直接插入检测孔并封闭处理。

压力传感器为空气管式，需将一个空气管插入检测孔，另一侧悬空，传感器主体安置在通信箱内。

流量传感器主要安装于主缆除湿监控系统中，同样检测在电控箱内通过的气体流量参数。传感器主体安装在通信箱内。

（4）电气绝缘和测试

电控箱和电缆敷设过程中和完成后，均应根据规范进行接地检查和绝缘测试。全部合格后，方能通电进行单体试车。

安全卡控重点如下：

①临时用电必须符合有关安全运行规程，施工用电设施设专人管理，并经培训合格持证上岗。

②手持电动工具和单机回路的照明开关箱内必须装设漏电保护器，照明灯具的金属壳必须做接零保护。

③为防止猫道钢丝绳过电，猫道上电缆需穿管防护，并用扎带绑扎与侧网扶手索固定。

④电焊作业属于特种作业，作业人员必须经专业安全技术培训，考试合格，持《特种作业操作证》方准上岗独立操作，并按规定穿戴绝缘防护用品。

⑤焊接前，应先检查焊机设备和工具是否安全，如焊机接地及各接线点接触是否良好，焊接电缆绝缘外套有无破损等。在设备上进行焊接前，应先把设备的接地或接零线拆掉，焊接完后再恢复。

3. 管道安装工艺

制作好的风管、弯头等部件用汽车运至现场进行组装。设备安装完毕后根据图纸进行管线放线，同时进行支、吊架的制作、安装。支、吊架的形式参照风管支、吊架图集。

吊架安装时，每段风管设置 2 个固定支架，并不得设置在风口、调节阀等处。

支架安装后，进行风管组装，法兰之间密封采用 $\delta$=3 mm 耐热橡胶板并用 M8 螺栓拧紧。

风口、风阀安装后，外表平整、调节灵活，不得有变形。风管与风机箱设备进出口均设置帆布软接头，安装后松紧应适度，且无扭曲现象。

风管安装完毕后，进行系统的严密性漏光检测，每 10 m 风管不超过 2 处漏光，全长不超过 8 处，漏光处应用密封胶进行密封处理，确保风管的密封性。

安装时，再生排风管需要按气流方向设置排水坡度，坡度 1%，并在管道最低处设 $D$=15 mm 的排水阀。

以上工序完工后进行保温，湿热风管应用保温厚度 $\delta$=25 ～ 30 mm 铝薄保温棉保温，首先在需保温的管道上均匀地粘上塑料钉，然后用剪裁合适的保温棉进行保温，接缝处用铝薄粘胶带密封，保温后，外观应平整，无明显凹凸不平等缺陷。

根据主缆送气管道的安装类型，可分为沿吊索安装的送气管道和沿主缆安装的送气管道两类。送气管道采用柔性管。可盘绕式增强塑料复合管由螺旋缠绕的非金属纤维丝与同轴改性高分子聚合物内层、高分子聚合物外保护层组成的无黏合复合管。无黏合复合结构可以仔细选择不同材料来满足不同功能层各自的要求，设计依据是使用地区的输送介质、温度、压力等级、抗紫外线、抗老化、抗磨损等要求。

主缆除湿系统干空气从主塔上横梁制备站中输出，在上横梁内由部分预制、预埋不锈钢管盒部分软管进行输送，然后进入外部送气管道。外部送气管道主要沿扶手绳一直到进排气夹位置，管道固定安装扶手绳，通过与扶手绳逐节固定，保证送气管道的稳定和牢固，如图 3-22-6 所示。

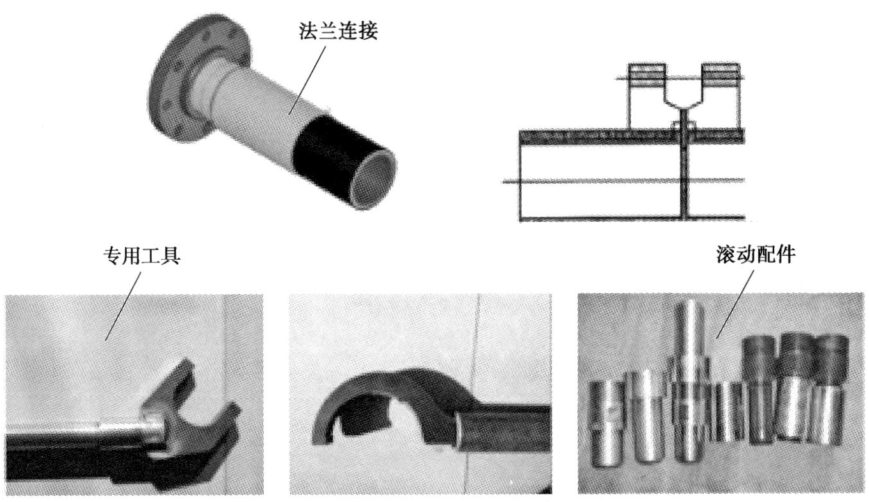


图 3-22-6 可盘绕式增强塑料复合管配件图

通常安装前，先确认各个管道的加工是否满足图纸要求。同时，确认安装现场的工况，保证吊车能在正常范围内运行，施工范围内无其他交叉作业。

安装中的施工主要依靠卷扬机对管件进行牵引并定位，具体安装设计要求详见表 3-22-2，工序流程如图 3-22-7 所示。

管道牵引和固定：利用卷扬机先将送气管道牵引至指定位置附近，在施工平台上的安装人员用预先制作好的钢丝绳对管道进行临时固定，固定点一般选取在索夹处。

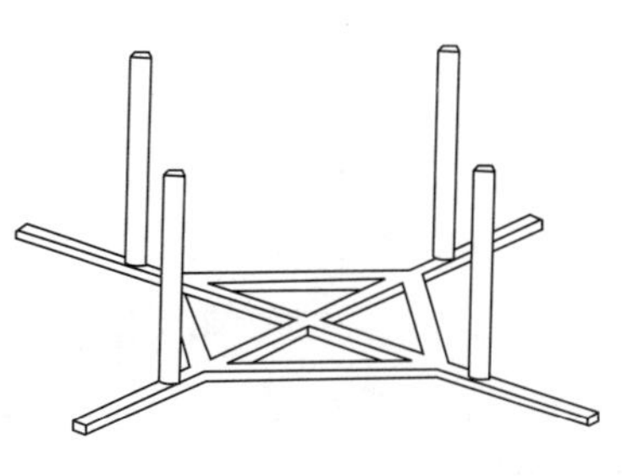

(a) 组装放管架

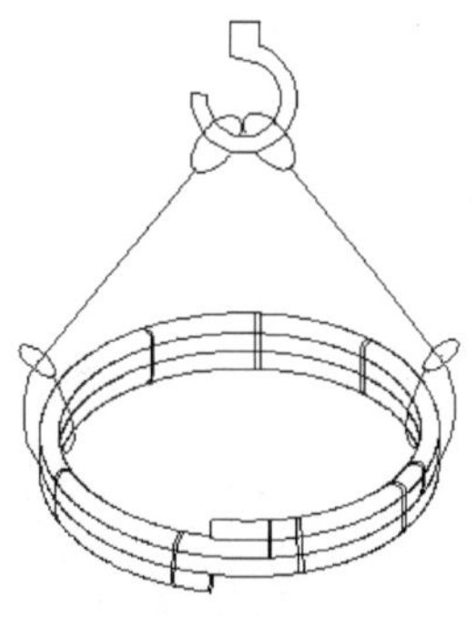

(b) 盘卷管起吊

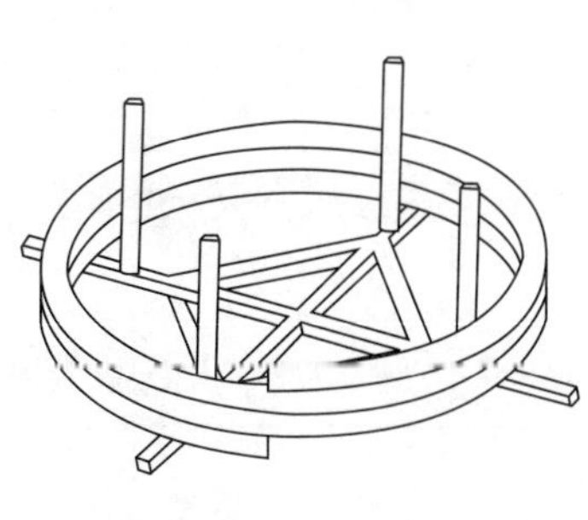

(c) 盘卷管放在放管架上

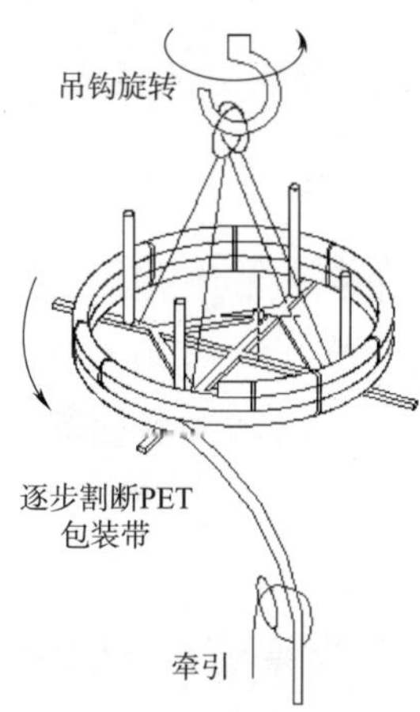


(d) 吊起放管架放卷

图 3-22-7 复合管盘卷管放管工序流程

表 3-22-2 盘卷管放卷与牵引设计要求

| 施工信息 | 具体要求 |
|---|---|
| 作业地点 | 两侧锚锭及跨中 |
| 作业时间 | 主缆扶手绳架设完成 |
| 设备 | 卷扬机 2 台、放管架 2 套 |
| 人员 | 施工人员 16 名、指导人员 4 名 |
| 作业工期 | 共计 12 盘卷管，两主缆侧同时进行，约 2 个工作日 |
| 作业方法 | 1. 组装放管架；<br>2. 用尼龙吊带将盘卷管吊起；<br>3. 将盘卷管放置在放管架上并在管头安装好牵引用的拉拔头；<br>4. 吊起放管架（离地面约 0.5 m），从盘卷管外层管头开始，顺着放管的方向将 PET 包装带割断，人工牵引管头至施工平台；<br>5. 一定长度后截断复合管，并安装扣压接头 |

将复合管盘卷管放卷完成后，沿施工平台人工牵引管头至指定安装位置。按本项目主缆管道要求安装，确保管牵引安装时定位准确。同时，在牵引过程中采取详细的管保护措施，防止在拖拽时造成磨损和破裂。

管道固定：根据设计要求，送气管道将固定在扶手绳上，利用钢带紧固，详见表 3-22-3。安装时保证安装误差，并及时测量安装位置，保证偏差在可控范围内。对于管道出现破损或裂缝的，及时修补，保证密封性。

表 3-22-3　管道固定设计要求

| 作业地点 | 锚道 |
|---|---|
| 作业时间 | 主缆扶手绳安装完毕，复合管所需的固定支架安装完毕 |
| 人员 | 3 人 / 工位（工位数按需） |
| 作业工期 | 共计 6 根复合管，两主缆侧同时进行，约 5 个工作日 |
| 作业方法 | 1. 精确定位，按需进行微调；<br>2. 将复合管抬上固定支架，并用卡箍固定；<br>3. 用不锈钢扎带将复合管与扶手绳缠绕在一起。扎带固定间距均为 1 m；<br>4. 安装金属软管将复合管与金属软管连接 |

管道端头连接：送气管道固定在扶手绳上之后，两端端头用金属软管分别和相应的管道进行法兰连接，保证连接处的密封性，如图 3-22-8 所示。

图 3-22-8　柔性复合管固定示意图

安全卡控重点如下：

（1）双层作业时，应设置隔离措施和在高处作业点的下放设置防护。各种拆除作业中，上面拆除时下面不得同时进行作业。对人员活动集中和出入口处的上方应搭设防护棚。

（2）施拧小工具扳手冲钉、螺栓等物要用工具袋挂好。高处作业时严禁向下抛掷物料或工具等物，作业点处的工具、物料等要放置稳妥牢靠或入箱，以防止物料、工具等坠落伤人。

（3）悬空高处作业人员应挂牢安全带，安全带的选用与佩戴应符合现行国家标准《安全带》（GB 6095）的有关规定，安全带应拴在操作人员上方牢固处，做到高挂低用。最好选用双钩安全带，悬挂在主缆检修道扶手索上。

（4）高处作业人员行走时需站稳扶好，避免身体失控引发事故。

（5）禁止地面操作人员在正在进行吊装作业的下方停留或任意通过，猫道面网上禁止人员在下方作业。

4. 送、排气罩安装

气罩内壁与主缆钢丝间应具有不小于 3 cm 的间隙，具有环向和直向密封，能够保持 3 000 Pa 以上不泄露。

每根主缆跨中最低点排气夹采用了一个可以全角度观察的排气罩，用以方便观察主缆最不利点的腐蚀情况，如图 3-22-9 所示。

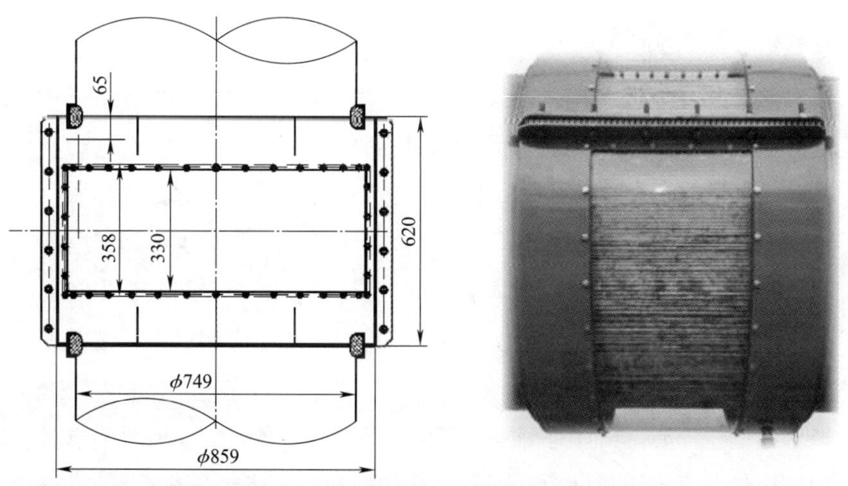


**图 3-22-9　全角度观察的排气罩**（单位：mm）

气罩分为向下两部分且为薄壁不锈钢材质，具有韧性，安装需要 4 个人完成。安装顺序为：在指定位置放置上半气夹，向下施压至与主缆贴合，托举下半气夹，至螺栓孔与上半气夹对中，间距小于 15 cm 时，用 15 cm 的加长螺杆做四脚限位并拉紧，收紧螺杆直至满足安装正式螺杆的距离，安装全部螺杆，并在双侧对向同步紧固螺栓，紧固应分 3 次完成。

气夹自带环缝及直缝密封橡胶，紧固完成后应达到密封要求。

安全卡控重点如下：

（1）送、排气罩吊装是本工序的重大风险源，吊装时必须设置牢固的吊点。

（2）起升重物前，应检查连接点是否牢固可靠。

（3）起重机吊钩的吊点，应与吊物重心在同一条铅垂线上，使吊重处于稳定平衡状态。

（4）悬空高处作业人员应挂牢安全带，安全带的选用与佩戴应符合现行国家标准《安全带》（GB 6095）的有关规定，安全带应拴在操作人员上方牢固处，做到高挂低用。最好选用双钩安全带，悬挂在主缆检修道扶手索上。

**（五）环境管控重点**

（1）现场涂漆前处理作业场所应设置更衣室、休息室和吸烟室，并在其附近设置浴室和事故应急冲洗用水。供水压力根据需要确定，最高不超过 $1.76 \times 10^5$ Pa；应配有快开阀门和长度 1.2 m 以上的软管。

（2）当离地面 2 m 以上时，须配置供站立的平台和扶梯，以及防坠落的栏杆、安全网、防护板。

（3）喷漆操作中使用的物料不得与皮肤接触，应采用防护服、防护眼镜或长管面具与人体隔离。喷漆操作中所用溶剂或稀释剂不得当作皮肤清洁剂使用。

（4）喷漆时产生的各种可燃残留物及受其污染的垃圾，以及沾有涂料和溶剂的棉纱、抹布等物料，必须及时清理，放入带盖的金属桶内，妥善处理。

（5）专人使用的呼吸系统保护设施，没经过清洁、消毒，不要互相交换使用。

（6）注意易燃易爆危险品在高温条件下的使用和储存，避免在一定的条件和环境下，会引起火灾、爆炸或其他事故的发生，严重威胁生产安全。

（7）为确保主缆防护与除湿系统安装夏季施工的正常进行，保证工程质量，针对除湿系统安装各主要工序受气候的影响，项目部要以对一线施工人员生命和健康高度负责的态度，切实加强对防暑降温工作的组织领导。要完善、落实高温期间安全生产责任制，制定应急预案，落实防范措施，对重点部位加强监督检查，防止因高温天气引发工人中暑和各类生产安全事故。

（8）当台风正在发展，预计有可能影响项目区域，气象台发布台风消息时，加强与当地气象管理部门的联系和沟通随时掌握天气变化；通知各班组长及重点设防的操作人员，要求注意做好防台风各项准备工作；对工地现场易受台风影响的材料和设备及时入库；对不易入库的进行整理、固定、覆盖，做好防雨、防风等措施。准备应急灯、对讲机和医疗救急用品。当台风正向工地逼近，将要影响工区，气象台发布台风警报时，项目部合理安排施工，停止须连续施工的工序作业。项目部安全领导小组要做好台风前安全检查，重点是对空压机、脚手架、临时库房、配电接地、电路、工地宿舍的检查，落实有效的加固措施、消除安全隐患。安排人员 24 h 值班，对讲机、手机全天候开机，确保通信畅通。安排人员值班、巡查工地，工地停止施工。

## 三、结　　语

事故的发生是由人的不安全行为、物的不安全状态、不良的环境和较差的管理造成的。从事故发生的过程看，要想不发生事故，只有针对事故构成的人机料法环等要素，采取有效控制措施，消除潜在的危险因素，并使人不发生误判断、误操作，要制定各项制度，进行安全教育、开展安全检查、编制安全措施计划等，把事故隐患消除在萌芽状态。

现场施工过程中对有可能存在安全隐患的部位和环节，定期进行安全检查，把不安全因素消灭在萌芽状态。对安全检查不合格的，下达整改通知，直至安全措施到位符合要求。定期召开安全会议，进行安全教育，并配合上级有关安检部门进行安全检查，直至安全生产符合规范要求，有力保证工程的进行。

除了施工要按流程进行之外，切勿为了生产进度和材料限制，投机取巧，缩短工期。盲目地修改方案工序和安全交底要求，势必会增大了施工过程中的安全隐患，甚至直接导致发生安全事故，让项目管理人员前期的谋划和分析工作全部功亏一篑。

# 第二十三章 主缆附属结构安装施工安全卡控总结

## 一、主缆附属结构概况

主缆附属结构主要包括：检修道安装、缆套安装和斜梯安装等工序。

检修道为主缆检修人员通行，在主缆顶面设主缆检修道。检修道由扶手索、栏杆索、锚头、螺杆、立柱组件及锚固支架组成。

为方便检修人员到达检修道，在塔顶两侧和锚碇前端均设置检修梯。检修梯由预埋件、步梯和梯架组成，检修梯一端通过预埋件固定在锚室前墙（塔顶鞍罩房）上， 另一端通过梯架固定在封闭索夹（SJ6）上。

主缆缆套及连接件是主缆在封闭索夹到塔顶鞍罩（或锚室前墙）范围内的防护装置，它将该段主缆钢丝密封起来，使之与塔顶鞍罩（或锚室）内的干燥空气连通，达到除湿防腐的效果。缆套采用喇叭形管状钢套，缆套沿纵向分为两部分，两部分之间设拼接条板用螺栓连接，条板及两端接头均用橡胶层防水。

## 二、 资源配置

单侧主缆附属结构安装人员配置详见表 3-23-1，施工主要机械配置详见表 3-23-2，全桥检修道主要工程数量详见表 3-23-3。

表 3-23-1　单侧主缆附属结构安装人员配置表

| 序　　号 | 职　　务 | 人　　数 | 负责内容 |
|---|---|---|---|
| 1 | 生产经理 | 1 | 全面负责 |
| 2 | 技术负责 | 1 | 技术负责 |
| 3 | 技术员 | 2 | 技术、质量监督 |
| 4 | 质检员 | 2 | 质量检查 |
| 5 | 安全员 | 2 | 现场施工安全 |
| 6 | 调度 | 2 | 现场生产监督协调 |
| 7 | 测量员 | 4 | 测量放样、线形调整 |
| 8 | 主缆架子队 | 50 | 主缆附属结构安装 |

表 3-23-2 主缆附属结构安装施工主要机械配置表

| 序号 | 设备 | 型号 | 单位 | 数量 | 使用工况 |
|---|---|---|---|---|---|
| 1 | 塔吊 | 250 t·m | 台 | 4 | 材料设备吊装 |
| 2 | 汽车吊 | 25 t | 台 | 1 | 材料设备吊装 |
| 3 | 卷扬机 | 10 t | 台 | 8 | 辅助牵引吊装 |
| 4 | 平板车 | — | 台 | 2 | 材料运输 |
| 5 | 电焊机 | — | 台 | 4 | 焊接施工 |
| 6 | 施工电梯 | — | 台 | 2 | 人员上下 |
| 7 | 导链 | — | 个 | 若干 | 辅助施工 |
| 8 | 全站仪 | — | 台 | 2 | 施工测量 |

表 3-23-3 检修道主要工程数量表（全桥）

| 序号 | 部位 | 规格型号 | 单位 | 数量 | 总重（kg） |
|---|---|---|---|---|---|
| 1 | 扶手绳 | 32ZAA6 × 19W+IWR | 根 | 12 | 30 966 |
| 2 | 栏杆绳 | 18ZAA6 × 19W+IWR | 根 | 24 | 20 338 |
| 3 | 立柱组件 | Q345D | 套 | 254 | 21 719 |
| 4 | 主索鞍处支架 | Q345D | 套 | 8 | 13 281 |
| 5 | 锚碇处锚固装置 | ZG20Mn | 套 | 4 | 4 912 |
| 6 | 塔顶处防水套 | Q345D | 套 | 48 | 478 |
| 7 | 缆套及连接件 | Q345D | 套 | 12 | 30 018 |
| 8 | 斜梯及梯架 | Q345D | 套 | 12 | 10 669 |
| 合计 | | | — | 374 | 132 381 |

## 三、工序流程

### （一）场地布置

1. 作业平台

猫道是悬索桥上部结构施工最重要的高空作业通道和场地，其线形近似平行于主缆的空缆线形。猫道是主缆架设、钢梁吊装、主缆防护等施工的作业平台。猫道低于主缆中心线 1.8 m，猫道面宽 4.0 m，每条猫道由 8 根 $\phi$54 mm 钢丝绳支承。猫道面网底层用大方眼焊接钢丝网，面层用小方眼铁丝网，以方木条将底层和面层钢丝网绑扎固定，扶手索采用 $\phi$28 mm 和 $\phi$22 mm 的钢丝绳，侧网采用高 1.2 m 的大方眼钢丝网。

2. 塔吊

主缆附属结构安装施工时，需要通过南北两岸主塔既有塔吊进行吊装作业。主塔处均配置 250 t·m 塔吊用于主缆附属材料吊装。

3. 上下通道

电梯：主缆附属结构安装期间，作业人员和管理人员均通过主塔既有电梯上下。

猫道：主缆检修道安装作业主要在猫道上进行，猫道已通过钢丝绳吊挂在主缆上，两端锚固在南北锚碇处。猫道中跨正中间利用爬梯与钢梁进行连接，边跨与混凝土梁交叉位置搭设爬梯方便上下猫道。

### （二）主缆检修道安装

1. 检修道支架安装

检修道扶手索和栏杆索在塔顶主索鞍处锚固在检修道支架上。钢丝绳安装之前，先利用鞍槽拉杆将支架固定在主索鞍槽壁上。

检修道支架在厂内加工成整体后，利用现场塔吊整体吊装。单个支架重约 1.4 t，吊距约 15 m。250 t·m 塔吊工作半径 15 m 时，最大可吊 16 t，满足要求。

检修道支架吊装时，采用兜吊的方式，两点起吊，利用支架顶层横梁两端的拉杆孔作为吊点。考虑支架整体重量较小，同时为保护支架表面防腐层，采用 2 根吊带进行吊装，吊带穿过拉杆孔后与吊钩相连。

检修道扶手索和栏杆索在锚碇处通过地脚螺栓锚固在锚室前墙上。因检修道安装时，锚室前墙尚未施工，故先用直径不小于扶手索或栏杆索的钢丝绳将其临时锚固在散索鞍上，待锚室前墙施工完成后，再将扶手索和栏杆索转换至地脚螺栓上锚固。

2. 立柱安装

（1）利用主塔处塔吊将立柱散件吊送至塔顶，然后人工搬运至安装位置。

（2）利用主塔处塔吊吊运至钢梁公路桥面，再利用平板车运输至安装位置后利用汽车吊协助安装。

（3）安装检修道立柱，立柱底部通过 M36 螺栓固定在索夹侧面。

（4）将扶手索和栏杆索利用 U 形螺栓和卡板固定在立柱的相应位置。

3. 中跨扶手绳和栏杆绳安装

（1）利用塔吊将扶手索吊装至塔顶横梁作业平台，然后利用单扁滑轮在主索鞍上固定作为转向。

（2）吊塔将扶手索盘绳器吊起一定高度，利用人工转动盘绳器及人工牵引，将钢丝绳牵引至猫道左右两侧放置。

（3）利用南北主塔塔顶门架上的原有卷扬机放绳，与扶手索利用绳卡相互连接，启动卷扬机收绳上提，通过螺杆将扶手索两端固定在主索鞍处中跨侧检修道支架上及检修道扶手栏杆上。

（4）通过倒链配合螺杆调整扶手索和栏杆索线形至设计位置。

（5）重复上述步骤，依次完成中跨侧剩余栏杆索的安装。

4. 边跨扶手索和栏杆索安装

（1）利用塔吊将扶手索吊装至塔顶横梁作业平台，然后利用单扁滑轮在主索鞍上固定作为转向。

（2）吊塔将扶手索盘绳器吊起一定高度，利用人工转动盘绳器及人工牵引，将钢丝绳牵引至猫道左右两侧放置。

（3）利用主塔塔顶门架及锚碇门架的原有卷扬机放绳，与扶手索利用绳卡相互连接，启动卷扬机收绳上提，通过螺杆将扶手索两端固定在主索鞍处中跨侧检修道支架上及检修道扶手栏杆上。

（4）通过倒链配合螺杆调整扶手索和栏杆索线形至设计位置。

（5）重复上述步骤，依次完成中跨侧剩余栏杆索的安装。

5. 防水套安装

（1）为保证扶手索和栏杆索顺利穿过鞍罩房并能够自由伸缩，在鞍罩房处钢丝绳上设置防水套管。防水套在扶手索和栏杆索安装完成后、鞍罩房钢筋绑扎过程中安装。

（2）防水套分上下两部分，安装至设计位置后将两部分焊接成整体。

（3）焊接所用焊条需与母材 Q345D 材质相匹配，焊缝应连续。焊接时应预先将该段钢丝绳用石棉布包裹，防止烧伤钢丝。

（4）防水套安装完成后，在钢丝绳和防水套缝隙中先填塞泡沫塑料，再填沥青麻絮。

### （三）缆套安装

主缆缆套是主缆出入主索鞍鞍罩和锚室前墙的过渡装置。要求其在对主缆提供防护的同时且具有良好的密闭性能，并在索鞍鞍罩或锚室前墙之间允许少量的伸缩活动，使主缆钢丝保持一定长度不受缠丝约束。

主缆缆套总成包括连接件和缆套两部分，连接件包括锚碇处缆套连接件和塔顶缆套连接件。

主缆缆套需在检修道钢丝绳安装之前进行安装，保证缆套可顺利吊装到位。安装时，先将连接件临时固定在主缆上对应位置，然后安装缆套。待锚室前墙和鞍罩房施工时，再按要求精确调整连接件位置和角度，将连接件与锚室前墙和鞍罩房混凝土浇筑成整体。

1. 连接件安装

（1）连接件分上下两块，在检修道钢丝绳安装之前，利用塔吊将上下两部分分别吊运到设计位置，现场焊接成整体，并临时固定。

（2）焊接所用焊条需与母材 Q345D 材质相匹配，焊缝应连续，保证连接件的密闭性，同时注意保护主缆，防止灼伤。

（3）缆套连接件焊接完成后将表面打磨干净，涂刷 2 遍富锌防护底漆。

（4）待锚室前墙和鞍罩房施工时，精确调整连接件位置和姿态，将缆套表面钢筋与锚室前墙和鞍罩房钢筋焊接固定，防止混凝土浇筑过程中发生跑动。

（5）浇筑混凝土，使连接件和锚室前墙及鞍罩房形成整体。

（6）锚碇处缆套连接件单块重 283 kg，利用布置在公路梁面上的 25 t 汽车吊进行吊装安装；塔顶缆套连接件单块重 439 kg，利用现场塔吊进行吊装。

2. 缆套安装

（1）缆套分为上下两部分，两部分之间设置条板并通过螺栓连接。缆套一端与连接套连接，另一端与封闭索夹（SJ6）连接。缆套安装在连接件安装完成后、检修道钢丝绳安装之前进行。

（2）缆套安装之前，先清理主缆表面，保证主缆表面清洁干燥。

（3）在连接件和封闭索夹端头安装氯丁橡胶密封条，密封条与连接件圆板及 SJ6 索夹边缘突起密贴，密封条下料时准确测量长度，使端头无缝隙。

（4）将条板安装在上半部分缆套上，在条板和缆套内壁之间按要求设置密封垫片，拧紧连接螺栓。

（5）利用现场吊机将上半部分缆套吊装安装至设计位置并临时固定，保证缆套中与主缆天顶线对准。缆套端部挡板需卡住索夹和连接件处的密封条外侧。

（6）利用吊机将下半部分缆套吊装至安装位置的猫道上，利用 4 根 1 t 倒链将下半部分缆套上提至安装位置，倒链下端与下半部分缆套 4 个角点连接，上端悬挂塔顶门架或散索鞍门架上。通过吊链调整下半部分缆套位置和姿态，将缆套槽口与条板螺栓对准后，在上下两部分缆套之间的缝隙处填充氯丁橡胶密封带。

（7）安装缆套 4 个角点的连接螺栓并拧紧，并将条板上的螺栓拧紧。条板与缆套之间需按要求设置密封垫片。

（8）按要求完成环缝和直缝处密封及涂装。

### （四）检修梯安装

（1）检修梯在锚室前墙和鞍罩房施工完成后进行安装。

（2）检修梯包括预埋件、步梯和梯架，预埋件在锚室前墙和塔顶鞍罩房施工时预埋，梯架通过 M24 螺栓固定在封闭索夹（SJ6）顶部。

（3）锚室前墙和塔顶鞍罩房施工时，按照设计要求在相应位置安装预埋件，预埋件需定位准确，固定牢固，防止混凝土浇筑过程中预埋件发生跑位。

（4）利用现场塔吊吊装，在封闭索夹（SJ6）顶面安装梯架，梯架与索夹之间通过 M24 螺栓固定。单个梯架重 73.5 kg，可直接利用梯架上方两个耳板进行吊装。

（5）利用塔吊将加工好的步梯整体吊起，吊装时通过吊绳调整步梯角度，尽量与安装角度相同。

（6）步梯吊装到位后，人工配合调整步梯姿态，螺栓孔精确对位后，穿入 M24 螺栓并施拧。步梯一端与预埋件（锚室前墙或塔顶鞍罩房处）连接，另一端与梯架连接。

（7）锚碇处步梯重 717 kg，利用布置在公路桥面上的 25 t 汽车吊进行吊装安装；塔顶边跨侧步梯重 889 kg，塔顶中跨侧步梯重 839 kg，利用现场塔吊吊装安装。

## 四、各工序施工安全卡控要点

### （一）基础卡控要点

1. 人员卡控

（1）所有参与主缆附属结构安装施工的作业人员需经过三级安全教育培训并考试合格，并接受安全技术交底。

（2）对塔吊操作司机、起重指挥人员、电梯司机、汽车吊司机等特种作业人员以及卷扬机操作司机进行针对性的安全及技术交底。

（3）完成对所有高空作业人员的体检工作，严禁患有高血压、心脏病、恐高症、严重贫血等高空作业禁忌证者从事高空作业。

（4）作业人员按要求穿戴劳动防护用品；高空作业人员需穿防滑鞋，穿戴好安全带，配合防坠器使用；特种作业人员持证上岗。

（5）每天班前做好班前安全讲话，告知当天的工作内容、任务分配及安全注意事项。

（6）参加起重吊装作业的人员必须了解和熟悉所使用的机械设备性能，并遵守操作规程的规定。塔吊司机和指挥人员，应熟悉和掌握所使用的起重信号。起重信号一经规定，严禁随意变动。

2. 设备卡控

（1）对各类设备进场进行验收及报备，确保其性能良好，手续完善。

（2）对各类卷扬机安装基础、电气系统、制动装置及各类安全装置进行检查，并进行保养。

（3）完善通信系统，保证通信畅通，各类吊装作业过程中专人指挥，统一指挥信号。

（4）对各类打捎位置、锚固位置进行检查确认标准，确保各类钢丝绳连接用的绳卡规格、数量、间距满足规范要求，绳卡圆弧段装设在短边钢丝绳处。

（5）对各类钢丝绳进行经常性的检查，达到报废标准的立即报废处理。

3. 物资卡控

（1）主缆附属结构进场后报相关部门进行检查验收，查看其产品合格证、检测报告等。

（2）完成各类钢丝绳、螺栓及其他辅材的进场验收工作。

（3）检查其已有钢丝绳、导轮、倒链等，及时排除安全隐患。

主缆附属结构施工过程中涉及的人员、设备、物资等要素，安全管理卡控要点相类似，以下各工序中将不再赘述。

## （二）场地布置安全卡控要点

1. 猫道作业平台安全卡控

（1）猫道面上安装防滑木条，发现损坏及时更换，防止人员滑倒。

（2）定期对猫道面网、侧网、防滑木条、承重索锚固系统等进行联合检查，发现的隐患采取“五定”原则进行整改及时消除安全隐患。

（3）严格准守猫道使用安全管理规定，严禁集中站立，严禁在猫道上吸烟。

（4）由于猫道吊索区域面网被剪开，空洞位置利用安全网兜住，防止由于安装检修道时高空坠落。

2. 塔吊吊装作业安全卡控

（1）公路桥面主塔作业区域作业人员居多，存在交叉作业，塔吊作业人员必须遵守相应操作规程，公路桥面吊装作业区域安排人员进行值守、警戒，严禁人员进入吊装区域，避免塔吊交叉作业时发生碰撞、高处坠物等。

（2）操作人员必须听从指挥人员指挥作业，禁止违章作业及违章指挥。

3. 上下通道安全卡控

（1）作业人员必须遵守各通道、平台相关规定，如电梯限载 9 人（包括司机），如图 3-23-1 所示。

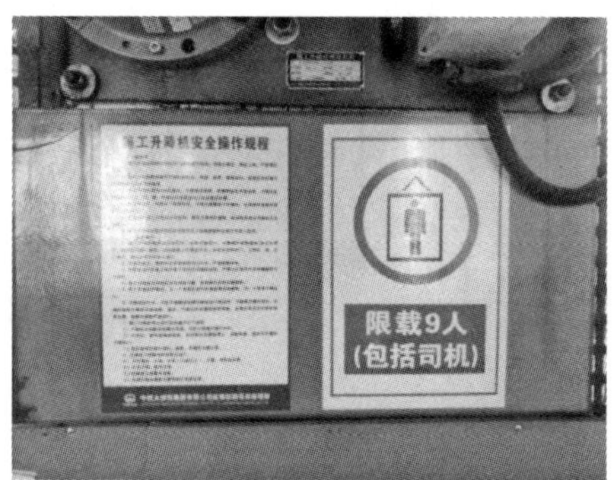


图 3-23-1 乘坐电梯相关规定

（2）猫道中间爬梯梯脚底部利用方木抄垫固定作防滑措施，上端利用铁丝与猫道侧面防护钢丝绳固定牢固，人员上下必须站稳扶好，严禁两人以上同时攀爬，或故意晃动爬梯。

## （三）主缆检修道安装安全卡控要点

1. 检修道支架安装

（1）检修道支架安装过程中，指挥人员站在门架上指挥作业时，严禁站在吊物下。

（2）利用爬梯上下索鞍作业时，爬梯上端应固定牢固，下端做好防滑措施，作业人员禁止攀爬索鞍。

（3）由于索鞍两侧坡度大，作业人员利用安全绳捆绑索鞍螺杆进行悬挂安全带。

（4）门架上调整检修道支架防止碰撞门架杆件时，严禁猛推支架；利用绳索拽拉时，人员站稳悬挂好安全带，防止失稳坠落。

2. 立柱安装

（1）立柱运输时，由于猫道存在坡度，采取两人搬运运输方式，严禁奔跑。

（2）塔吊、汽车吊协调安装时，作业人员严禁站在吊物下方，吊装至安装位置时，应缓慢，防止由于摆动幅度过大导致人员未扶稳坠落。

（3）作业人员在主缆上安装作业，站稳扶好，利用安全绳捆绑主缆悬挂安全带，防止在主缆上作业未站稳滑倒导致高处坠落。

（4）主缆行走，作业人员必须穿戴好安全帽、安全带、防滑鞋，严禁奔跑，低腰慢行。

（5）上下主缆，爬梯应靠稳，下端放平，人员扶住爬梯上下主缆。

（6）检修道立柱安装施工时，螺栓、螺母等小构件工具袋携带，放置稳妥，防止坠落伤人。上下传递工具时，严禁抛掷。

（7）上下交叉作业时，下放安排责任心强的作业人员进行值守，拉设警戒线。

3. 扶手绳和栏杆绳安装

（1）扶手索和栏杆绳钢丝绳牵引时，在猫道横梁处利用方木进行抄垫，防止钢丝绳与型钢摩擦损伤，如图 3-23-2 所示。

（2）门架上的卷扬机滑车组连接，提升前，指挥人员通过对讲机与猫道上作业人员了解猫道提升一侧是否有人员，确保提升时不会摆动伤人。

（3）中跨侧作业战线较长，提升时，分阶段安排观察人员在另一侧进行观察，防止钢丝绳挂到索夹上，导致强拉崩断钢丝绳，反弹伤人。边跨提升时，严禁人员从猫道与混凝土梁交叉位置进入猫道。严禁站在主缆上观察。

（4）安装 U 形螺栓时，所有作业人员系安全带，并与扶手绳进行可靠连接。螺栓、螺母等小构件工具袋随身携带，防止高空坠物。

（5）作业用的材料等应放置稳妥、小型工具应随时放入工具袋，上下传递工具时，严禁抛掷。

（6）人员站在主缆上安装扶手索、栏杆绳，行走时，站稳扶好，安全带与扶手索连接，随自己移动而移动。

（7）调节扶手索、栏杆绳、立柱，手拉葫芦禁止强拉，防止手拉葫芦崩断反弹伤人。卸力时缓慢拉动手拉葫芦，防止钢丝绳反弹伤人，如图 3-23-3 所示。

图 3-23-2　提升钢丝绳至一定高度

图 3-23-3　扶手索和防护绳调整至设计位置

4. 防水套安装

（1）作业人员需在主缆上进行安装防水套，安全带挂设在扶手索上。

（2）焊接时在该段钢丝绳处用石棉布包裹，防止烧伤钢丝。

5. 连接件安装

（1）塔吊协助安装连接件时，观察是否与塔顶门架存在摩擦，及时进行调整。

（2）人工搬运连接件，严禁集中站立猫道端头，防止猫道端头中间位置受力过大承重槽钢变形。

6. 缆套安装

（1）缆套安装时，提前在缆套上焊接吊耳、检查其焊接质量，利于缆套吊装，提高吊装安全性。

（2）利用手拉葫芦来调整位置、高度时，发现手拉链条卡住时，禁止强拉，及时检查手拉葫芦，恢复后继续操作。

（3）下半部分缆套吊装至安装位置的猫道上，拉设缆风绳，防止缆套碰撞主缆、索夹，保护好成品。

（4）倒链将下半部分缆套上提至安装位置，倒链下端与下半部分缆套采取四点提升，保持平稳，与上半部分连接螺栓必须满足安装要求后解除倒链，防止螺栓受力拉断导致缆套坠落伤人。

（5）割除缆套上吊耳，下放铺设防火布，吊耳利用铁丝提前固定牢固，防止吊耳割除后高处坠落。

（6）涂装作业人员佩戴好安全防护用品。作业过程中轻拿轻放，防止油漆溅出，严禁上下同步涂装，作业人员严禁吸烟。使用后的涂装材料禁止随意倾倒，使用后的抹布、棉纱、废纸等物品禁止随意丢弃，集中回收处理。

7. 检修梯安装

（1）作业人员需在主缆上进行安装检修梯，安全带挂设在扶手索上。

（2）螺栓、螺母等小构件工具袋携带，放置稳妥，防止坠落伤人。上下传递工具时，严禁抛掷。

（3）吊装检修梯，检查连接点是否牢固可靠。明确重物的重心、重量，以正确选用吊具和确定吊点位置，使吊物处于稳定平衡状态。

## 五、结　　语

主缆附属结构较多，相关单位工作内容交叉、工作面狭小都对施工安全带来了风险，因此有序安排现场作业内容，合理组织相关单位有序施工，通过人员跟班盯控，各工序安全卡控，使事故隐患能够及时消除。

# 第二十四章
# 主桥道砟施工安全卡控总结

## 一、施工概况

### （一）工程概况

五峰山大桥主桥为（84+84+1 092+84+84）m 钢桁梁公铁两用悬索桥。钢桁梁全长 1 428 m，横断面采用双层桥面布置（如图 3-24-1 所示），主梁上层为双向八车道 Ⅰ 级公路，下层为四线客运专线。

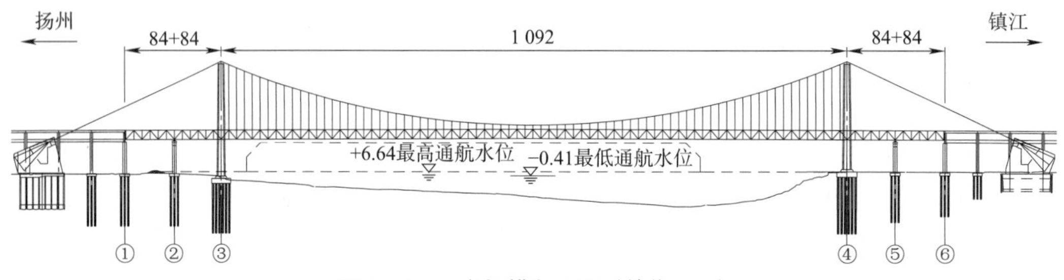


**图 3-24-1 主桥横断面图**（单位：m）

南岸（镇江侧）铁路引桥总长 1 914.198 m。其中公铁合建段 S6 ～ S18 号墩，对应连镇铁路左线里程 DK277+568.021 ～ DK278+254.920，长 686.899 m；单建铁路段 S18 ～ S52 号墩，对应连镇铁路左线里程 DK278+254.920 ～ DK279+482.219，长 1 227.299 m，如图 3-24-2 所示。

涉及相邻标段部分由 15 孔 32.7 m 简支梁、2 孔 24.7 m 简支梁和路基段组成。其中桥梁段对应连镇铁路左线里程 DK279+482.219 ～ DK279+996.78，长 514.59 m；路基段对应连镇铁路左线里程 DK279+996.78 ～ DK280+091.75，长 94.97 m。

预留铁路和连镇铁路二期恒载均为 9.47 t/m，预留铁路二期恒载为特级道砟；连镇铁路二期恒载分为 7.93 t/m 特级道砟和 1.54 t/m 轨枕、轨道及其他构件。

为满足五峰山大桥主桥的线形监测需求，连镇线 84 m+84 m+1 092 m+84 m+84 m 钢桁梁范围的轨道二期恒载理论计算值如下（未考虑施工误差及预留股道的轨道二期恒载）：

（1）单线轨道二期恒载为 4.735 t/m，理论计算如下：

钢轨：60.64 × 2=121.28 kg/m；

弹条 V 型扣件：5 kg/ 套，5 × 2 × 1.667=16.67 kg/m；

轨枕：378 kg/ 根，378 × 1.667=630.126 kg/m；

道砟：（2.475-0.125 × 1.667）× 1 750=3 966.594 kg/m；

直线总重量 =121.28+16.67+630.126+3 966.594=4 734.67 kg/m ≈ 4.735 t/m。

（2）钢桁梁全长 1 428 m，该范围双线轨道二期恒载为 4.735 × 2 × 1 428=13 523.16 t。

主桥连镇铁路正线底砟 5 355 t，面砟 5 969 t；预留铁路摊铺特级道砟 13 523 t。

### （二）总体施工方案

主桥钢梁铁路桥面道砟铺设采用“划分 15 节段、分四阶段推进”的方式进行施工。

道砟摊铺前，南北岸边跨钢梁均落在临时支座上。

（1）第一阶段：主桥道砟从中跨向边跨分块对称隔段摊铺，至双线荷载分别达到 3.75 t/m，连镇铁路正线与预留铁路同步对称施工，摊铺宽度均为 3 m。

其中第一阶段道砟摊铺步骤②施工完成后，3 号、4 号墩临时支座均下落 0.1 m；步骤④施工完成后，2 号、3 号、4 号墩临时支座均降 0.1 m，6 号墩临时支座升 0.1 m；步骤⑥施工完成后，1 号、6 号墩临时支座升 0.1 m，3 号、4 号墩临时支座降 0.1 m。

（2）第二阶段：预留铁路从中跨向边跨分块对称隔段摊铺剩余道砟（5.72 t/m），至预留铁路范围内荷载达到设计值 9.47 t/m。摊铺时先铺段与第一阶段摊铺 3 m 范围重叠部分宽度，道砟厚度不超过挡砟墙高度即可，后铺段道砟摊铺宽度为 3 m。

其中第二阶段道砟摊铺步骤①施工完成后，2 号、3 号、4 号墩临时支座降 0.1 m，6 号墩临时支座升 0.1 m ；步骤③施工完成后，1 号、6 号墩临时支座升 0.1 m，3 号、4 号墩临时支座降 0.1 m；步骤⑤施工完成后， 3 号、4 号墩临时支座均降 0.1 m，6 号墩临时支座升 0.1 m；步骤⑦施工完成后，1 号、2 号、5 号、6 号墩钢梁落至正式支座，3 号、4 号墩临时支座降 0.2 m，最后进行边跨钢梁部位道砟施工。

（3）第三阶段：将连镇铁路已摊铺道砟从北向南依次整平至 9 m 宽，该范围内荷载仍为 3.75 t/m。连镇铁路的道砟碾压后厚度为 20 ～ 25 cm，其中轨枕范围内道砟平均厚度按 20 cm 控制。

（4）第四阶段：连镇铁路由北向南铺设轨道，并分三次补充面砟（4.18 t/m），摊铺宽度为 9 m，厚度摊铺约为 29 cm，该范围内荷载达到设计值 9.47 t/m。

第四阶段施工完成后 3 号、4 号墩钢梁落至正式支座上。

道砟上桥后，集中摊铺于桥梁的外侧，内侧桥面用于运输汽车通行，道砟由自卸汽车运输运送上桥，采用人工配合挖掘机进行摊铺。第二阶段连镇铁路道砟整平压实后，应对其厚度进行检测，厚度应为 20～25 cm，其中轨枕范围内平均厚度按 20 cm 控制，否则应人工摊铺平整。

主桥道砟施工工艺流程如图 3-24-2 所示。

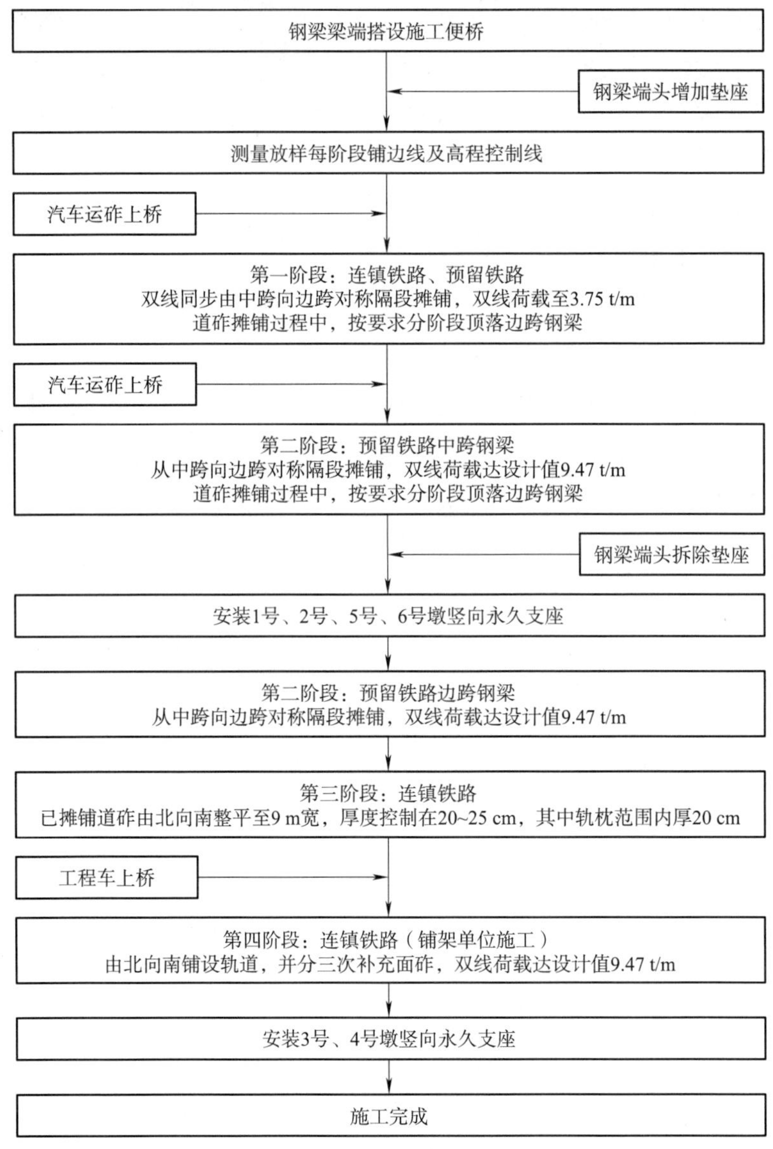


图 3-24-2　道砟施工工艺流程图

## （三）施工场地布置

第一、二阶段施工时，道砟采用自卸车运输，运输汽车在连镇铁路桥面行驶，需对梁体节间的伸缩缝进行防护。主桥 6 号墩伸缩缝位置处在道砟施工前需搭设施工便桥形成上砟通道。

钢梁的高程比南引桥 4 × 57.2 m 铁路连续梁的高程低，钢梁端头增加垫座使其高程一致。

第四阶段道砟采用工程车施工时，主桥钢梁支座已经安装完成，钢梁的高程与南引桥

4 × 57.2 m 铁路连续梁的高程一致，无需增加垫座。

### （四）主要资源配置

道砟施工由项目部统一进行部署，具体人员配置详见表 3-24-1。

表 3-24-1　人员配置表

| 序　号 | 工种名称 | 人　数 | 序　号 | 工种名称 | 人　数 |
|---|---|---|---|---|---|
| 1 | 管理人员 | 2 | 6 | 安全员 | 1 |
| 2 | 技术人员 | 2 | 7 | 质检员 | 1 |
| 3 | 测量人员 | 2 | 8 | 道砟摊铺作业人员 | 10 |
| 4 | 试验人员 | 1 | 9 | 司机 | 20 |
| 5 | 材料员 | 1 | 10 | 顶落梁作业人员 | 10 |

主要施工机械设备详见表 3-24-2。

表 3-24-2　主要设备配置表

| 序　号 | 名　称 | 规格型号 | 单　位 | 数　量 | 备　注 |
|---|---|---|---|---|---|
| 1 | 自卸汽车 | 25 t | 辆 | 20 | 道砟运输 |
| 2 | 挖掘机 | XE200D | 辆 | 2 | 道砟摊铺 |
| 3 | 压路机 | 15 t | 辆 | 2 | 道砟压实 |

### （五）施工准备

1. 技术准备

道砟施工前做好以下技术准备工作：

（1）组织技术人员进行认真审核图纸，分类算出每段工程量，为施工提供可控依据。

（2）由现场技术负责人根据施工方案要求，针对现场作业人员编制详细的技术交底书，明确施工操作要点。

（3）由安全员结合现场实际情况编制安全交底书，明确指出施工过程中的风险点，说明不规范操作可能造成的后果，提出安全操作要点。

2. 现场准备

道砟施工前应做好以下现场准备工作：

（1）按照要求组织人员、机械、材料的进场工作，项目部组织对道砟、运输车辆机械进行检查验收，验收通过后方可使用。

（2）受新冠肺炎疫情影响，需准备充足的口罩及消毒液等物资。

（3）施工前，在钢梁铁路面上分区划线，连镇铁路靠下游侧挡砟墙 3 m 画一道线，预留铁路挡砟墙中间每 3 m 画一道线；纵桥向根据方案分区布置图在主桥钢梁铁路面用油漆做好标识线。

（4）道砟运输前需检查验收 6 号墩施工便桥，确保安全。

## 二、 安全卡控重点

### （一）人员管控重点

（1）所有参与道砟施工的作业人员需经过三级安全教育培训并考试合格，并接受第三级安全技术交底。

（2）疫情期间，做好人员进场安全，控制疫情高发地区人员进场，保障施工现场人员生命健康。

（3）施工前，做好疫情复工交底培训，要求人员戴好口罩，做好消毒工作，分散就餐等。

（4）桥上道砟要设现场总调度 1 人，以指挥整个铺砟作业。

（5）所有施工人员进入工地时，均应按规定穿戴安全防护用品，必须正确使用安全帽，随身携带的施工机具、材料必须放置妥当，防止坠落。

（6）严禁作业人员酒后进场作业。

### （二）设备管控重点

（1）对各类运输、装载、碾压设备进场进行验收及报备，确保其性能良好，手续完善。

（2）完善通信系统，保证通信畅通，道砟运输和卸载过程中专人指挥，统一指挥信号。

（3）进场的机械、车辆证 ( 照 ) 齐全，三无车辆不得进场，本工程不使用船只。驾驶车辆的人员必须是有证有经验的专业人员。

（4）做好各种工程车辆的检修与维护、消除事故隐患。坚持“四项车管”检查制度，坚持日常检查、途中检查、修理保养质量检查、安全检查制度。严格执行“三定”保养制度，定人、定位、定项分工保养。

（5）施工时，派专人负责各种机械设备安全作业范围监督、检查，杜绝伤人事故的发生。

（6）道砟车辆严禁超高、超限运载，不得抛撒石料。车辆上桥后，严禁超规定车速行驶、变道及急刹车等操作。

（7）在钢梁伸缩缝处，应减速通过，上主桥后，应顺序通行，同时安排专人指挥交通，防止堵车。

（8）在挡砟墙预留的汽车通道处，必须安排专人指挥交通，并保持与总调度的通信联系，以便协调汽车道砟铺设区域。

## （三）物资管控重点

（1）明确各阶段道砟摊铺工艺流程，控制对应阶段的道砟运输量，保证道砟存储和运输的安全。

（2）下班后整理场地，不得将材料工具乱放，在作业中断或结束时，及时清扫垃圾并将工具材料放到指定地点。

（3）疫情期间复工，口罩、消毒液、测温枪等防疫物资要准备充足，确保进场人员健康安全。

道砟施工过程中涉及的人员、设备、物资等要素，安全管理管控要点相类似，以下各工序中将不再赘述。

## （四）各工序管控重点

1. 道砟存放

道砟采用水运的形式运至南岸在4号主塔下游侧砂石料码头，卸船后利用现有混凝土原材料冲洗系统对道砟进行清洗，清洗达标后通过皮带输送机输送至现有拌和站原材料存放区入库存放。场地含3间料仓，并已进行硬化处理，可有效避免杂物、粉尘等杂物的渗入。道砟存放时，可采取覆盖措施，防止道砟污染，如图3-24-3和图3-24-4所示。

图3-24-3　道砟清洗

图3-24-4　道砟存放

安全卡控重点如下：

（1）道砟存放在砂石料原材料仓，堆放高度严禁超高，堆砟高度不宜超过3 m，防止坍塌。

（2）不得使用履带式设备堆砟。当使用胶轮装载机进行堆砟和装车作业时，装载机不得在同一砟面反复行走。

（3）存砟场的设置和存砟数量应满足施工进度的要求，被污染的道砟未经处理干净不得上道。

2. 伸缩缝处理

道砟运输汽车在连镇铁路桥面行驶，需对梁体节间的伸缩缝进行防护。主桥 6 号墩伸缩缝位置处需搭设施工便桥形成上砟通道。

主桥道砟第一、二阶段施工，采用自卸车运输时，钢梁的高程比南引桥 4 × 57.2 m 铁路连续梁的高程低，钢梁端头增加垫座使其高程一致。上砟过程中，边跨钢梁需多次顶高，每次钢梁顶高后，需在施工便桥引桥侧一端底部设置抄垫，抄垫高度与钢梁起顶高度相同，并将便桥斜坡顺延至混凝土梁面上，保证施工便桥顶面水平。

第四阶段道砟施工时，主桥钢梁支座已经安装完成，钢梁的高程与南引桥 4 × 57.2 m 铁路连续梁的高程一致，此时将钢梁端部垫座拆除，施工便桥落在钢梁面上，如图 3-24-5 所示。

图 3-24-5 施工便桥

安全卡控重点如下：

（1）临时便桥加工、制作、安装由具有钢结构专业资质的队伍进行施工，严格安装设计图纸及要求施工。

（2）临时便桥施工完成后，项目部及时安排工程部、安环部、质量部进行联合验收检查，确保临时钢结构便桥的结构安全性。

（3）在道砟施工过程中，随着道砟运输车辆的过往，难免造成震动，容易使便桥的抄垫钢板或连接焊缝造成松动、脱落现象，要定期及时检查临时便桥的结构安全，发现焊缝脱落等现象要立即停止道砟运输，修复便桥后方可恢复道砟施工。

（4）临时便桥位置安排专人指挥车辆通行，同时要求司机控制车速。

3. 道砟运输

道砟运输至主桥时选用 20 辆普通自卸汽车，载重 25 t，先对其从 1～20 进行编号，并将 20 辆自卸车分为 4 组，如图 3-24-6 所示。

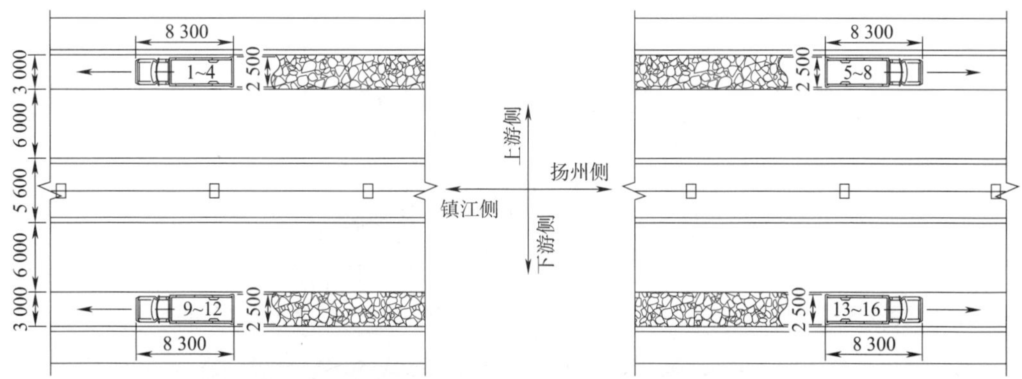


图 3-24-6　道砟运输车编号管理示意图（单位：mm）

第一阶段道砟摊铺时，自卸车 1～5 装载道砟负责运至预留铁路镇江侧区域（如图 3-24-7 所示），自卸车 6～10 装载道砟负责运至预留铁路扬州侧区域，自卸车 11～15 装载道砟负责运至连镇铁路镇江侧区域，自卸车 16～20 装载道砟负责运至连镇铁路扬州侧区域。第二阶段道砟摊铺时，自卸车 1～10 装载道砟负责运至扬州侧区域，自卸车 11～20 装载道砟负责运至镇江侧区域。

图 3-24-7　运输车辆编号

每辆道砟运输车辆每次装车前应进行清扫，不得残留泥土、灰尘等杂物，且车辆应做好表面覆盖。且必须先在中心试验室前方的地磅上对空车进行称重并记录。

道砟采用装载机装到自卸汽车上，装车时采用纵向铲装法，严禁围绕料堆铲装作业，如图 3-24-8 所示。道砟装车作业时，严禁装料机在砟面上行走，铲装作业不应将泥土、粉尘等铲入。自卸车装运道砟后再次一一在中心试验室前方的地磅上过磅称重并记录，最后计算出每一辆自卸车的实际运砟量，如图 3-24-9 所示。

运输路线是从绍隆寺路沿着中铁二十四局项目部所修施工便道行驶到连镇铁路 DK280+000 位置处，然后通过路基段行驶至连镇铁路桥面，行驶到 16 号墩（DK 279+965.744）附近梁面位置处利用洒水车对运输车辆外表进行冲洗，最后再沿着连镇铁路南引桥将道砟运输至主桥位置处，用于施工主桥道砟。

图 3-24-8　道砟装载

图 3-24-9　道砟称重

车辆在连镇铁路桥面行驶时，应做到缓行缓停，禁止突然加速、急刹车和急转弯，车辆行驶速度控制在 15 km/h 内。待运输车辆抵达主桥待铺区域后，按先到先铺、先卸先走，空车、实车分道的原则指挥调度，以不影响后续的运输及施工作业为原则，合理安排卸车的位置和方量。卸砟时技术人员应对车内装运的底砟重量进行检查确认，并做好记录。

安全卡控重点如下：

（1）道砟运输将选用性能良好、车厢封闭较好、证件齐全的车辆。

（2）司机必须严格按照指定的线路行驶，运输车必须用篷布遮盖严密，严禁超高、超载，避免运输过程中道砟散落，污染城区道路及连镇铁路桥面。

（3）在道砟运输的线路区间段内安排清洁人员，随时对车辆散落下来的道砟进行清扫，并安排专人 24 h 不间断进行巡视、跟踪，一旦发现道砟撒落及时清理，保证路面的干净。

（4）桥面、路口、便桥等位置安排专人值守，确保车辆通行安全。

（5）道砟车辆严禁超高、超限运载，不得抛撒石料。车辆上桥后，严禁超规定车速行驶、变道及急刹车等操作。

（6）在桥梁伸缩缝处，车辆必须行驶在过缝钢板上，不许直接碾压伸缩缝混凝土。

（7）在钢梁伸缩缝处，应减速通过，上主桥后，应顺序通行，同时安排专人指挥交通，防止堵车。

4. 道砟摊铺

主桥各线道砟施工过程中分 15 个节段，划分节段示意图如图 3-24-10 所示。

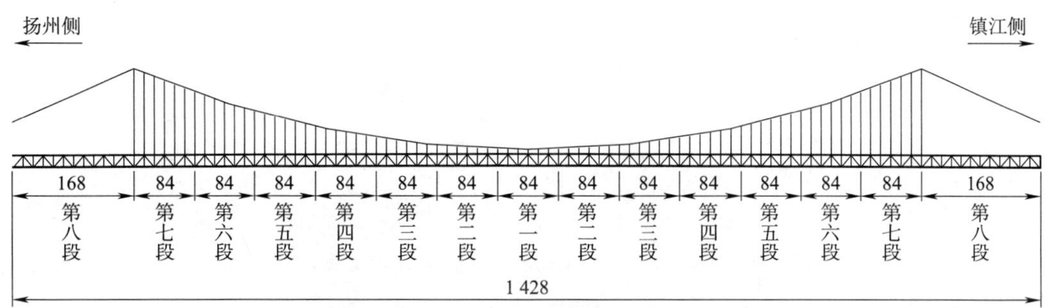


**图 3-24-10 道砟摊铺节段划分图**（单位：m）

（1）第一阶段道砟施工

主桥连镇铁路正线与预留铁路道砟铺设各为 8 个步骤，由中跨向边跨分块按①～⑧序号对称铺设，第一阶段道砟摊铺顺序平面示意图如图 3-24-11 所示。

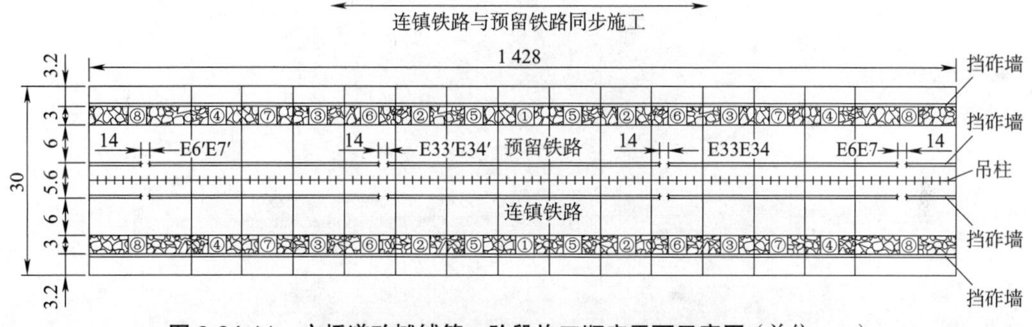


**图 3-24-11 主桥道砟摊铺第一阶段施工顺序平面示意图**（单位：m）

其中第一阶段道砟摊铺步骤②施工完成后，3 号、4 号墩临时支座均下落 0.1 m；步骤④施工完成后，2 号、3 号、4 号墩临时支座均降 0.1 m，6 号墩临时支座升 0.1 m；步骤⑥施工完成后，1 号、6 号墩临时支座升 0.1 m，3 号、4 号墩临时支座降 0.1 m。

底砟摊铺前测量人员应按设计要求精确测量线路中线控制桩，测设标准为直线上每 50 m 一点。完成平面测量后，测设预铺道砟面高程控制线，引测到挡砟墙上，并用红油漆画出水平线标志。必须对路基表面杂物、积水等彻底清除后方可开始摊铺。

第一阶段道砟摊铺时，线路各个区段卸砟方量应提前计算，采用自卸车将道砟按计算方量卸放至铁路外侧，连镇铁路正线与预留铁路同时对称摊铺道砟，摊铺宽度均为 3 m，摊铺厚度均为 78 cm。两侧荷载同时达到 3.75 t/m，第一阶段道砟摊铺立面示意图如图 3-24-12 所示。

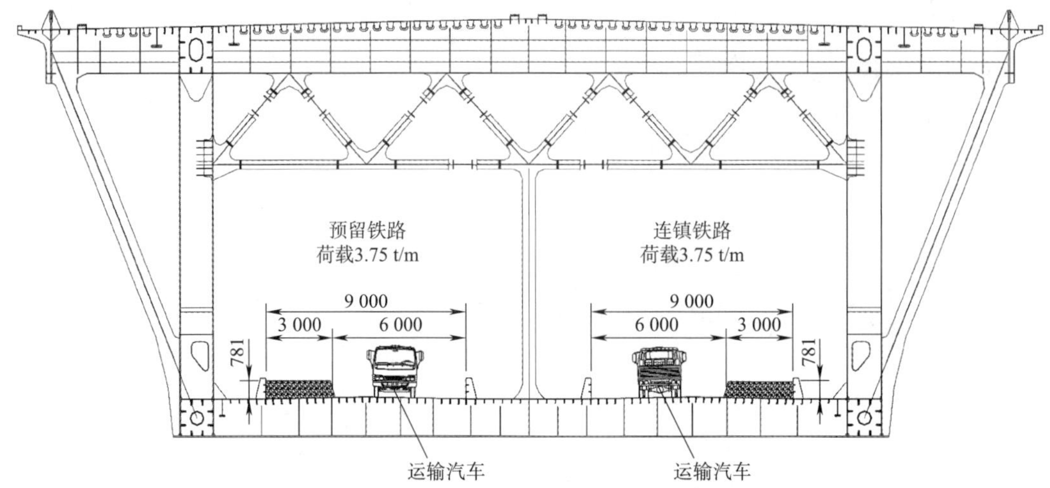


图 3-24-12　主桥道砟摊铺第一阶段施工立面示意图（单位：mm）

首车道砟摊铺如图 3-24-13 所示，第一阶段道砟施工完成如图 3-24-14 所示。

图 3-24-13　首车道砟摊铺

图 3-24-14　第一阶段道砟施工完成

技术人员应对车内装运的底砟重量进行检查确认，并做好记录，严格控制主桥第一段～第七段区域位置的道砟均为 315 t，第八段区域位置的道砟均为 630 t。

（2）第二阶段道砟施工

第二阶段道砟施工顺序如图 3-24-15 所示，道砟摊铺立面示意图如图 3-24-16 所示。

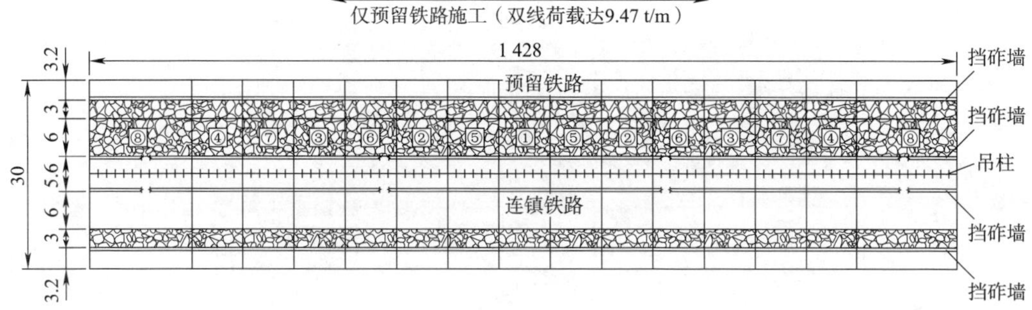


**图 3-24-15　第二阶段施工顺序平面示意图**（单位：m）

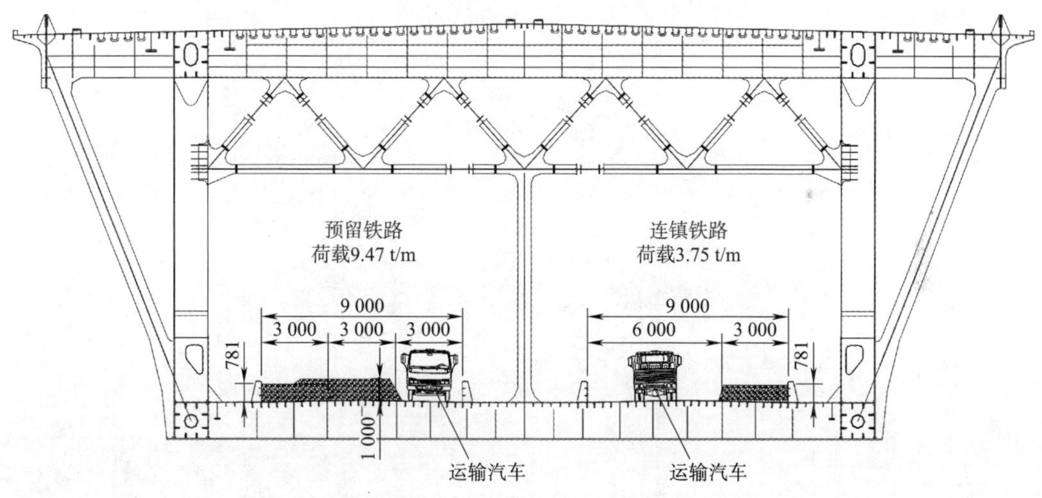


**图 3-24-16　第二阶段道砟摊铺立面示意图**（单位：mm）

预留铁路从中跨向边跨分块对称隔段按序号①～⑧顺序摊铺剩余道砟，其中①～④为先铺段，⑤～⑧为后铺段。第二阶段铺设道砟总重为 8 168.16 t（荷载 5.72 t/m），至此预留铁路范围内荷载达到设计值 9.47 t/m。摊铺时先铺段应与第一阶段摊铺的 3 m 宽道砟重叠部分宽度，道砟的厚度不超过挡砟墙高度，后铺段道砟摊铺宽度为 3 m，预留 3 m 宽作为行车通道。

在挡砟墙缺口位置处，运输车从连镇铁路驶入预留铁路的同时，运输车辆在缺口位置处调头，倒车行驶至卸砟处。自卸车卸砟时技术人员应对车内装运的底砟重量进行检查确认，并做好记录，严格控制主桥第一段～第七段区域位置的道砟均为 480.48 t，第八段区域位置的道砟均为 960.96 t。

后铺段道砟每段卸车后，该处通道不再有运输车通行，此时由人工配合挖掘机对该部分道砟进行摊铺，整平至 9 m 宽。摊铺完成后预留铁路道砟厚度约为 60 cm，荷载达到设计值 9.47 t/m，如图 3-24-17 所示。

图 3-24-17　第二阶段道砟施工图

其中第二阶段道砟摊铺步骤①施工完成后，2 号、3 号、4 号墩临时支座降 0.1 m，6 号墩临时支座升 0.1 m ；步骤③施工完成后，1 号、6 号墩临时支座升 0.1 m，3 号、4 号墩临时支座降 0.1 m；步骤⑤施工完成后，3 号、4 号墩临时支座均降 0.1 m，6 号墩临时支座升 0.1 m；步骤⑦施工完成后，1 号、2 号、5 号、6 号墩钢梁落至正式支座，3 号、4 号墩临时支座降 0.2 m。

（3）第三阶段道砟施工

第三阶段将连镇铁路已摊铺道砟整平至 9m 宽并进行压实，该范围内荷载仍为 3.75 t/m；摊铺厚度为 20 ～ 25 cm，其中轨枕范围内道砟厚度为 20 cm，如图 3-24-18 所示。

第三阶段道砟摊铺顺序平面示意图如图 3-24-19 所示。

图 3-24-18 临时支座调整（顶落梁）

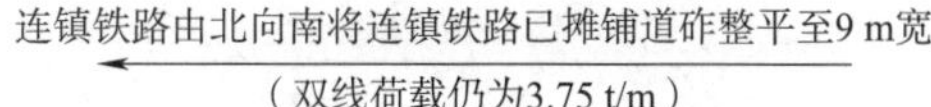


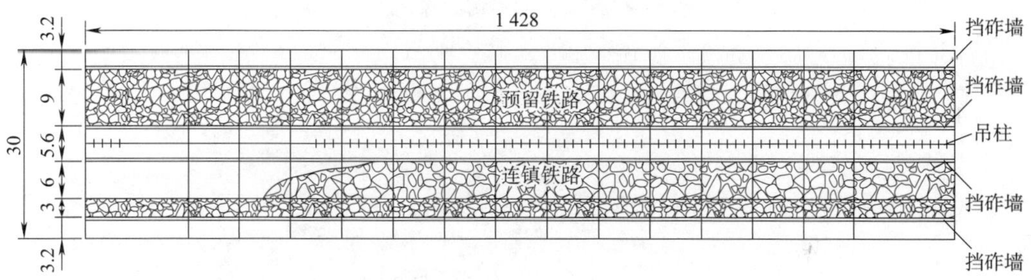


图 3-24-19 主桥道砟摊铺第三阶段施工顺序平面示意图（单位：m）

摊铺采用人工配合机械进行摊铺确保底砟摊铺质量，粗平摊铺后，用挂线法控制底砟顶面采用人工配合机械进行细平，如图 3-24-20 所示。

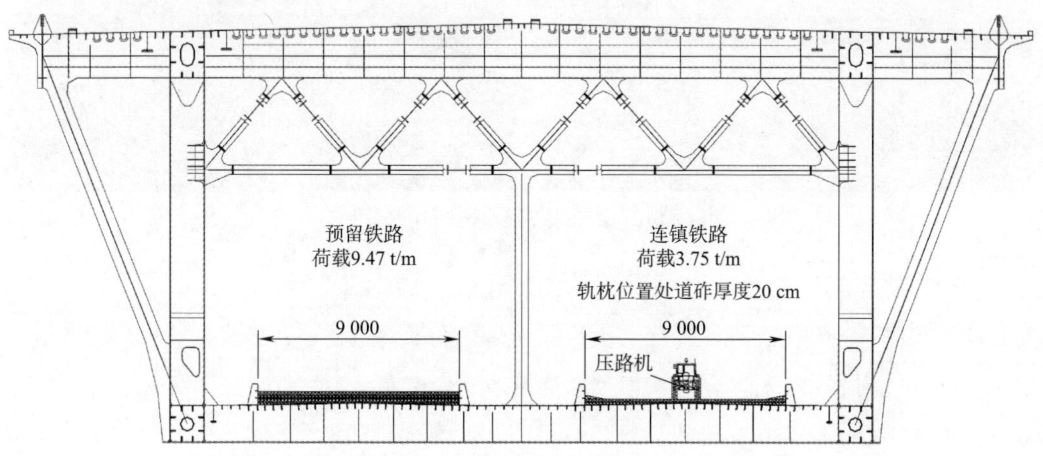


图 3-24-20 第三阶段道砟摊铺立面示意图（单位：mm）

平整后的道砟应目视平坦，虚铺砟面高程宜高出预铺道砟高程控制线 20 mm。虚铺道砟平整完成后，利用 15 t 压路机进行机械碾压，保证道砟密实度满足要求，如图 3-24-21 所示。

图 3-24-21 道砟整平

（4）第四阶段道砟施工

第四阶段由北向南铺设轨道并分三次补充面砟，由铺架单位负责施工。

第四阶段道砟摊铺顺序平面示意图如图 3-24-22 所示。

图 3-24-22 第三阶段道砟施工图

第四阶段道砟摊铺立面示意如图 3-24-23 所示。

施工顺序：先利用工程车配合人工从北向南依次铺设轨枕、轨道及其他构件，双线荷载 1.536 t/m。再利用工程车从北向南摊铺连镇线剩余道砟施工，剩余道砟共 5 969 t，分三次施工。最终连镇铁路双线荷载 9.47 t/m，3 号、4 号墩钢梁落至正式支座上（如图 3-24-24 所示）。

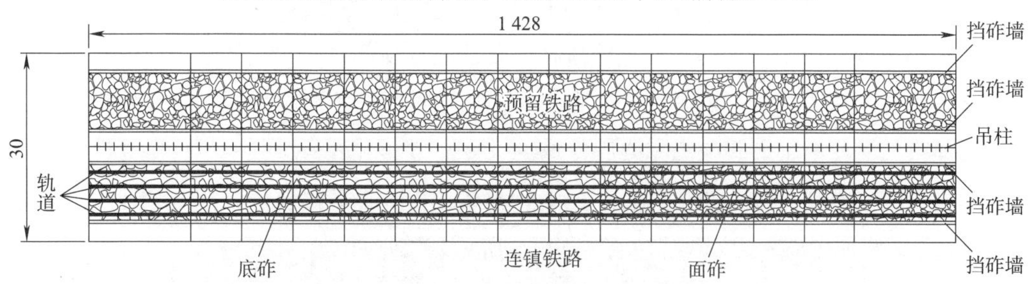


图 3-24-23 主桥道砟摊铺第四阶段施工顺序平面示意图（单位：m）

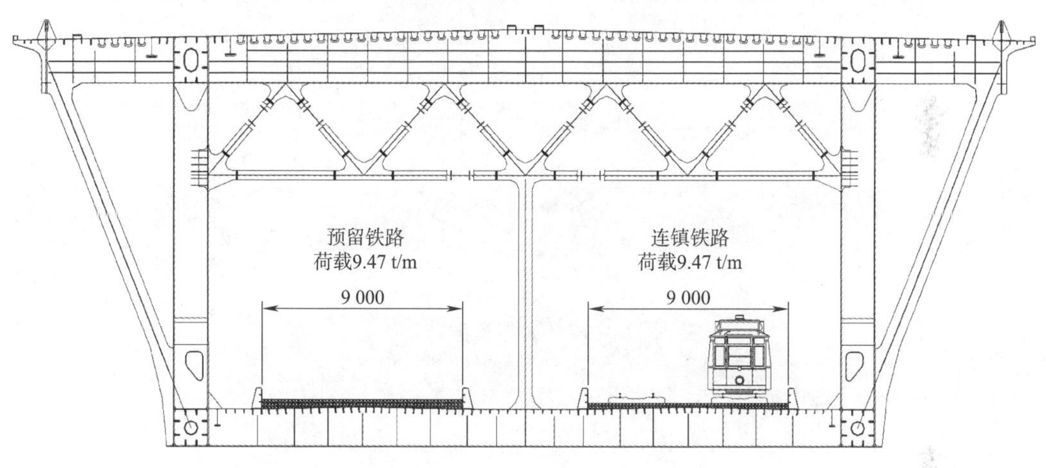


图 3-24-24 第四阶段道砟摊铺示意图（单位：mm）

安全卡控重点如下：

（1）运砟车卸车后，应及时将行车道清扫干净，桥面道砟堆放规整。

（2）在挡砟墙预留的汽车通道处，必须有安排专人指挥交通，并保持与总调度的通信联系，以便协调汽车道砟铺设区域，防止发生交通安全事故。

（3）桥上道砟要设现场总调度 1 人，以指挥整个铺砟作业。

（4）作业前施工场地配备足够的安全设备，并检查各种安全防护措施，消除各种安全隐患后方可施工。

（5）第四阶段开始进入营业线施工范围，每天施工前，向中铁十七局报备施工计划，避免影响列车在 LZDQSG-2 标段内运行。

（6）第四阶段开始后，铁路范围内按规定设置驻站联络员、工地设防护员、安全员，相互之间要随时保持联系并配齐通信设备（含备用电池）。

5. 支座安装

道砟铺设时，2 号、3 号、4 号、5 号墩处钢梁高程高于设计高程，底部空间充足，可先将支座移动至安装位置，支座底部直接落在垫石顶面，顶部暂不与钢梁连接；1 号、6 号墩处钢梁高程低于设计高程，底部空间不足，该处支座暂不移动至安装位置。

道砟第二阶段中跨道砟施工完成后，1 号、2 号、5 号和 6 号墩处钢梁已达到设计高程，具备永久支座安装条件，此时可将 1 号和 6 号墩支座移动至安装位置，完成 1 号、2 号、5 号和 6 号墩竖向支座正式安装，如图 3-24-25 所示。

图 3-24-25 第四阶段道砟施工图

道砟第四阶段施工完成后，3 号和 4 号墩处钢梁高程达到设计高程，具备永久支座安装条件，此时完成 3 号和 4 号墩永久支座正式安装，如图 3-24-26 所示。

图 3-24-26 支座安装

安全卡控重点如下：

（1）支座安装或调整施工前应设置作业平台，严禁在无操作平台的情况下工作。

（2）千斤顶操作人员必须是由厂家具有操作资格证书的人员进行操作，严禁私自操作。

（3）利用千斤顶顶落钢梁过程中，严禁作业人员站在千斤顶及油泵附近，防止千斤顶爆裂或油管炸裂弹出伤人，作业时可在两边进行操作，并设置挡板。

（4）千斤顶底部或顶部采用钢垫块或钢板抄垫时要求密实，无缝隙，确保不会发生坍塌事故。

（5）由于钢梁结构长，受热胀冷缩影响，变形严重，纵桥向形变较大，千斤顶临时支座易发生位移，容易坍塌。建议采用四氟板或摩擦系数较小的不锈钢抄垫在顶部，使钢梁能在千斤顶顶部自由滑动伸缩，防止千斤顶顶落装置坍塌。

**（五）环境管控重点**

（1）疫情期间，要做好现场消毒工作，定期消毒。

（2）当地面 2 m 以上施工时，须配置供站立的平台和扶梯，以及防坠落的栏杆、安全网、防护板，尤其是支座施工时，墩顶栏杆防护要完善。

（3）钢梁端头及伸缩缝位置临时便桥栏杆防护及端头挡砟板要安装牢固，且派人验收后方可使用，确保作业人员现场环境安全。

## 三、结　　语

事故的发生，是由于人的不安全行为，物的不安全状态，不良的环境和较差的管理造成的。从事故发生的过程看，要想不发生事故，只有针对事故构成的人机料法环等要素，采取有效控制措施，消除潜在的危险因素，并使人不发生误判断、误操作，要制订各项制度，进行安全教育、开展安全检查、编制安全措施计划等，把事故隐患消除在萌芽状态。总体安全管控内容如下：

（1）道砟工程量巨大，荷载重，容易造成主桥钢梁下弦压应力显著增加，道砟施工过程中需要对道砟重量进行精准控制。

（2）道砟施工时，主桥伸缩缝未安装，梁端存在约 2 m 缝隙，需给运输车通行设计一座满足施工要求的上砟通道，通道安全十分重要。

（3）道砟后期采购存放至料仓，从地面仅引桥运输至主桥，途中对引桥成品保护问题不容忽略。

（4）随着主桥道砟不断增加，钢梁整体线形不断变化，施工过程中需对钢梁线形进行观测，且相应调整钢梁姿态，确保钢梁结构安全。

（5）主桥道砟运输和摊铺施工影响后续南引桥铁路附属工程及外部单位铺轨施工，在全桥施工的关键线路上，施工工期必须确保，同时需要考虑采取控制措施保障安全。

# 第四篇

# 桥梁附属设施

# 第二十五章
# 桥面系施工安全卡控总结

## 一、桥面系施工概况

五峰山大桥是新建铁路连云港至镇江线控制性工程，是镇江城市道路跨江交通网的重要组成部分。大桥位于镇江市五峰山脚下，本工程为 LZDQSG-2 标，里程 DK276+136.021 ～ DK279+482.219，是集客运专线、市域轨道交通、城市主干道路于一体的公铁合建桥梁。下层为两线设计时速 250 km/h 的客运专线和两线按城际铁路（预留）标准建设的市域轨道线；上层公路为双向八车道城市主干路，设计车速 100 km/h。

五峰山大桥主桥为（84+84+1 092+84+84）m 公铁两用悬索桥。其中主桥桥面系施工主要涉及桥面铺装、排水系统、栏杆、灯光照明、交通安全设施工程等方面。

## 二、各工序安全管控重点

### （一）桥面铺装

主桥行车道铺装采用 35 mm 浇筑式沥青混凝土 GA-10+35 mm 热拌环氧沥青混凝土 EA-10，如图 4-25-1 所示。

1. 环氧树脂防水黏结层涂装施工

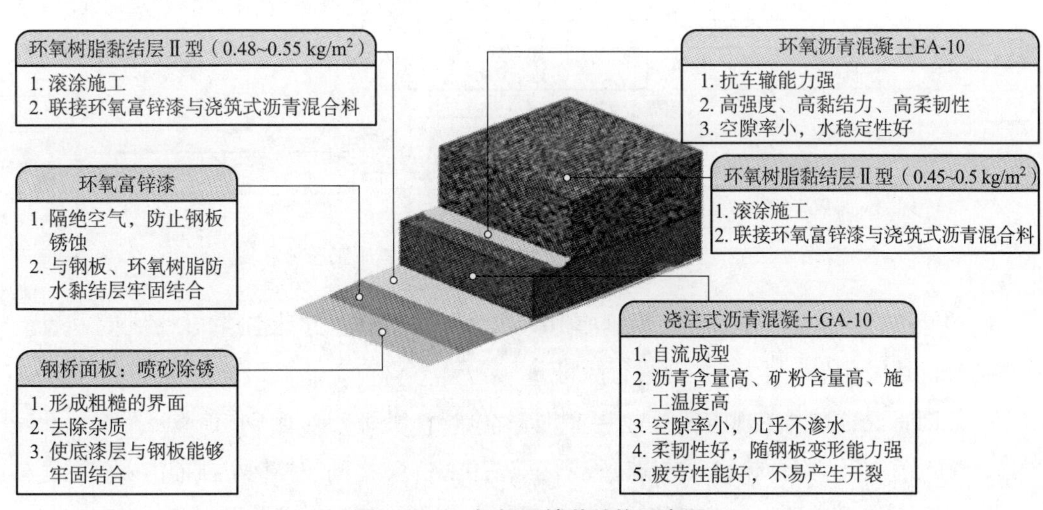


图 4-25-1　钢桥面铺装结构示意图

黏结层施工前，先用软扫帚与强力式背包鼓风机清洁钢板或铺装下层上的尘埃、杂物；

如果有油污，须用适当浓度（足以洗去油污）的非离子型肥皂水溶液清洗（用长柄鬃毛刷）。最后用可自来水彻底冲洗桥面。突出桥面的其他结构物侧面也应清洗干净。清洗后彻底进行烘干，保证干燥并不得再受污染。每次的清洁范围，应略大于此后黏结料的喷洒范围。

2. 浇筑式生产与摊铺施工

沥青混合料采用林泰阁 4000 型拌和站，拌和楼逐盘打印改性沥青及各种矿料的用量和拌和温度，从拌和楼生产出来的 GA-10 还需不断搅拌和加温，因此，GA-10 使用专门的运输设备 Cooker。因为 GA-10 是自流成型无须碾压的沥青混合料，所以，铺装下层的摊铺使用浇注式专用摊铺机。运至现场的 GA-10 应进行流动性试验，符合设计要求后，方可摊铺。

3. 环氧生产与摊铺施工

环氧沥青混凝土生产与施工工艺流程如图 4-25-2 所示。

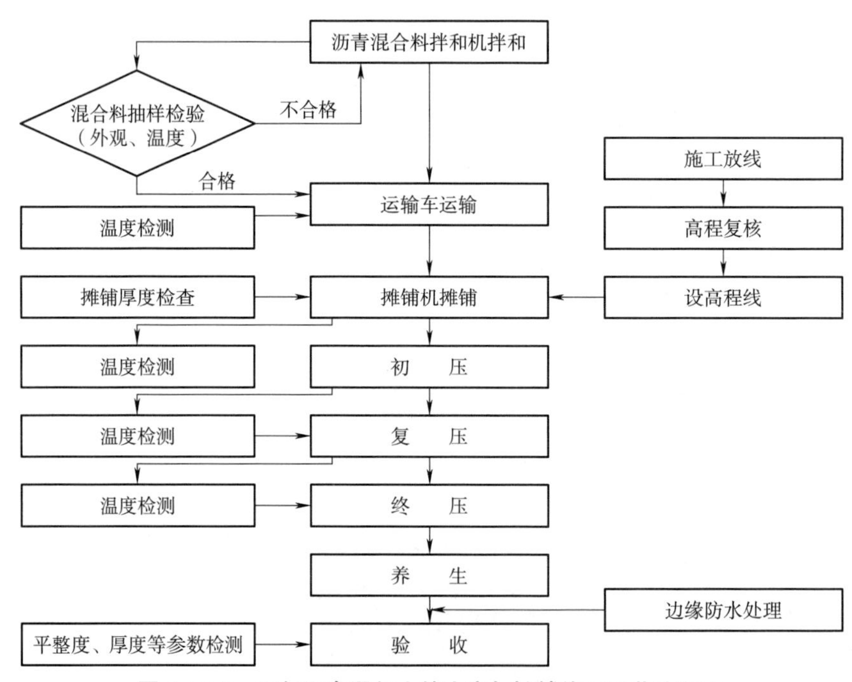


**图 4-25-2　环氧沥青混凝土的生产与摊铺施工工艺流程图**

在摊铺过程中，运料车应在摊铺机前 10 ～ 30 cm 处停住，并挂空挡。依靠摊铺机推动缓慢前进，并应有专人指挥卸料车进行卸料。

环氧沥青混合料采用规定的沥青摊铺机摊铺。摊铺机每天摊铺工作前熨平板必须清理干净，施工前 1 h 进行预热，预热温度控制在（110 ± 5）℃之间。摊铺机摊铺出来的混合料在单位距离宽度内数量应相等，能使压实厚度满足要求。避免集料离析，混合料表面应没有粗集料或细集料的孔洞，尽量避免人工耙平。

设专人计算并控制摊铺速度，根据供料能力及各料车送料单的“容许卸料时间范围”进行及时调整，以控制不停机、不超时、速度不突变，力求匀速摊铺为原则，摊铺速度应根据拌和机产量、施工机械配套情况及摊铺层厚度、宽度。

摊铺过程中每 10 m 测一组松铺厚度，中途少做变动，必要时加以调整，务求平顺，以求不影响平整度。并且螺旋布料器中的料位以略高于螺旋布料器 2/3 为宜，避免摊铺层出现离析，另外螺旋布料器尽量放置最低处，防止产生过多固化冷料。

机械摊铺过程中，不用人工反复修整，但当出现以下问题需进行人工修整：断面不符合要求、局部缺料、局部混合料明显离析、表面明显不平整、固化冷料等，在施工技术人员专门指导下调整、局部换料，仔细修补，同已铺混合料接顺，不留明显印迹和差异。摊铺过程中设专人对螺旋布料器及料斗中的固化冷料进行清理。在摊铺过程中产生的废料、固化冷料应集中放在小推车中，然后集中清理出施工现场。摊铺如果突然遇雨，立即停止施工，并清除未压实成型的混合料，未铺料必须全部予以废弃。

采用双钢轮震荡压路机 2 台，双钢轮振动压路机 2 台和轮胎压路机 2 台。碾压时压路机驱动轮面向摊铺机，由低到高，依次连续均匀碾压，相邻碾压带重叠 1/3 轮宽，不允许压路机在沥青混合料上转向、调头，压路机起动、停止必须减速缓行，不准紧急刹车制动。工人站在压路机前后加装的框架平台上用拧干的拖把涂抹少量植物油到压路机表面，以防止压路机粘起混合料。对碾压顺序、压路机组合、碾压遍数、碾压速度及碾压温度应设专岗管理和检查、记录，坚决杜绝面层漏压。对于压路机压实不到的局部铺装层如落水口周围及其与路缘石之间等，对于落水口周围下面层采用人工夯实或小型振动夯等振捣密实。

4. 养护

环氧沥青混凝土采用自然养护方式，一般为 4 ～ 15 d，养护期暂定 7 d，具体养护期根据同条件养护试验确定，在此期间禁止一切车辆通行。

5. 安全管控要点

（1）拌和楼

严禁使用安全装置不全的气瓶施工作业；焊接气割作业前必须清理四周的易燃易爆物品并配置灭火器材；严格遵守操作规程，保障安全距离，班组长、安全员监督检查；未彻底排除危险之前不准进行焊、割。电工持证上岗，对用电设备的漏电保护器进行检查如有异常更换合格的漏电保护器，更换老化线路或使用绝缘胶带包扎；施工人员必须严格按照操作规程操作用电设备；带电设备做好防雨遮挡措施；严禁乱拉乱搭接电线，严禁过负荷使用电器；拌和楼必须安装避雷针；加强对员工避雷知识教育，雷雨期间停止作业。

（2）沥青摊铺

对危险区域进行警示隔离，并安排安全人员旁站喊话提醒；严禁向下扔施工废料或其他东西；严禁在防护栏上堆放东西。严禁随意横穿，必要时务必左右观察确定无车再行通过；操作手必须持证上岗；摊铺机行进过程中对于机器前方作业人员状况应留意观察；作业现场划为禁烟区，严禁擅自动火，不得吸烟；做好充分准备工作，停机加油，可燃物远离高温部位，现场配备灭火器。

（3）沥青运输

必须持证上岗，严禁无证上岗操作；严禁驶入作业区域；施工便道必须设置限速警示牌；规划线路，增强现场警示引导标志，车辆必须遵照行驶；严禁客货混装。

### （二）公路防撞栏杆安装

公路防撞栏杆采用立柱式防撞栏杆，立柱为钢板零件组合结构。公路桥面上纵向共布置 4 道栏杆，立柱上设 4 道栏杆横梁，栏杆横梁与立柱之间采用螺栓连接，立柱与底座连接（面板焊接，腹板通过拼板栓接），防撞栏杆底座由钢梁拼装厂在桥面制作总拼时安装在桥面板上，立柱纵向间距为 1.4 m/ 档。

1. 安装挡板

根据图纸划线安装挡板，控制好挡板的角直度并临时固定防止焊接变形。

2. 安装栏杆立柱

用 M24 高强螺栓将栏杆立柱腹板底部与底座进行连接，注意控制立柱的角直度，用激光经纬仪或水平仪复核测量各个立柱间的水平度。

3. 安装栏杆

用 M12 普通螺栓将栏杆方钢与立柱进行连接，按从下往上的顺序安装 4 道栏杆。

4. 检测栏杆直线度

通过钢丝测量法检验复核栏杆的直线度，以 100 m 长度作为一个标准测量距离。如有超差的及时进行调整，确保在公差范围内。

5. 焊接底座与立柱

安装好并检查合格后进行底座与立柱的焊接，完成一组防撞栏杆的安装。按上述方法从边跨向中跨进行安装防撞栏杆至全桥结束。

6. 安全管控要点

（1）所有使用的设备必须正确接地，包括但不仅限于空压机、喷砂和喷涂设备。

（2）施工中产生施工废料必须集中堆放，定期处理，不得任意抛洒。

（3）施工前安装、调试好配电设备、焊接设备、通风排尘设备、$CO_2$ 焊所需防风棚架、除锈机具、气刨工具、火焰切割工具、防水防潮设备、焊接材料烘干箱等施工必备器材器具，并设立专职维护管理人员。

（4）在临边作业工程施工前，由负责施工的专业施工员向施工班组进行书面交底，交底内容应有技术保证措施和对操作人员的要求，以及操作中注意的事项等。

### （三）公路排水管安装

公路桥面横向坡度 2%，在上弦检修走道接近踢脚处设置 150 mm 泄水孔。在外侧纵梁沿纵向设有集水管，初期雨水经集水管汇集至交界墩下排到集水池。雨量较大时，集水管内的雨水可由主桁外斜撑上的下水管排出。铁路桥面挡砟墙范围内桥面板设置了双向 2% 横行排水坡，挡砟墙外侧桥面为水平面板，泄水孔设置在挡砟墙外侧，距主桁中心线 2 540 mm，焊接完成后钻制 $\phi$150 mm 泄水孔。

1. 安装角钢支架

先根据图纸位置安装角钢支架。

2. 安装管卡

将泄水管固定管卡安装在泄水管上，准备进行吊装。

3. 安装泄水管

利用升降车和吊车配合安装泄水管，按先装上部再装下部的顺利进行安装。

4. 安装地漏

在桥面上根据要求安装固定地漏格栅，并完成其他附件的安装。

根据钢箱梁制造轮次安装各箱梁的泄水管。

5. 安全管控要点

（1）在高空作业时，严禁随手乱扔杂物，谨防人发生受伤事故。

（2）悬空作业所用的索具、脚手板、吊篮、吊笼、平台等设施，必须进行安全技术检算，并验收合格。

（3）悬空吊装构件时，作业人员必须站在操作平台上操作，严禁在构件上站人。

（4）悬空作业人员必须正确佩戴和使用个人劳动防护用品。

（5）高处作业所需的安全防护用品及防护设施、标志、工具、仪表、电气设施，必须在施工前进行检查或试验合格，方可投入使用。

（6）高处作业必须系安全带，安全带应挂在牢固的物件上，严禁在一个物件上拴挂多根安全带或一根安全带上栓多个人。

### （四）照明系统安装

1. 管箱的安装

管箱出厂为 2.8 m 一节，管箱运达现场后，整齐堆放至货物场地上，报验后，由叉车一节一节运到管箱支架处，使用 M12 的螺栓对管箱及支架进行加固。管箱与管箱之间使用编织线连接，安装过程中注意管箱的直线度，避免磕碰。安装管箱后，使用人工涂装，对管箱及支架使用交通白氟碳面漆进行最后的涂装。涂装过程中需注意漆面的厚度，以及漆面的光泽度。

2. 路灯的安装

（1）路灯的运输

路灯从工厂发货后，汽运至桥面，使用吊机调至每个路灯基础处，每 28 m 一处，用吊车调到桥面时注意对桥面沥青的成品保护，从工厂发货时，需要工厂对法兰基础使用气泡袋及棉布包裹。

（2）电缆敷设

①每轴电缆上应标明电缆规格、型号、电压等级、长度及出厂日期。电缆轴应完好无损。

②电缆进场后检查电缆外观完好无损，铠装无锈蚀、无机械损伤，无明显皱折和扭曲现象。

③电缆支架的架设地点应选好，以敷设方便为准，一般应在电缆起止点附近为宜。架设时，应注意电缆轴的转动方向，电缆引出端应在电缆的上方。

④敷设方法可用人力或机械牵引。电缆沿桥架或托盘敷设时，应单层敷设，排列整齐。不得有交叉，拐弯处应以最大截面电缆允许弯曲半径为准。

⑤灯具安装及支线安装

灯具安装在灯杆出臂处，灯具固定牢靠，可调灯头应按设计调整至正确位置，灯具接线从灯臂处用穿线器传至法兰处，把支线穿过灯杆灯臂，灯具接线应符合下列规定：

（a）在灯臂、灯杆内穿线不得有接头，穿线孔口或管口应光滑、无毛刺，并应采用绝缘套管或包扎，包扎长度不得小于 200 mm。

（b）各种螺母紧固，宜加垫片和弹簧垫。紧固后螺出螺母不得少于两个螺距。

⑥路灯的吊装

吊车就位必须按施工方案中的吊车工作半径就位时，必须考虑到钢杆横担不要压汽车吊臂，以免钢杆法兰孔难于套进基础的地脚螺栓。

吊装一般以一点绑扎为宜，绑点高度自底端计起全杆 1/2 至 2/3 位置（比重心高 1～2 m）处，扎一吊点于末端分别引出 3 条粗麻绳，灯杆用吊车吊至基础处，另 12 人分三组分别拉紧麻绳一端形成一个三角形，控制灯杆的摆动，让路灯底部对准基础地脚螺栓。拉动麻绳调整垂直度，让路灯螺栓孔套入地脚螺栓，检验垂直度，符合要求后紧固螺栓，拆除钢丝绳及麻绳。

3. 安全管控要点

（1）路灯施工的全过程应顺序作业，灯杆外观顺直、流线、平滑、垂直。

（2）已经立起的灯杆只有在上紧地脚螺栓后才可以撤去吊钩和吊带。灯杆离地后应对吃力点做全面检查，确无问题后继续起立，起立 60° 后减缓速度。吊车下方严禁有人逗留。立杆过程中基础旁严禁有人，非施工人员远离杆下 1.2 倍杆高的距离以外。

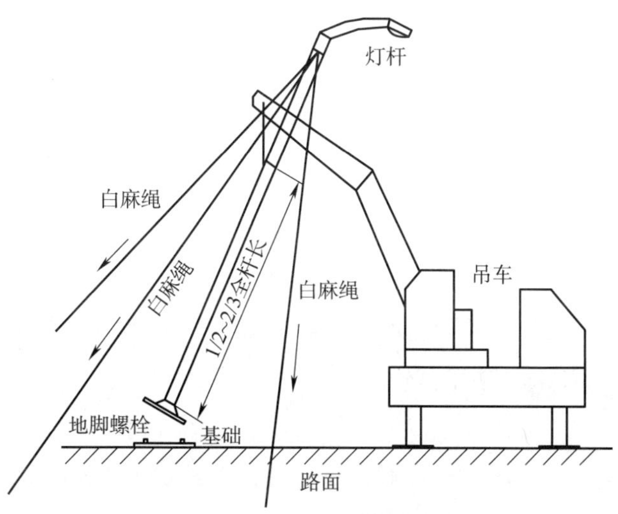


图 4-25-3　灯杆吊装示意图

（3）吊装所有的钢丝绳、吊环等使用前必须进行检查，保证完好。吊装现场四周拉好安全警示标志，严禁非施工人员等进入吊装现场。

（4）电缆线接头牢固可靠、防水绝缘、不易暴露。

（5）高空作业人员随身携带的工具应装袋精心保管，较大的工具应放好、放牢，施工区域的物料要放在安全不影响通行的地方，必要时要捆好。

（6）吊装时注意交通行人、行车的安全。

（7）灯杆在吊装时，一定要系遛绳，控制起重物的姿态稳定。

（8）吊装时要设置警示标志。

### （五）交安工程安装

1. 门架运输

门架分为三部分：左侧立柱、右侧立柱及上部箱梁结构件（共 21 m 通过拼装而成）。门架钢结构采用车长不大于 16 m 的货车通过提升站，提升至公路面，然后由货车直接运送至吊装现场。

2. 门架杆件吊装

门架安装施工时间选择在车流量较小的时间段完成施工，如图 4-25-4 所示。吊车进场就位，按方案要求先取索具做好吊装前准备工作，试吊、检查，再正式吊装。先拼装上部箱梁结构，为保护沥青成品路面，会在钢结构下方垫上木工板，然后分别吊装左右立柱，最后吊装上部横梁。

图 4-25-4　门架杆件吊装

（1）吊装作业

吊车按计算选用配置的要求和全吊臂臂长主配重总量，吊索按吊装要求挂设好。正式起吊前，检查吊车站位，接杆是否符合要求，支脚的垫铁是否牢固，起重索具穿绕挂设和工具安装是否符合规范要求等，全部检查无误后进行试吊。

（2）试吊

拆除临时固定索具指挥吊车缓将龙门架吊离支撑约 200 mm，停车检查吊车的受力情况，吊车支腿处地基沉降情况，索具受力情况，起重指挥信号信息是否畅通无误，如无异常情况将龙门架缓慢落回原位准备正式吊装。

（3）正式起吊

指挥吊车缓慢起吊龙门架离支撑物约 200 mm 停车，按试吊要求检查各部位，如无异常开始正式起吊，在吊装过程中随时检查吊车配合作业过程中吊车滑轮组是否垂直受力，吊车支腿的垫设及地基沉降情况等。吊车缓慢将龙门架就位，就位时应密切关注吊车吊臂是否与龙门架接杆，检查确认操作半径。确认龙门架安装符合要求后，摘掉吊索，吊车转场，吊装结束。

3. 安全管控要点

（1）检查绳卡、卡环、花篮螺丝、铁扁担等是否有变形、裂纹、磨损等异常情况。

（2）严禁超载吊装，指挥人员应使用统一指挥信号，信号要鲜明、准确，起重机驾驶人员应听从指挥。

（3）操作人员在进行高空作业时必须系好安全带；攀登的用具在结构构造上必须牢固可靠。登高用的梯子必须牢固，使用时必须用绳子与已固定的构件绑牢，临时用梯与地面的夹角一般 65°～ 70° 为宜。

（4）采取防止高空落物伤人措施，地面操作人员必须戴安全帽，高空操作人员使用的工具、零件等应放在随身携带的工具袋内，不得随意向下丢掷。

（5）龙门架安装后，必须检查连接质量，只有确认连接安装可靠才能松钩或拆除临时固定工具。

（6）吊装工作区应有明显标志，并设专人警戒，与吊装无关人员严禁人内。起重机工作时，起重臂杆旋转半径范围内，严禁站人或通过。

## 三、结　语

安全措施是对施工项目安全生产进行计划、组织、指挥、协调或监控的一系列活动，它可以保证施工中的人身安全、设备安全、结构安全、财产安全并创造适宜的施工环境。在施工中要坚持“安全第一，预防为主，综合治理”的方针。项目负责人控制的重点是施工中人员的不安全行为、设备设施的不安全状态、作业环境的不安全因素以及管理上的不安全缺陷。责任人在施工前要进行安全检查，把不安全因素消灭在萌芽状态。

安全管理是工程施工管理过程中不可忽视的一个重要的环节，应合理分配各责任主体的安全管理职责，明确各责任主体的安全管理责任，加强施工过程中的检查监督，从而达到各责任主体各尽其责，相互协调，这样才能从根本上预防事故的发生。

# 附　录

# 卡控图示例（钻孔桩施工）

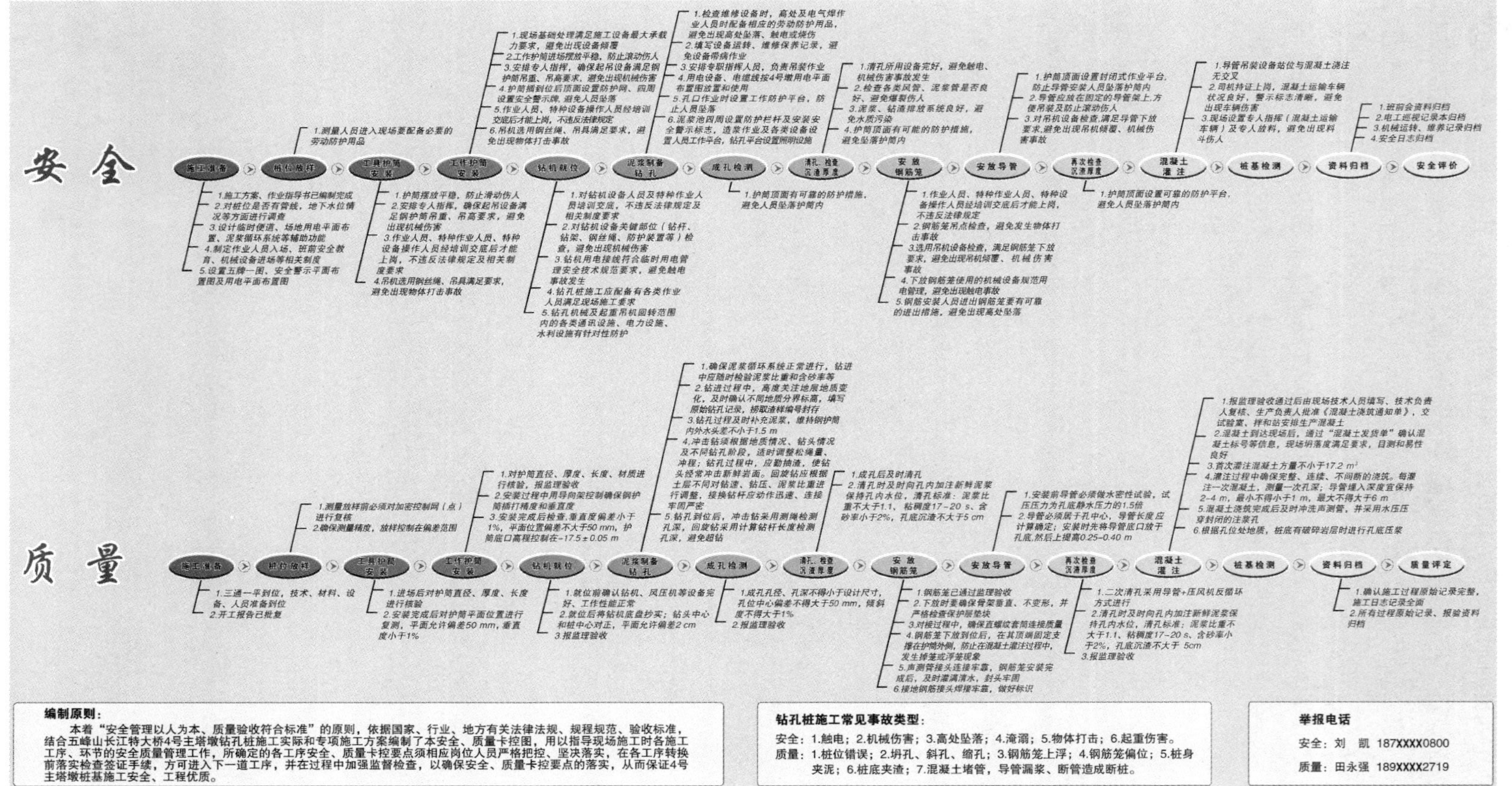

# 附　　录
# 卡控图示例（混凝土生产）

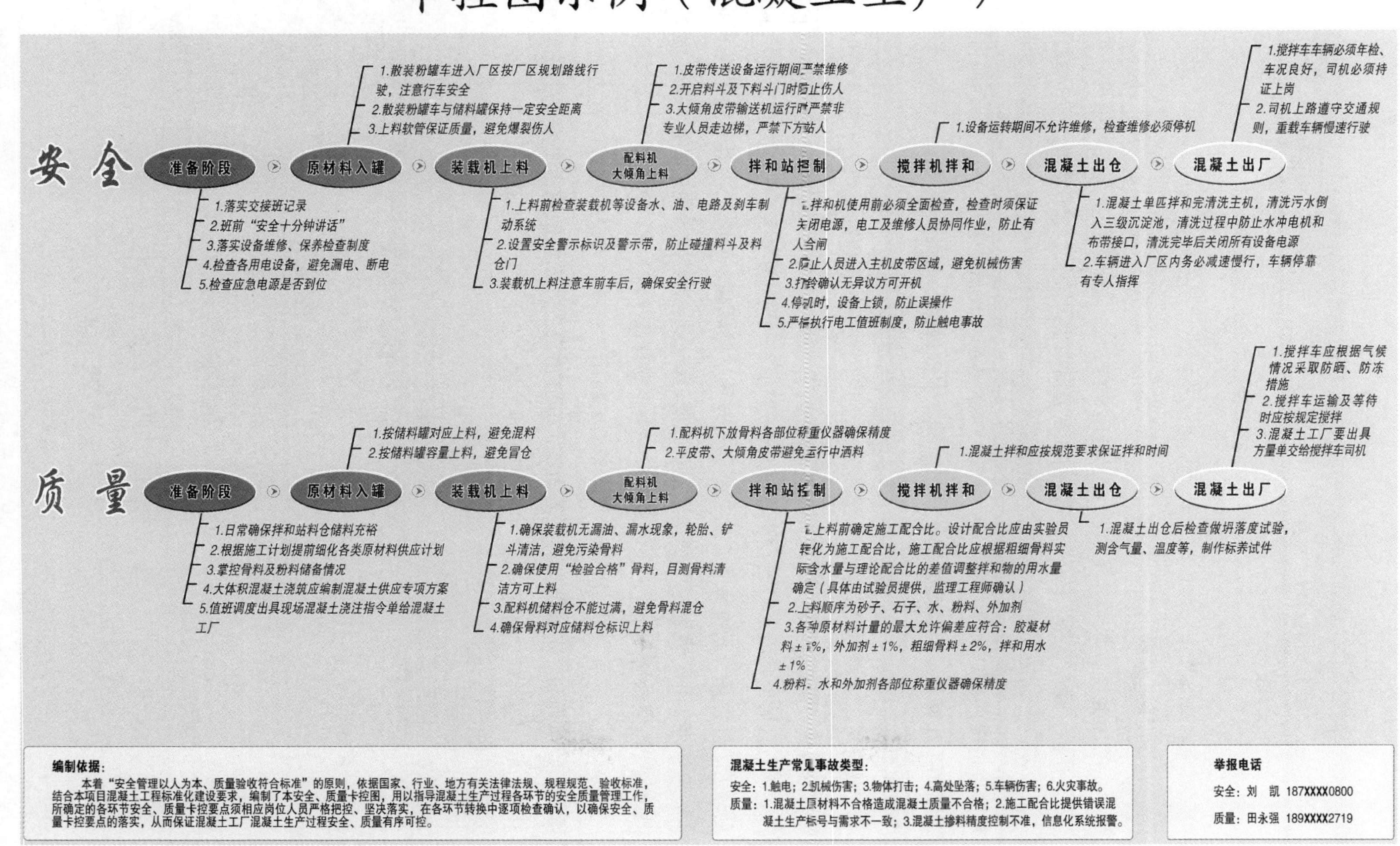

# 后　记

安全，是施工企业永恒的主题，是企业赖以生存与发展的基础，也是每个参建员工家庭幸福之根本。五峰山大桥是我国第一座公铁两用悬索桥，也是世界首座高速铁路悬索桥，按照“高标准、高起点、高质量”的目标建设，施工难度大，安全风险高。项目部秉承“安全建桥，建安全桥”的安全理念，重点突出项目风险管控，从强化安全风险预判、规范安全行为、营造安全环境三大方向整体推进安全生产管理，教育和引导全体人员树立“风险防范是核心、安全行为是关键、安全环境是保障”的安全管理思想，结合项目建设实际，按照 PDCA 循环不断改进完善工序风险安全卡控措施，以责任矩阵全面分解、落实安全生产责任制。

项目部在大桥建设过程中始终将安全生产放在一切工作的首位，针对大跨度公铁两用悬索桥安全风险的特点，将各细节风险点制作成卡片，让作业人员弄懂弄通，内化于心，外化于行；同时项目部将安全责任分解传递到每一个细节之中，按组织、方案、程序、规定分类统筹谋划，成效显著。项目部坚持按照“防风险、除隐患、遏事故”的主线推进日常安全管理工作，在思想上重视安全事故防范，在行动上推行隐患排查治理，通过工序安全风险管控来确保安全生产，实现项目安全管理目标。

安全生产只有起点，没有终点。希望五峰山大桥项目安全生产好的做法能够在全集团推广，共同推动“安全第一，预防为主，综合治理”的方针根植于内心，立足于岗位，继承发扬“跨越天堑、超越自我”的企业精神，为促进企业安全健康发展贡献力量。

中铁大桥局集团有限公司副总经理 李铁华

2021 年 5 月